JACQUELINE CHARON

Professeur honoraire à l'E.S.S.E.C. (École Supérieure des Sciences Économiques et Commerciales).

Professeur à l'I.S.I.T. (Institut Supérieur d'Interprétariat et de Traduction).

Professeur de français commercial à l'Alliance française.

LE FRANÇAIS COMMERCIAL

TOME II

TEXTES D'ÉTUDE

L A R O U S S E

17, rue du Montparnasse. PARIS 6e

Avant-Propos

Voici des morceaux choisis d'un caractère nouveau, au moins par la matière qu'ils recouvrent; ils illustrent les principaux aspects de la vie économique et commerciale. Ces textes, empruntés pour la plupart à des spécialistes, quelquefois aussi à des écrivains, vivifient et complètent un enseignement souvent réduit au simple exposé de la théorie.

Toujours écrits avec simplicité, ils comportent néanmoins un vocabulaire et des tours syntaxiques assez variés pour enrichir notablement l'acquis linguistique fourni par la pratique de notre *Manuel de français commercial.*

Pour faciliter l'accès aux textes proposés, l'ouvrage est accompagné d'un important glossaire : il permet de résoudre la plupart des difficultés dues à l'emploi d'un vocabulaire aussi étendu que complexe. Dans l'explication de chaque terme, un effort a, en outre, été fait pour que soit éclairé le passage du sens concret et ordinaire du mot à son sens technique.

Enfin, les textes ont été assortis d'un certain nombre d'exercices, qui reprennent chaque point important sous forme de *questions.* Des sujets de *rédaction* offrent l'occasion d'apporter un peu de variété au moule trop uniforme de la classique « lettre de commerce ».

Maurice BRUÉZIÈRE.

Les textes de ce volume suivent l'ordre des chapitres du Tome I (manuel, par G. Mauger et J. Charon).

● Les mots du vocabulaire commercial, *en italique*, à l'intérieur d'un texte, renvoient au **glossaire.** — Les nuances, les sens spéciaux d'autres mots sont expliqués en fin de chaque lecture. Ils sont suivis, dans le texte, d'un numéro d'appel de note.

Le présent volume appartient à la dernière édition (revue et corrigée) de cet ouvrage. La date du copyright mentionnée ci-dessous ne concerne que le dépôt à Washington de la *première* édition.

Librairie Larousse (Canada) limitée, propriétaire pour le Canada des droits d'auteur et des marques de commerce Larousse. — Distributeur exclusif au Canada : les Éditions Françaises Inc., licencié quant aux droits d'auteur et usager inscrit des marques pour le Canada

ISBN 2-03-800047-6

Généralités sur le commerce

I. Les origines du commerce

*Les progrès du commerce n'ont pas été réguliers au cours des siècles. En effet, le commerce, qui s'était développé très régulièrement au XIX*e *siècle grâce aux découvertes techniques, a été bouleversé par les deux guerres du XX*e *siècle et par la crise économique qui a sévi dans l'intervalle. De ce fait, les échanges internationaux ont été souvent paralysés pendant la première moitié de ce siècle. Malgré les efforts accomplis depuis quelques années, il existe encore en France un décalage entre les possibilités qu'offre la technique moderne et les habitudes traditionnelles du commerce.*

Il y a *commerce* dès qu'il y a échange : produits contre produits, produits contre *valeurs* ou valeurs contre valeurs. Le commerce, qui semble propre à l'homme, est pratiqué dans les sociétés primitives. Mais elles l'entourent de rites [1] minutieux que les sociologues [2] s'efforcent de pénétrer.

Le commerce précède le *commerçant*. Pour qu'il se produise des échanges, il n'est pas nécessaire que des hommes y consacrent toute leur activité. Pendant longtemps, on se contente d'échanger ce qu'on possède en trop contre ce qui manque, sans *intermédiaires* professionnels. Souvent, le grand commerçant qui, à longue distance, assure le transport et la fourniture de produits rares et précieux, est apparu avant le petit commerçant, qui se borne à redistribuer, et le désir du superflu plus encore que le besoin du nécessaire suscite le *trafic*.

Dès la plus lointaine préhistoire, on note des échanges pratiqués sur une grande échelle. Au Danemark, pendant la civilisation d'Ertböll (4 000 ans av. J.-C.), de grands ateliers auraient préparé des outils de silex [3] de *fabrication standard*, destinés à l'exportation vers la Norvège et vers les plaines du nord de l'Europe. Plus tard, à Spiennes (Belgique), deux mille puits allant jusqu'à 19 m de profondeur auraient fourni du silex gris-bleu destiné aux habitants de l'Ardenne [4] et des plaines des bouches du Rhin et de l'Escaut [5]. Puis le silex blond du Grand-Pressigny, en Touraine [6], apparaît à son tour, exporté jusqu'au Rhin. L'obsidienne [7] de Milo [8] se répand à travers le bassin oriental de la Méditerranée. Ainsi, dès le IIIe millénaire, l'Europe du Nord-Ouest aurait connu, nous dit-on, une activité commerciale en rapport avec les débuts de l'agriculture ; tel spécialiste ne craint pas de dessiner, pour ces époques lointaines, des cartes économiques où figurent « les routes commerciales » les plus fréquentées.

Recherchés par les Méditerranéens, trois produits : l'or, l'étain et l'ambre [9], ont certainement donné lieu à un trafic important. Au IIe millénaire, l'or irlandais, fondu en *lingots* ou martelé en plaques, est demandé par la Grande-Bretagne, les pays de la Baltique, l'Espagne. Les Cassitérides [10] ravitaillent en étain les ateliers de l'Europe du Nord-Ouest et de l'Europe méditerranéenne où se fabrique le bronze ; leurs mines sont célèbres dans toute l'Antiquité ; mais cette célébrité ne suffit pas à permettre de les identifier avec certitude ; s'agit-il des îles Scilly [11], de la Cornouailles [12] ou de l'Armorique [13] ? Le terme a-t-il, à des époques différentes, désigné des pays différents ?

On est allé jusqu'à soutenir que la guerre de Troie s'explique par le commerce de l'étain, acheminé de Colchide [14] vers la Grèce à travers les Détroits [15]. Les poèmes homériques [16] ne feraient que rassembler des légendes forgées par les *trafiquants* de l'étain au cours de leurs voyages...

L'ambre (ou résine fossile) n'est guère produit que par les rives sud de la Baltique ; de là, par des routes consacrées, utilisant les divers isthmes européens, il gagne les rives de la Méditerranée, où les bijoutiers en font grand cas.

Dès l'aube de l'histoire, routes maritimes et routes continentales se partagent ainsi le grand commerce ; des travaux récents suggèrent qu'on a sans doute jusqu'ici surestimé les premières, au détriment des secondes. Il convient, désormais, de se défendre contre la « croyance si répandue que la route de terre est vaincue d'avance dans sa lutte contre le chemin d'eau » (Fernand Braudel).

Au cours des siècles, l'évolution du commerce est marquée par une triple transformation :

I. Les cadres géographiques où s'inscrit le *trafic* s'élargissent sans cesse, des rivages de mers d'abord isolées les unes des autres jusqu'à l'ensemble du monde;

II. Les échanges, qui portent d'abord sur un petit nombre de marchandises de faible poids, de petit volume et de grand prix, s'étendent de plus en plus à des masses considérables de produits lourds ;

III. La technique commerciale se perfectionne inlassablement, du *troc* primitif aux mécanismes complexes qui reposent sur une spécialisation toujours plus grande des hommes et des organismes.

Mais, dans aucun de ces trois domaines, le progrès n'est régulier; parfois, le commerce se développe à pas de géant; parfois, il somnole; quelquefois, il recule vers des méthodes et des pratiques que, quelques années plus tôt, on eût pu croire définitivement dépassées.

GEORGES LEFRANC, *Histoire du commerce* (P. U. F.).

1. Rite (masc.) : ensemble de règles et de cérémonies qui se pratiquent dans une religion. — **2. Sociologue :** personne qui s'occupe de sociologie. La *sociologie* est la science qui étudie l'homme en tant qu'être vivant en société. — **3. Silex** (masc.) : roche très dure qui produit des étincelles sous le choc. On s'en servait autrefois pour allumer le feu. — **4. Ardenne** (fém.) : région de plateaux et de collines située en grande partie en Belgique, mais qui déborde sur le Luxembourg et le nord-est de la France. — **5. Le Rhin** et **l'Escaut :** fleuves qui se jettent dans la mer du Nord. — **6. Touraine** (fém.) : région du sud-ouest du Bassin parisien, située de part et d'autre de la vallée de la Loire. Sa capitale est *Tours.* — **7. Obsidienne** (fém.) : sorte de roche éruptive qui a l'aspect du verre noir. — **8. Milo :** île grecque de l'archipel des Cyclades. C'est là que fut découverte la Vénus dite « de Milo ». — **9. Ambre** (masc.) : sorte de résine fossile provenant d'arbres qui poussaient autrefois sur l'emplacement de la Baltique. L'*ambre jaune*, quand il est frotté, attire les corps légers et a donné son nom (en grec *elektron*) à l'électricité. L'*ambre gris*, d'origine animale, est utilisé en bijouterie pour faire des colliers. — **10. Cassitérite** (fém.) : oxyde d'étain naturel. *Les Cassitérides :* archipel où les Anciens allaient s'approvisionner en étain. — **11. Iles Scilly** (ou **Sorlingues**) : îles anglaises au sud-ouest de la Grande-Bretagne. — **12. Cornouailles** (fém.) [ou **Cornwall**] **:** comté du sud-ouest de l'Angleterre. — **13. Armorique** (fém.) : nom primitif de la Bretagne. — **14. Colchide** (fém.) :

région située au sud-ouest de la mer Noire. — **15. Détroits** (masc. plur.) : le détroit des Dardanelles, qui fait communiquer la mer de Marmara et la mer Egée. — **16. Poèmes homériques** : poèmes composés par *Homère*, poète grec considéré comme l'auteur de *l'Iliade* et de *l'Odyssée* (VIIIe s. av. J.-C.).

Etude du texte

A. Faites le plan de ce texte en dégageant l'idée principale de chaque paragraphe. — **B.** Résumez ce texte en 200 mots. — **C.** Répondez par de courtes phrases aux questions suivantes : **1.** Sous quelle forme les hommes primitifs ont-ils commencé à faire du commerce ? — **2.** A quelle époque remonte le début du commerce ? — **3.** Quels ont été les premiers produits qui ont donné lieu à des actes de commerce ? — **4.** Par quelles voies les marchandises étaient-elles transportées dans les temps primitifs ? — **5.** Comment appelle-t-on l'opération qui consiste à échanger des marchandises contre d'autres marchandises ? — **6.** Quel était le rôle du commerçant à l'origine ? — **7.** Quel est son rôle dans le monde moderne ? — **8.** Pourquoi le silex avait-il une grande importance chez les peuples primitifs ? — **9.** Quels sont les deux premiers métaux qui ont donné lieu à un trafic important ? — **10.** A quelle époque les produits de l'agriculture ont-ils commencé à faire l'objet de transactions commerciales ? — **11.** A quoi sert l'ambre ?

Sujets d'essai

1. Quelles sont les différentes branches du commerce moderne ? Que savez-vous de chacune d'elles ? — **2.** En vous inspirant de ce texte, expliquez comment le commerce s'est développé depuis les temps primitifs jusqu'à nos jours. — **3.** Montrez l'évolution suivie par un commerce de votre choix (alimentation, tissus, véhicules, etc.) depuis un siècle, du point de vue du lieu de vente, des marchandises, de la psychologie de l'acheteur et du vendeur.

2. Une ville commerçante

Le texte suivant est une évocation de la ville d'Oran avant l'apparition de la peste. L'auteur décrit d'abord l'aspect morne et triste de la cité, puis il dépeint les habitants, dont le seul but est de s'enrichir et qui mènent une vie stupide et égoïste. Mais ils seront brusquement tirés de leur apathie par une terrible épidémie. Ils apprendront alors à se sentir solidaires les uns des autres, à communier dans une même pensée et dans un même combat contre un monde absurde et cruel.

A première vue, Oran est une ville ordinaire et rien de plus qu'une préfecture [1] française de la côte algérienne.

La cité elle-même, on doit l'avouer, est laide. D'aspect tranquille, il faut quelque temps pour apercevoir ce qui la rend différente de tant d'autres villes commerçantes [2], sous toutes les latitudes [3]. Comment faire imaginer, par exemple, une ville sans pigeons, sans arbres et sans jardins, où l'on ne rencontre ni battements d'ailes ni froissements de feuilles, un lieu neutre pour tout dire ? Le changement des saisons ne s'y lit que dans le ciel. Le printemps s'annonce seulement par la qualité de l'air ou par les corbeilles de fleurs que de petits vendeurs ramènent des banlieues ; c'est un printemps qu'on vend sur les marchés. Pendant l'été, le soleil incendie les maisons trop sèches et couvre les murs d'une cendre [4] grise ; on ne peut plus vivre alors que dans l'ombre des volets clos. En automne, c'est, au contraire, un déluge de boue. Les beaux jours viennent seulement en hiver.

Une manière commode de faire la connaissance d'une ville est de chercher comment on y travaille, comment on y aime et comment on y meurt. Dans notre petite ville, est-ce l'effet du climat, tout cela se fait ensemble, du même air frénétique [5] et absent. C'est-à-dire qu'on s'y ennuie et qu'on s'y applique à prendre des habitudes. Nos concitoyens [6] travaillent beaucoup, mais toujours pour s'enrichir. Ils s'intéressent surtout au commerce et ils s'occupent d'abord, selon leur expression, de *faire des affaires*. Naturellement, ils ont du goût aussi pour les joies simples, ils aiment les femmes, le cinéma et les bains de mer. Mais, très raisonnablement, ils réservent ces plaisirs pour le samedi soir et le dimanche, essayant, les autres jours de la semaine, de gagner beaucoup d'argent. Le soir, lorsqu'ils quittent leurs bureaux, ils se réunissent à heure fixe dans les cafés, ils se promènent sur le même boulevard ou bien ils se mettent à leurs balcons. Les désirs des plus jeunes sont violents et brefs, tandis que les vices des plus âgés ne dépassent pas les associations de boulomanes [7], les banquets des amicales [8] et les cercles où l'on joue gros jeu [9] sur le hasard des cartes.

On dira sans doute que cela n'est pas particulier à notre ville et qu'en somme tous nos contemporains sont ainsi. Sans doute, rien n'est plus naturel, aujourd'hui, que de voir des gens travailler du matin au soir et choisir ensuite de perdre aux cartes, au café, et en bavardages, le temps qui leur reste pour vivre. Mais il est des villes et des pays où les gens ont, de temps en temps, le soupçon d'autre chose. En général, cela ne change pas leur vie. Seulement, il y a eu le soupçon et c'est toujours cela de gagné [10]. Oran, au contraire, est apparemment une ville sans soupçons, c'est-à-dire une ville tout à fait moderne.

[...] Ce qui est plus original dans notre ville est la difficulté qu'on peut y trouver à mourir. Difficulté, d'ailleurs, n'est pas le bon mot et il serait plus juste de parler d'inconfort. Ce n'est jamais agréable d'être malade, mais il y a des villes et des pays qui vous soutiennent dans la maladie, où l'on peut, en quelque sorte, se laisser aller. Un malade a besoin de douceur, il aime à s'appuyer sur quelque chose, c'est bien naturel. Mais à Oran, les excès du climat, l'importance des affaires qu'on y traite, l'insignifiance du décor, la rapidité du crépuscule et la qualité des plaisirs, tout demande la bonne santé. Un malade s'y trouve bien [11] seul. Qu'on pense alors à celui qui va mourir, pris au piège [12] derrière des centaines de murs crépitants [13] de chaleur, pendant qu'à la même minute, toute une population, au téléphone, ou dans les cafés, parle de *traites*, de *connaissements* et *d'escompte*. On comprendra ce qu'il peut y avoir d'inconfortable dans la mort, même moderne, lorsqu'elle survient ainsi dans un lieu sec.

ALBERT CAMUS, *la Peste* ((c) Gallimard).

1. Préfecture (fém.) : En France, division administrative qui correspond à un département. A sa tête se trouve le *préfet*. L'Algérie, avant l'Indépendance, était divisée en trois départements français (Alger, Oran, Constantine). — **2. Ville commerçante :** dans laquelle se fait un grand *commerce*. *Commercial :* qui a rapport au commerce (une entreprise *commerciale*). — **3. Latitude** (fém.) : distance, exprimée en degrés, qui sépare un point quelconque de la surface terrestre de l'Equateur. *Sous toutes les latitudes :* dans toutes les régions du monde. — **4. Cendre** (fém.) : résidu de toute combustion. Le soleil ardent dessèche les pierres, qui s'effritent et se recouvrent d'une sorte de poudre grisâtre, semblable à la cendre. — **5. Frénétique** : passionné, impétueux. La *frénésie* est un excès dans les passions. — **6. Concitoyen :** personne qui habite le même pays ou la même ville que soi. *Citoyen :* membre d'un Etat, considéré du point de vue de ses devoirs envers la patrie et de ses droits politiques. — **7. Boulomane** (masc.) : homme qui a la passion du jeu de *boules* (ce jeu connaît une grande faveur dans les pays méditerranéens). — **8. Amicale** (fém.) : réunion de personnes liées par un souvenir, un intérêt. — **9. Jouer gros jeu :** jouer beaucoup d'argent. — **10. C'est toujours cela de gagné :** un résultat déjà appréciable a déjà été obtenu. Les gens n'ont pas le courage de changer leur vie, mais ils ont au moins le sentiment qu'ils pourraient la rendre plus intéressante. — **11. Bien :** dans le contexte, tout à fait. — **12. Piège** (masc.) : machine destinée à attirer et à prendre certains animaux (*piège à rats, à lapins*). Un rat est pris au piège lorsqu'il y a été attiré par un morceau de fromage par exemple et qu'il ne peut plus en sortir ensuite. Le malade est, lui aussi, enfermé entre des murs dont il ne peut plus s'échapper. — **13. Crépiter :** faire entendre des bruits secs et répétés (le feu *crépite*). Les murs sont si chauds qu'on entend parfois des craquements répétés.

Etude du texte

A. Faites le plan de ce texte en dégageant l'idée principale de chaque paragraphe. — **B.** Résumez ce texte en 200 mots. — **C.** Répondez par de courtes phrases aux questions suivantes : **1.** Où se trouve située Oran ? — **2.** Que savez-vous de son climat ? — **3.** Comment pouvez-vous imaginer cette ville d'après ce texte ? — **4.** Quelle est, selon Camus, une manière commode de connaître une ville ? — **5.** Pourquoi les habitants d'Oran travaillent-ils beaucoup ? — **6.** Quelle est leur principale occupation ? — **7.** Quels sont leurs plaisirs du samedi et du dimanche ? — **8.** Que font-ils le soir après le travail ? — **9.** Quelles sont les distractions des gens âgés ? — **10.** Pourquoi semble-t-il à Camus qu'il est très difficile de mourir à Oran ? — **11.** Pourquoi un malade se sent-il seul à Oran ? — **12.** De quels sujets toute la population parle-t-elle au téléphone et au café ?

Sujets d'essai

1. Décrivez une ville commerçante de votre pays, au point de vue géographique (climat, végétation), économique (différentes activités, leur forme), démographique (vie de la population, sa psychologie). — **2.** Aimeriez-vous être dans les affaires ? Si oui, donnez vos raisons. Sinon, quel est le métier que vous préféreriez exercer ? — **3.** Décrivez la journée d'un employé de bureau ou d'un commerçant dans une ville moderne.

3. L'acheminement des produits

Dans notre civilisation actuelle, où nos besoins sont sans cesse stimulés par la publicité, nous consommons en grande quantité des produits très variés, provenant de pays souvent éloignés. L'acheminement des produits de leur lieu de production à leur lieu de consommation devient donc très complexe, et la fonction de distribution joue un rôle de plus en plus important dans notre économie. Elle entraîne des frais divers qui grèvent considérablement le prix des produits à la consommation. Nous verrons dans les textes suivants que c'est une des causes qui favorisent le développement des magasins à grande surface et des nouveaux modes de vente directe.

La fonction de distribution est bien souvent identifiée avec des opérations effectuées par les *grossistes* et les *détaillants* qui commercialisent les *biens de consommation* finale [1]. Ces deux catégories d'agents n'interviennent cependant qu'au stade ultime d'un processus qui commence très en amont, dès la sortie des unités de production [2]. Ce processus a reçu le nom de distribution physique, par opposition avec les opérations purement commerciales : publicité, *promotion*, vente, etc. Pour les produits de consommation finale, cette fonction est assurée en partie par les producteurs, en partie par les grossistes et les détaillants.

La distribution physique peut être définie comme l'ensemble des opérations de transport, manutention, stockage qui concourent [3] à l'acheminement des produits depuis leur lieu de production jusqu'au lieu de consommation. Les moyens mis en œuvre pour effectuer ces opérations : entrepôts, camions, wagons, engins de manutention [4], personnel, etc., constituent le système de distribution physique.

... Suivons, à titre d'exemple, le chemin parcouru et les opérations subies par une boîte de conserve, d'un poids brut d'environ 500 g, pour aller de l'usine de production située dans le nord de la France jusqu'à une localité de Bretagne.

Arrivée en fin de chaîne de fabrication, la boîte est placée avec onze de ses consœurs [5] dans une caisse en carton. Une centaine de celles-ci sont empilées sur une palette [6] dont la charge s'élève ainsi à 600 kg. Un chariot à fourche [7] prend ensuite la palette et la dépose, à quelques dizaines de mètres de là, dans le magasin de stockage des produits finis, contigu [8] à l'usine.

La campagne de fabrication [9] étant saisonnière [10], cette boîte peut très bien rester en stock pendant de nombreuses semaines avant que la palette sur laquelle elle se trouve soit reprise, mise à quai et chargée dans une semi-remorque [11] avec un assortiment des autres produits fabriqués par cette usine. Acheminée le lendemain à 500 km de là jusqu'au dépôt régional de Rennes [12], elle y restera de nouveau pendant trois semaines avant que la caisse qui la contient soit remise à un transporteur routier pour être livrée à un grossiste de Guingamp [12]. Comme ce transporteur ne dessert pas lui-même cette ville, il remet le *fret* qu'il a pour cette destination à un correspondant à Saint-Brieuc [12], celui-ci assurant la desserte [13] terminale. Encore stockée pendant deux semaines chez le grossiste, la caisse est finalement ouverte et six boîtes sont prélevées, que le véhicule du grossiste livrera à une épicerie de Paimpol située à 25 km. Ajoutons, pour clore ce périple [14], qu'achetée par une ménagère quelques jours après son arrivée chez l'épicier, notre boîte initiale achèvera son existence à l'occasion de la venue inopinée [15] d'amis de la famille.

Rien que dans la phase de distribution contrôlée par le

producteur, on compte deux entreposages (dans le magasin de l'usine et le dépôt régional); deux transports principaux, dont le second est scindé [16] en trois parties par des ruptures de charge [17] dans des installations de groupage [18]-dégroupage: ramassage au dépôt de Rennes, groupage, acheminement à Saint-Brieuc, dégroupage, etc.; enfin livraison à Guingamp. A cela viennent s'ajouter le stockage et les manutentions dans l'entrepôt du grossiste et une tournée de livraison finale. Plusieurs mois se sont écoulés entre la fabrication et la consommation.

Devant la longueur et la complexité de ce cheminement, on comprend mieux que la distribution physique coûte cher et contribue à augmenter sensiblement le prix des produits.

... Le coût de distribution supporté par la production comprend (donc) :

— le coût de l'entreposage dans les magasins de produits finis des usines, les entrepôts centraux et les dépôts régionaux;

— les frais financiers sur les stocks, c'est-à-dire l'intérêt de l'argent investi dans la valeur des stocks;

— le coût des transports pour l'approvisionnement des dépôts et les livraisons à la clientèle;

— le coût des opérations administratives et de la *gestion* de l'ensemble du système.

François Kolb, « la Distribution »,
les Sciences et l'Action (Hachette Littérature).

1. Biens de consommation finale : produits consommés par les ménages et les collectivités. — **2. Unité** (fém.) **de production :** article faisant partie d'une série. — **3. Concourir à :** participer, en même temps que d'autres, à la réalisation de. — **4. Engin** (masc.) **de manutention :** matériel à fonctionnement manuel ou automatique, diminuant ou supprimant l'effort physique d'un opérateur, lors du déplacement d'une charge (Lar.). — **5. Consœurs** (fém.) : femmes exerçant une même profession libérale (masc. : *confrères*). Ce terme s'applique ici — comiquement — aux boîtes de conserve toutes identiques. — **6. Palette** (fém.) : plateau, généralement en bois ou en matière plastique, utilisé pour le chargement ou le déplacement de marchandises (dans les usines, les gares, les ports). Les charges qu'il supporte sont manutentionnées en une seule fois et non pas colis par colis, d'où un gain de temps considérable. — **7. Chariot** (masc.) **à fourche** ou **chariot élévateur** : chariot utilisé pour transporter verticalement ou sur de fortes pentes des charges ou des matériaux. — **8. Contigu à** : voisin de. — **9. Campagne** (fém.) **de fabrication** : période pendant laquelle se fait la fabrication. — **10. Saisonnier** : qui ne dure qu'une saison. — **11. Semi-remorque** (fém.) : véhicule destiné à transporter des marchandises, qui est accroché à une cabine motorisée. — **12. Rennes** : capitale de la Bretagne, grande ville industrielle et universitaire. **Saint-Brieuc** : chef-lieu des Côtes-du-Nord, ville industrielle de moindre importance que Rennes et située à une centaine de kilomètres de celle-ci. **Guingamp** : petite ville touristique, à 32 km de Saint-Brieuc. — **13. Desserte** (fém.) **terminale** (du verbe *desservir*, assurer un moyen de communication) : transport, distribution (d'une marchandise) pour atteindre la destination finale. — **14. Périple** (masc.) : voyage de longue durée, à l'origine autour d'une mer, ensuite autour d'un ou de plusieurs pays. **Clore le périple** : terminer un long voyage. — **15. Inopiné** : inattendu. — **16. Scinder** : diviser ce qui ne faisait qu'un. — **17. Rupture** (fém.) **de charge** : v. tome II, p. 101, note 2. — **18. Groupage** (masc.) : opération qui consiste à rassembler plusieurs expéditions pour constituer une unité de transport (camion, wagon).

Etude du texte

A. Faites le plan de ce texte. — **B.** Résumez-le en 200 mots. — **C.** Répondez aux questions suivantes : **1.** Quels sont les intermédiaires exerçant une fonction de distribution? — **2.** Qu'entend-on par la distribution physique? — **3.** Quels sont les moyens mis en œuvre dans la distribution physique? — **4.** Quelles sont les opérations commerciales indispensables à la fonction de distribution? — **5.** Où utilise-t-on les chariots à fourche et dans quel but? — **6.** A quoi servent les semi-remorques? — **7.** Quels sont les avantages que présente le groupage des colis? — **8.** Quels sont les différents frais que doivent supporter les produits au cours de leur acheminement? — **9.** Quels sont les moyens employés pour acheminer rapidement les denrées périssables? — **10.** Pourquoi y a-t-il proportionnellement plus de petits commerçants en France que dans les autres pays? — **11.** Quel est l'effet sur le coût de la vie d'une fonction de distribution trop complexe? — **12.** Pourquoi les magasins à grande surface peuvent-ils vendre à des prix plus avantageux que les petits commerçants?

Sujets d'essai

1. Donnez un exemple précis de l'acheminement d'un produit (à votre choix) depuis sa production jusqu'à sa consommation. Indiquez tous les intermédiaires entre les mains desquels il peut passer. — **2.** Le nombre des petits commerçants diminue progressivement dans tous les pays. Pensez-vous qu'ils soient condamnés à disparaître? — **3.** Quelles sont les principales causes de l'augmentation du coût de la vie? Y a-t-il des moyens pour la combattre?

Distribution physique des produits de grande consommation.

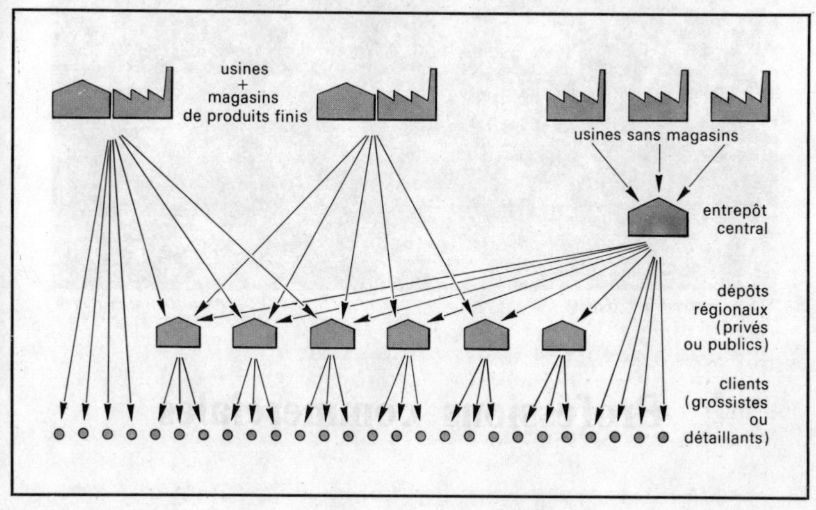

Sur le carreau des Halles *Phot. Doisneau-Rapho*

Professions commerciales

4. Les débuts d'un homme d'affaires

Nous voyons ici débuter modestement aux Etats-Unis Gilbert Rebel, homme d'affaires. Après avoir brillamment réussi, Gilbert reviendra se fixer en France à la suite de circonstances imprévues, et y recommencera une nouvelle carrière aussi fructueuse que la précédente. Mais il mourra d'une façon tragique sans avoir eu le temps de vivre... et de se préparer à la mort.

Cela avait commencé tout de suite après la guerre. Greedy lui avait proposé de venir avec lui à New York. Il l'avait connu, ce Greedy, au cours des opérations [1]. C'était avec lui qu'au débarquement il avait eu le premier contact. Un Américain, un vrai, avec des ascendants [2] écossais, polonais, un peu italiens aussi. Il s'était offert à guider Gilbert ; en Amérique tout était possible, tout allait plus vite et un garçon actif, intelligent, ayant des notions de droit international, de commerce, prêt à s'adapter, à comprendre, avait devant lui toutes les chances de réussite. Gilbert avait suivi Greedy et, presque aussitôt, cela avait commencé.

Sans argent, il avait, pour manger, lavé des voitures dans un garage qui revendait des autos d'*occasion*. Au bout de peu de temps, il en avait acheté une..., puis il l'avait revendue et avait pu s'en procurer deux. En dix-huit mois, il avait réussi à louer un terrain vague [3] et à y offrir, avec, sur leur pare-brise, ces *panneaux* accrocheurs, écrits à la main en grosses lettres : « seulement pour 450 dollars, une Chevrolet [4] 45, seconde main [5] », qu'il bricolait, révisait lui-même la nuit. Puis il avait *réalisé « son fonds »* et il avait eu trois mille dollars devant lui : de quoi commencer dans la vie.

C'était alors qu'il avait eu sa première idée. En Amérique, une idée, c'est de l'argent. En France, il n'eût pu la réaliser. En France, on tergiverse [6], on hésite, on repousse enfin les propositions après vous avoir fait perdre votre temps, si même on a daigné les écouter. Aux U. S. A., on joint un banquier, un homme d'affaires, tout droit. On leur soumet son projet et, dans les quarante-huit heures, c'est « oui » ou « non ». En vingt-quatre, ç'avait été « oui ». Il se revoyait face à Graham, un *chèque* de quatre zéros [7] et un *contrat* devant lui, qui n'avait pas plus d'une page. Le lendemain, il ouvrait son bureau. Un mois plus tard, l'affaire démarrait : un service à la disposition de tous, donnant gratuitement des renseignements commerciaux sur toutes les questions, se trouvant ainsi à la base de cent affaires naissantes, de mille possibilités ; bureau de renseignements unique dans les deux sens [8] et surtout dans le sens de ceux qui paraissaient les fournir. Et aussitôt, les affaires qui se greffaient sur [9] l'*agence*, toutes les affaires qui présentaient quelque intérêt, qu'elles fussent hôtelières, industrielles, pétrolières, et les blanchisseries qu'entraînaient les hôtels, et le matériel qu'exigeait la *prospection* des champs canadiens d'Edmonton [10], par exemple, et le reste, tout le reste. Et en même temps le cycle infernal [11], l'argent à trouver, à trouver encore, à *virer* d'une affaire sur l'autre, les gens à éliminer, auxquels on avait consenti au départ de trop gros *pourcentages* pour s'assurer l'affaire et qui dévoraient celle-ci, les gens à attirer dans des conditions meilleures. Les voyages, les trains qui vous tiennent deux jours dans leurs flancs à ruminer [12] des possibilités et des chiffres. Et les avions qui volent par tous les temps, avec ce que cela représente de risques, de retards, d'angoisses, de certitude que l'on n'arrivera pas à l'heure, de jeu surtout, sur l'argent, sur la psychologie de l'adversaire, sur son comportement, sur sa décision, sur le temps, le temps surtout, qui compte plus que tout le reste... Et aujourd'hui, pour couronner le tout, mais tenant au reste par mille liens, tous ceux qui ont été noués depuis ces dix ans, « la Soie », vers laquelle tout tendait alors que personne n'eût pu supposer que tout dépendait du petit marché français, de cette soie naturelle de Lyon [...]. Et déjà il voyait Boignet [13]. Déjà, il le tenait dans sa main, le vieux *routier* français. Il faisait miroiter [14] à ses yeux des bénéfices partagés, accrus par l'apport de l'argent américain, qui allait — Gilbert tenait dans la main ce miroir aux alouettes [15] — permettre de développer une industrie qui, disait-il, valait cet effort, alors qu'il s'apprêtait, au contraire, à la faire entrer en sommeil, à l'étrangler de ses propres mains.

PAUL VIALAR, « Pas de temps pour mourir », *Chronique française du XXe siècle* (Editions mondiales-Del Duca).

1. Opérations (fém.) : opérations militaires (de guerre). — **2. Ascendants :** ceux dont on descend, les parents. *Les descendants :* les enfants, les petits-enfants, etc. — **3. Terrain vague :** terrain situé aux environs d'une ville, et qui n'est ni cultivé ni construit. — **4. Chevrolet :** célèbre marque américaine d'automobiles. — **5. Seconde main** (traduction littérale de l'anglais *second hand*) : d'occasion. — **6. Tergiverser :** ne pas prendre de décisions nettes, mais hésiter sans cesse. — **7. Chèque de quatre zéros :** chèque portant au minimum la somme de 10 000 dollars. — **8. Unique dans les deux sens.** Le même bureau donne des renseignements à l'acheteur et au vendeur. Il peut donc ainsi gagner de grosses sommes d'argent. — **9. Se greffer sur :** se créer à partir de. La *greffe* est une petite branche détachée d'une plante pour être insérée sur une autre. On *greffe* un arbre fruitier pour qu'il produise de meilleurs fruits. — **10. Edmonton :** ville de la Prairie canadienne, centre de raffinage du pétrole. — **11. Cycle infernal :** tous les soucis et toutes les responsabilités qu'entraînent de telles opérations commerciales. — **12. Ruminer :** remâcher, en parlant des animaux appelés *ruminants* (les vaches *ruminent*) ; ici, tourner et retourner dans son esprit. — **13. Boignet :** industriel que Gilbert devait rencontrer à Lyon. — **14. Faire miroiter :** montrer sous son meilleur aspect pour séduire. — **15. Miroir aux alouettes :** instrument monté sur un pivot et garni de petits morceaux de miroir qu'on fait tourner au soleil pour attirer les alouettes ; ici, affaire que l'on présente sous un jour séduisant pour tromper son adversaire.

Etude du texte

A. Faites le plan de ce texte. — **B.** Résumez-le en 200 mots. — **C.** Répondez aux questions suivantes : **1.** Qui était Greedy ? — **2.** Où et quand Gilbert l'avait-il rencontré ? — **3.** Gilbert avait-il une profession ? — **4.** Qu'avait-il fait au début pour gagner sa vie — **5.** Comment s'était-il rapidement enrichi ? — **6.** Quel genre de bureau avait-il ouvert ensuite ? — **7.** De quelles sortes d'affaires s'occupait ce bureau ? — **8.** Ce travail présentait-il des risques ? — **9.** Pourquoi est-il plus facile de lancer une grosse affaire en Amérique qu'en France ? — **10.** Comment était-il possible de gagner beaucoup d'argent dans ces sortes d'affaires ? — **11.** Pourquoi les hommes d'affaires voyagent-ils souvent en avion ? — **12.** Est-il toujours aussi facile qu'il y a vingt ans de gagner beaucoup d'argent aux Etats-Unis ?

Sujets d'essai

1. Faites le tableau de l'homme d'affaires tel que le décrit Paul Vialar sous les traits de Gilbert. Imaginez le personnage. Quels sont les traits les plus importants de son caractère ? —

2. Vous avez certainement vu autour de vous des hommes réussir brillamment dans les affaires. Décrivez la carrière de l'un d'entre eux ; quelles qualités possédait-il et quels moyens a-t-il employés pour atteindre son but ?

5. La fonction de gros

Du Traité d'économie commerciale, *consacré à l'étude des fonctions et de la structure du commerce, on a tiré deux passages concernant la fonction de distribution. Le premier traite du commerce de gros, le second du commerce de détail.*

La fonction de *gros* consiste à acheter des marchandises d'une façon continue et par quantités importantes, à les *stocker* et à assurer l'*approvisionnement* régulier d'utilisateurs professionnels (*commerçants*, *industriels*, *artisans*), à l'exclusion de toute vente à des acheteurs particuliers. Ses trois rôles sont : acheter, stocker, revendre.

Les achats effectués auprès des producteurs par la fonction de gros sont tout d'abord des achats *fermes*, qu'elle doit payer sur ses propres *fonds*, et dont elle prend l'entière responsabilité financière. Le *grossiste* ne se borne [1] pas à transmettre au producteur des commandes à *facturer* par lui ou à livrer directement à des clients qu'il lui désignerait. Les dépôts, agences et autres organismes qui se bornent à grouper de la sorte et à transmettre des commandes jouent un rôle d'intermédiaire, mais n'exercent pas la fonction de gros.

Ces achats *fermes* sont effectués d'une façon continue et par quantités importantes. « D'une façon continue », cela veut dire que les commandes passées aux fabricants ne correspondent pas uniquement à des besoins immédiats manifestés par la clientèle, mais, au contraire, qu'elles s'étalent [2] tout au long de l'année, en approvisionnant les magasins de gros longtemps à l'avance pour qu'ils soient prêts à livrer en toute quantité au moment des saisons de vente. Les commandes sont, en outre, passées au producteur « par quantités très importantes ». Il ne s'agit pas de la simple transmission au jour le jour au fabricant des commandes reçues de la clientèle. Les achats du commerce de gros sont faits selon un programme mûrement réfléchi, établi en se fondant sur les prévisions de vente et sur la situation des *stocks*, et portant d'emblée [3] sur les quantités nécessaires pour une période de plusieurs mois, et souvent pour toute une année.

Les marchandises, une fois achetées, sont stockées. Le stock est l'élément capital de la fonction de gros. Exercer dans une branche du commerce la fonction de gros, c'est essentiellement stocker à ses risques toutes les marchandises de sa spécialité en vue de disposer à tout moment des articles les plus divers demandés dans sa région par ses clients, dans le choix, la qualité et la quantité nécessaires. Ces articles sont ainsi immédiatement *disponibles*, rapidement livrés ou expédiés, et la commande est servie, la plupart du temps, en une seule fois dans la totalité des articles qu'elle comprend. Plusieurs mois de stock se trouvent ainsi entreposés de façon permanente au stade [4] du gros. Ce stock est une lourde charge, entraînant une *immobilisation* importante et une surveillance constante. Il pose des problèmes financiers et aussi des problèmes de locaux, de conservation des *denrées* et produits *entreposés*, d'*assurance*, de *gardiennage*, de *manutention*. Certaines entreprises sont spécialisées dans la partie matérielle de cette « sous-fonction [5] » de *stockage* : ce sont les *entrepôts* et *magasins généraux*, dont certains sont spécialisés dans la conservation des *denrées* par le froid. Entrepôts et magasins généraux ne sont pas des grossistes ; ils stockent « à façon [6] », pourrait-on dire, des marchandises ne leur appartenant pas, pour le compte de producteurs ou de grossistes, moyennant une rémunération *forfaitaire*.

Le stockage n'est pas une fin en soi [7] ; les marchandises stockées doivent être revendues. La vente n'est pas une opération passive [8]. L'exercice de la fonction de gros comporte la constitution, l'entretien, le développement d'une clientèle qui doit être régulièrement *prospectée* et documentée. Les utilisateurs professionnels qui la constituent sont soit des commerçants, soit des producteurs. Les commerçants revendeurs constituent le commerce de détail, qui vend directement à la clientèle particulière, au consommateur. Les producteurs seront soit des industriels ou des artisans utilisant pour leur fabrication de très nombreux produits que leur procure le commerce de gros, soit des industriels ou des artisans qui achètent des matériels d'équipement ou des produits d'entretien dans le commerce de gros. De cette clientèle sont formellement exclus les acheteurs privés achetant pour la satisfaction de leurs besoins personnels et de ceux de leur famille. Il ne doit pas ainsi y avoir de concurrence directe entre la fonction de *gros* et la fonction de *détail*, sa cliente, pour s'arracher la clientèle des consommateurs. Et quand, parfois, cette concurrence se produit, c'est que le grossiste qui cherche à vendre aux particuliers a cessé, dans cette mesure même, d'être un grossiste et a empiété [9] sur la fonction de détail.

Il convient de mentionner certains aspects particuliers que l'on rencontre dans le cas des denrées périssables. Ici, en raison de la nature même des produits à vendre, et malgré les possibilités de conservation que donne l'industrie frigorifique [10], la rapidité avec laquelle la denrée doit parcourir le *circuit de distribution* est essentielle, prime [11] tout stockage. C'est aux grossistes qu'incombe la responsabilité de cette vitesse de circulation. Qu'il s'agisse des mareyeurs [12] dans le cas de poissons, des ramasseurs [13] dans celui des fruits et légumes et des œufs, ces grossistes achètent au lieu de pêche ou de production dès le débarquement ou dès la récolte, emballent et dirigent sur-le-champ les denrées vers les lieux de consommation, où soit d'autres grossistes, soit des *intermédiaires* spécialisés, les *mandataires*, assurent la répartition immédiate aux revendeurs.

MARCEL RIVES, *Traité d'économie commerciale*, t. I (P. U. F.).

1. **Se borner** : se limiter. Les *bornes kilométriques* sont des pierres qui indiquent sur les routes les distances kilométriques entre deux localités. — 2. **S'étaler** : s'étendre. Les commandes se passent tout le long de l'année et non à certaines périodes. — 3. **D'emblée** : d'un seul coup, immédiatement. — 4. **Stade** (masc.) : autrefois, carrière où avaient lieu les courses ; aujourd'hui, lieu où se déroulent les manifestations sportives ; au sens figuré, période, étape. *Stade du gros* : période pendant laquelle les marchandises sont stockées en gros. — 5. **Sous-fonction** (fém.) : fonction secondaire. — 6. **A façon** : sans fournir les matériaux (*une couturière à façon*). Les magasins généraux stockent et surveillent des marchandises qu'ils n'ont pas fabriquées. — 7. **Fin en soi** : résultat recherché pour lui-même ; ici, le stockage est une opération importante, mais il ne constitue pas l'objet (la « fin ») du commerce de gros : il n'est qu'un des moyens qu'utilise le commerce de gros pour réaliser ses objectifs. — 8. **Opération passive** : opération qui ne demande pas d'effort.

Chambre froide pour la conservation des denrées périssables (Phot. J. Dumontier)

9. Empiéter (de *pied*) : usurper des droits ou des biens qui ne vous appartiennent pas. — **10. Industrie frigorifique** : industrie qui produit le *froid* pour la conservation des denrées périssables. — **11. Primer** : l'emporter sur. Ici, tout stockage est rendu impossible puisque les denrées doivent être consommées immédiatement. — **12. Mareyeur** (de *marée*) : marchand qui vend du poisson de mer. — **13. Ramasseur** : personne qui collecte dans les fermes certains produits agricoles.

Etude du texte

A. Faites le plan de ce texte en dégageant l'idée principale de chaque paragraphe. — **B.** Résumez ce texte en 200 mots. — **C.** Répondez par de courtes phrases aux questions suivantes : **1.** Quelles sont les trois principales fonctions du grossiste ? — **2.** A qui le grossiste achète-t-il ses marchandises ? — **3.** Comment doit-il effectuer ses achats ? — **4.** Quelle différence essentielle y a-t-il entre un grossiste et un détaillant ? — **5.** Quelle différence essentielle y a-t-il entre un grossiste et un commissionnaire ? — **6.** Pourquoi le grossiste doit-il toujours avoir en stock des quantités importantes de marchandises ? — **7.** Quelles sont les différentes opérations que comporte le stockage ? — **8.** Peut-il exister une concurrence entre le commerce de gros et celui de détail ? — **9.** Les acheteurs privés peuvent-ils s'approvisionner chez le grossiste ? — **10.** Donnez un exemple précis d'un circuit de distribution. Quelles sont les différentes personnes qui le composent ? — **11.** Les denrées périssables peuvent-elles être stockées un certain temps ? — **12.** Quelle est la fonction des magasins généraux ?

Sujets d'essai

1. En quoi consiste la fonction du grossiste ? Quelles qualités doit-il posséder ? Prenez un exemple précis en supposant : *a*) que le grossiste s'approvisionne auprès d'un producteur agricole (légumes, produits laitiers, viande, etc.) ; *b*) que le grossiste s'approvisionne auprès d'un fabricant (usine textile, métallurgique, fabrique de conserves, etc.). — **2.** De quels locaux le grossiste doit-il disposer ? Quelle est l'utilité de chacun d'eux ? Comparez-les aux locaux du détaillant. — **3.** Quels éléments le grossiste doit-il envisager avant de passer des commandes à ses fournisseurs ? Etudiez quelques exemples précis.

6. La fonction de détail

Nous avons vu, dans le texte précédent, que le stockage de quantités importantes de marchandises pose au grossiste des problèmes de locaux et de manutention. En outre, il doit disposer de capitaux suffisants pour régler ses achats sur ses propres fonds. Il doit enfin savoir se constituer une clientèle et la développer sans cesse. Le commerce de détail requiert des qualités fort différentes. Le détaillant n'a ni les mêmes obligations ni la même psychologie que le grossiste. Mais c'est grâce à l'action conjointe de ces deux commerçants que les marchandises sont acheminées de leur lieu de production à leur lieu de consommation.

La fonction de *détail* consiste à s'approvisionner en marchandises pour les revendre au *consommateur*, dans l'état où elles seront employées au dernier usage.

Il convient d'expliquer les deux éléments de cette définition : *approvisionnement*, *revente*.

S'approvisionner en marchandises, cela veut dire tout d'abord les acheter, ensuite les conserver et en entretenir en permanence un *assortiment*. Comme les achats de la fonction de *gros*, les achats de la fonction de détail sont ou, tout au moins, doivent être, quand elle est correctement exercée, des achats de prévision [1]. Mais, dans les deux cas, la prévision ne s'exerce pas du même point de vue. La prévision du *grossiste* tient compte évidemment, en premier lieu, de l'importance en quantité et de l'*échelonnement* dans le temps des commandes qu'il attend de sa clientèle de *détaillants* ou d'utilisateurs professionnels. Mais il tient compte aussi, et c'est un élément essentiel, des conditions même de la production. Le grossiste sait qu'il sera d'autant mieux servi — en quantité, qualité, prix — qu'il aura mieux su adapter ses ordres aux *contingences* de la fabrication et, en particulier, à son rythme. Ses relations d'affaires avec l'*industriel*, son *fournisseur*, seront d'autant meilleures, les conditions qui lui seront faites d'autant plus avantageuses qu'il aura mieux tenu compte, pour passer ses commandes et les répartir dans le temps, des conditions de fonctionnement de l'industrie considérée. En somme, la fonction de gros organise ses achats en tenant compte à la fois de ce que seront probablement les besoins de sa clientèle et de ce que sont effectivement les conditions de fabrication du produit considéré. La prévision du détaillant, même dans le cas où il s'approvisionne directement chez le producteur, est, au contraire, fondée principalement sur les besoins manifestés par la clientèle ou supposés de celle-ci. Pour organiser ses achats, le détaillant se demandera avant tout quels sont les besoins manifestés par les consommateurs qu'il dessert [2] ou entend desservir, et les besoins dont il espère pouvoir provoquer la naissance. Ce n'est pas dire que les conditions de la production soient nécessairement exclues des préoccupations des détaillants, mais c'est constater qu'en fait elles lui sont bien souvent mal connues et que, si elles ne lui sont pas indifférentes, elles ne suscitent généralement de sa part qu'un intérêt assez lointain. La prévision pour lui est avant tout et essentiellement une prévision de *consommation*, une prévision de clientèle.

Si le grossiste achète toujours et nécessairement à la production, on ne saurait poser, en ce qui concerne le détaillant, de règle uniforme [3]. Les conditions dans lesquelles le commerce de détail achète varient avec chaque produit. Tantôt, et c'est sans doute le cas le plus fréquent, il *s'approvisionne* auprès du commerce de gros. Mais on le voit aussi s'adresser directement au producteur, ou venir s'approvisionner sur les *marchés* organisés, comme, par exemple, les Halles à Paris pour le commerce des *denrées* alimentaires. Il n'y a pas de règle absolue, et ce serait une vue inexacte de croire qu'il existe un circuit « normal » comportant le passage inéluctable [4] par le grossiste spécialisé, puis par les détaillants, hors de quoi il n'y aurait qu'anomalie [5] et désordre.

Les achats de la fonction de détail sont également commandés par la notion d'*assortiment*. Le mot « assortiment » n'est pas synonyme de « stock » bien que l'assortiment implique l'existence d'un stock. Le mot « stock » se réfère avant tout à des notions quantitatives. L'assortiment complète ces notions quantitatives par des notions qualitatives. Il ne s'agit pas seulement, pour le détaillant, de détenir une certaine quantité de produits. Il faut, pour que son stock soit un assortiment, qu'il présente une variété suffisante de produits et, pour un produit déterminé, un choix convenablement étendu en qualité et en prix afin de pouvoir satisfaire une clientèle elle-même fort diverse. L'importance et la variété de l'assortiment, qu'en un *point de vente* donné doit entretenir la fonction de détail dans telle catégorie de commerce, ne peuvent être évidemment déterminées que par l'expérience. Tout ce que l'on peut dire est qu'il existe pour tout point de vente dans chaque branche du commerce un assortiment optimum [6] et que, celui-ci une fois déterminé, le détaillant doit s'efforcer d'en maintenir toujours le niveau en le recomplétant régulièrement au fur et à mesure de ses ventes par des achats de réassortiment. Si l'entretien de l'assortiment est une charge *onéreuse* pour le commerce de détail, elle s'impose à lui autant en considération de ses intérêts les plus directs que des desiderata [7] de la clientèle ; toute vente différée [8] est, en effet, le plus souvent une vente perdue.

Le second volet [9] de la fonction de détail est la vente. De celle-ci, il semble qu'il n'y ait pas grand-chose à dire : la vente, après tout, n'est pas autre chose que la remise d'un objet accompagnée de la *perception* de son prix. Et cependant, si la vente se réduisait vraiment dans la réalité à ces opérations élémentaires, il suffirait d'appareils automatiques pour assurer aux moindres frais cette partie de la fonction de détail. En fait, dans la grande majorité des cas, l'acte de vente (remise de l'objet, perception du prix) s'accompagne de nombreux actes accessoires que l'on a coutume de désigner par l'expression « service de la clientèle » et dont les principaux sont : la proximité des magasins, l'ouverture des magasins sans interruption toute la journée, l'*étalage*, l'entrée libre et la *manipulation* des articles par le client, les prix fixes et marqués, la propreté, la commodité, le confort et parfois le luxe des installations, la complaisance [10] et les connaissances techniques des vendeurs, les démonstrations [11], les recherches et les conseils avant l'achat, la livraison et l'installation à domicile, les conseils d'utilisation après l'achat, les réparations et l'entretien. Et cette énumération n'est ni complète ni limitative [12].

MARCEL RIVES, *Traité d'économie commerciale*, t. I (P. U. F.).

1. Achats de prévision : achats faits en tenant compte des possibilités futures du marché. — **2. Desservir la clientèle :** la servir au mieux. *Desservir* peut signifier aussi « assurer un moyen de communication » (*l'autobus dessert tel quartier*). — **3. Règle uniforme** (fém.) [de *une* et *forme*] : règle qui reste toujours la même. *Uniforme* (nom masc.) : costume qui est le même pour toute une catégorie de personnes, notamment les militaires. — **4. Inéluctable :** qui ne peut être évité. — **5. Anomalie** (fém.) : chose extraordinaire, anormale. *Anomalies de l'orthographe :* nombreuses irrégularités qu'elle comporte. — **6. Optimum :** mot latin qui signifie « le meilleur ». — **7. Desiderata :** mot latin qui signifie « les choses dont on regrette l'absence », donc ce que l'on désire, ce que l'on réclame. — **8. Différé :** retardé, remis à plus tard. — **9. Volet:** l'un des deux panneaux de bois ou de tôle placés devant une fenêtre ; ici, l'une des deux opérations de la fonction de détail. — **10. Complaisance :** politesse qui va jusqu'à s'adapter aux goûts du client pour lui plaire. — **11. Démonstration :** action de montrer et d'expliquer le fonctionnement d'un appareil. — **12. Enumération limitative :** énumération qui fixe des limites.

Etude du texte

A. Faites le plan de ce texte en dégageant l'idée principale de chaque paragraphe. — **B.** Résumez ce texte en 200 mots. — **C.** Répondez par de courtes phrases aux questions suivantes : **1.** Quelles sont les principales fonctions du détaillant ? — **2.** Que signifie *s'approvisionner en marchandises* ? — **3.** De quoi le détaillant doit-il tenir compte quand il fait ses achats ? — **4.** Pourquoi le grossiste doit-il tenir compte des conditions de production quand il effectue ses achats ? — **5.** Le détaillant doit-il aussi tenir compte des conditions de production dans ses achats ? — **6.** Le détaillant achète-t-il toujours ses marchandises au grossiste ? — **7.** Le circuit de distribution est-il le même dans tous les cas ? — **8.** Quelle différence y a-t-il entre l'assortiment et le stock ? — **9.** Pourquoi le détaillant doit-il avoir en magasin un assortiment varié ? — **10.** Comment le détaillant peut-il maintenir son stock à un niveau uniforme ? — **11.** En quoi consiste la vente au consommateur ? — **12.** De quoi se compose le *service de la clientèle ?*

Sujets d'essai

1. En quoi consiste la fonction du détaillant ? Quelles qualités celui-ci doit-il posséder ? En quoi se différencient-elles de celles que doit posséder un grossiste ? Prenez des exemples précis. — **2.** Quelles sont les différentes formes du commerce de détail ? Donnez les caractéristiques de chacune d'elles. — **3.** Quels éléments le détaillant envisage-t-il avant de passer une commande au grossiste ?

7. La gérance d'un snack-bar [1]

Busard, ouvrier dans une usine de matières plastiques, aime Marie-Jeanne. Mais celle-ci, par crainte de la misère, se refuse à épouser un simple ouvrier.

On ne vit pas Busard à Bionnas pendant toute une semaine. Il revint chez Marie-Jeanne le mardi suivant, à neuf heures du soir, l'heure où il était autorisé habituellement à se présenter.

« Voilà, dit-il. Je suis allé à Lyon, où j'ai vu des camarades de régiment. Ils m'ont envoyé à Chalon-sur-Saône [2], chez des amis à eux, qui m'ont envoyé à Mâcon [2]. On nous propose la gérance d'un snack-bar qu'on achève tout juste de construire, entre Chalon et Mâcon, sur la grande route Paris-Lyon-Marseille-Côte d'Azur. Il passe en moyenne 350 voitures par heure. »

Il décrivit l'établissement. Un cube de béton [3] blanc, à côté d'un poste à essence équipé de six pompes automatiques, éclairé au néon [4] toute la nuit. Un bar, avec quinze tabourets, dix petites tables de quatre couverts. Logement de trois pièces pour les gérants. Et l'on voit défiler le monde entier tout au long de l'année.

Il expliqua l'avantage des snack-bars. Que les automobilistes d'aujourd'hui n'aiment pas perdre de temps dans les auberges. Qu'ils préfèrent manger sur le pouce [5] pendant qu'on leur fait le plein d'essence [6] ; et que, s'ils ne veulent pas quitter leur siège, on leur porte un sandwich, avec du vin dans un gobelet de carton. Que le snack-bar, c'est l'avenir. Qu'en dix ans, avec leurs économies de gérants, ils deviendront propriétaires.

On leur demandait une *caution* de 700 000 francs [7]. Son père lui donnait 150 000; la moitié de ses économies de petit *artisan*, polisseur de montures de lunettes [8] qui sortaient à demi finies des presses à injecter [9]. L'autre moitié constituerait la dot de sa sœur, Hélène, fiancée à un mécanicien de Plastoform [10].

Marie-Jeanne annonça que sa mère et elle avaient 225 000 francs placés à la *Caisse d'épargne*. 150 000 + 225 000 = 375 000.

« Nous sommes encore loin du compte [11], dit-elle... Dommage, j'aurais aimé voir passer tous ces gens.

— Reste à trouver 325 000, dit Busard. J'ai mon idée là-dessus. »

Il se leva.

« Tu ne restes pas ?

— Non. Il faut que je m'occupe tout de suite de trouver ces 325 000 francs. »

Il lui tendit la main.

« A jeudi, Marie-Jeanne. »

ROGER VAILLAND, *325 000 francs* (Buchet-Chastel).

Pour acquérir cette somme de 325 000 francs, *Busard décide de faire des heures supplémentaires à l'usine. Mais, épuisé, il ne prend plus suffisamment de précautions, et une machine lui coupe la main. Il épouse néanmoins Marie-Jeanne et obtient la gérance d'un café. Ebranlé par le malheur, devenant alcoolique, il fait de mauvaises affaires et, finalement, revient travailler à l'usine.*

1. Snack-bar (mot d'origine anglaise) : restaurant populaire où l'on peut manger un sandwich, un plat garni ou prendre une boisson quand on est pressé. — **2. Chalon-sur-Saône** et **Mâcon** sont deux villes viticoles et industrielles situées sur la Saône, au nord de Lyon. — **3. Béton** (masc.) : mortier composé de sable, de ciment, de cailloux et d'eau, qui est très employé dans les constructions modernes pour remplacer la pierre. — **4. Néon** (masc.) : gaz rare de l'atmosphère, employé dans l'éclairage par tubes luminescents. — **5. Manger sur le pouce** : manger sans s'installer à une table. — **6. Faire le plein d'essence :** remplir d'essence le réservoir de l'auto. — **7. 700 000 (anciens) francs : 7 000** francs actuels (convertir de même les nombres qui suivent). — **8. Monture** (fém.) **de lunettes** : garniture rigide dans laquelle sont enchâssés les verres. Ici, les montures sont faites en matière plastique et doivent être polies ensuite. — **9. Presse** (fém.) **à injecter** : presse utilisée dans la fabrication des matières plastiques. — **10. Plastoform** : nom de l'usine de matières plastiques où travaille Busard. — **11. Etre loin du compte** : manquer d'une somme importante pour arriver au total nécessaire.

Etude du texte

A. Faites le plan de ce texte. — **B.** Résumez-le en 100 mots. — **C.** Répondez aux questions suivantes : **1.** Quel était le rêve de Busard et de Marie-Jeanne ? — **2.** Pourquoi passe-t-il toujours beaucoup de voitures sur la route Paris-Lyon ? — **3.** L'établissement qu'on leur proposait était-il bien situé ? — **4.** De quoi se composait-il ? — **5.** Pourquoi faut-il verser une caution lorsqu'on prend une gérance ? — **6.** Pourquoi le père de Busard ne lui prête-t-il pas toutes ses économies ? — **7.** Combien d'argent leur manquait-il pour réaliser leur rêve ? — **8.** La gérance d'un snack-bar vous semble-t-elle une situation très enviable ?

Sujets d'essai

1. Quelles sont les fonctions d'un *gérant* ? Donnez des exemples précis du travail que doit faire un gérant d'immeuble, de boutique, de snack-bar, etc. — **2.** Montrez comment les routes se sont transformées depuis un siècle. Décrivez une grand-route moderne. Quelle est l'évolution que vous prévoyez dans la structure des routes ?

8. A la recherche d'un emploi

Colin est un jeune homme qui n'a jamais rien fait de sa vie et n'a aucune qualification. Sa femme est très malade, et il a dépensé tout ce qu'il possédait à lui acheter des fleurs. Il se met à contrecœur en quête d'un travail. Il se présente dans un bureau sans savoir du tout de quel genre d'emploi il s'agit.

Cet extrait est une satire de la bureaucratie et de l'esprit qui règne dans certains bureaux. Le directeur est un homme prétentieux, tyrannique, et qui ne veut surtout prendre aucune responsabilité. Le sous-directeur n'est pas plus efficace. Quant à Colin, son but est de gagner de l'argent sans rien faire.

Le dialogue suivant est un échange de propos absurdes entre des gens indécis qui passent leur temps à faire semblant de travailler pour justifier leur position.

Colin resta debout jusqu'à ce qu'une sonnerie ordonnât à l'huissier [1] de l'introduire dans le bureau du directeur.

Il suivit l'homme dans un long passage... Avant de se rendre compte de ce qui lui arrivait, il se trouva devant le directeur. Il s'assit, obéissant, dans un fauteuil rétif [2], qui se cabra [3] sous son poids et ne s'arrêta que sur un geste impératif de son maître.

— Alors? ... dit le directeur.

— Eh bien, voilà! ... dit Colin.

— Que savez-vous faire? demanda le directeur.

— J'ai appris les rudiments [4]..., dit Colin.

— Je veux dire, dit le directeur, à quoi passez-vous votre temps?

— Le plus clair de mon temps, dit Colin, je le passe à l'obscurcir [5].

— Pourquoi? demanda plus bas le directeur.

— Parce que la lumière me gêne, dit Colin.

— Ah! ... Hum! ... murmura le directeur. Vous savez pour quel emploi on demande quelqu'un, ici?

— Non, dit Colin.

— Moi non plus..., dit le directeur. Il faut que je demande à mon sous-directeur. Mais vous ne paraissez pas pouvoir remplir l'emploi...

— Pourquoi? demanda Colin à son tour.

— Je ne sais pas..., dit le directeur.

... Il se pencha, méfiant, vers son bureau, sans quitter Colin des yeux, et décrocha son téléphone qu'il agita vigoureusement.

— Allô! ... cria-t-il. Ici, tout de suite! ...

Il remit le récepteur en place et continua de considérer Colin avec un regard soupçonneux.

— Quel âge avez-vous? demanda-t-il.

— Vingt et un..., dit Colin.

— C'est ce que je pensais..., murmura son vis-à-vis.

On frappa à la porte.

— Entrez! cria le directeur, et sa figure se détendit.

Un homme, miné par l'absorption continuelle de poussière de papier, et dont on devinait les bronchioles [6] remplies, jusqu'à l'orifice, de pâte cellulosique [7] reconstituée, entra dans le bureau. Il portait un dossier [8] sous le bras.

— Vous avez cassé une chaise, dit le directeur.

— Oui, dit le sous-directeur.

Il posa le dossier sur la table.

— On peut la réparer, vous voyez...

Il se tourna vers Colin.

— Vous savez réparer les chaises?

— Je pense..., dit Colin désorienté [9]. Est-ce très difficile?

— J'ai usé, assura le sous-directeur, jusqu'à trois pots de colle sans y parvenir.

— Vous les paierez! dit le directeur. Je les retiendrai sur vos appointements...

— Je les ai fait retenir sur ceux de ma secrétaire, dit le sous-directeur. Ne vous inquiétez pas, patron.

— Est-ce, demanda timidement Colin, pour réparer les chaises que vous demandez quelqu'un?

— Sûrement! dit le directeur.

— Je ne me rappelle plus bien, dit le sous-directeur. Mais vous ne pouvez pas réparer une chaise...

— Pourquoi? dit Colin. [...]

— En particulier, dit le sous-directeur, parce que ces chaises sont irréparables, et, en général, parce que vous ne donnez pas l'impression de pouvoir réparer une chaise.

— Mais qu'est-ce qu'une chaise a à faire avec un emploi de bureau? dit Colin.

— Vous vous asseyez par terre peut-être pour travailler? ricana le directeur.

— Mais vous ne devez pas travailler souvent, alors, renchérit [10] le sous-directeur.

— Je vais vous dire, dit le directeur, vous êtes un fainéant... et nous ne pouvons, en aucun cas, engager un fainéant!

— Surtout quand nous n'avons pas de travail à lui donner..., dit le sous-directeur.

— C'est absolument illogique, dit Colin abasourdi par leurs voix de bureau [11].

— Pourquoi illogique, hein? demanda le directeur.

— Parce que, dit Colin, ce qu'il faut donner à un fainéant, c'est justement pas de travail.

— C'est ça, dit le sous-directeur, alors vous voulez remplacer le directeur?

Ce dernier éclata de rire à cette idée [...], puis son visage se rembrunit, et il recula son fauteuil.

— Emmenez-le..., dit-il au sous-directeur. Je vois bien pourquoi il est venu. Allez, vite, déguerpis [12]! hurla-t-il.

BORIS VIAN, *l'Écume des jours*
(Société Nouvelle des Éditions Jean-Jacques Pauvert).

1. **Huissier** (masc.) [vient de *huis*, porte extérieure d'une maison; mot qu'on retrouve dans certaines expressions : « à huis clos », par exemple] : employé chargé de l'introduction des visiteurs dans les administrations ou les maisons importantes. — 2. **Rétif** : qui est difficile à conduire.

— **3. Se cabrer** : se redresser brusquement (le cheval se cabre, lorsqu'il se dresse sur ses jambes). Ici, le fauteuil est comparé à un cheval indocile. — **4. Rudiments** (masc.) : premières notions, principes. — **5. Le plus clair du temps :** la plus grande partie du temps. Ici, Colin prend l'expression dans son sens propre : « je passe le plus clair de mon temps à l'obscurcir » signifie qu'il passe la plus grande partie de ses journées à ne rien faire. — **6. Bronchioles** (fém.) : les deux bronches, organes de la respiration, se divisent aux extrémités en bronchioles. — **7. Pâte** (fém.) **cellulosique** : pâte à papier. Les employés, à force de manipuler du papier, absorbent de fortes doses de cellulose. — **8. Dossier** (masc.) : il s'agit ici du dossier de la chaise cassée et non du carton dans lequel on range des documents dans un bureau. — **9. Désorienté** : qui a perdu la direction. Ici, Colin ne sait plus que penser. -- **10. Renchérir** : augmenter les prix, comme dans une vente aux *enchères*. Ici, ajouter d'autres paroles dans le même sens que celles qui ont été dites précédemment. — **11. Voix de bureau** : voix criardes et désagréables, comme celles de personnes qui vivent dans une atmosphère de mauvaise humeur et d'énervement. — **12. Déguerpir** : se retirer précipitamment par crainte.

Etude du texte

A. Faites le plan de ce texte. — **B.** Résumez-le en 100 mots. — **C.** Répondez aux questions suivantes : **1.** Dans quel genre de bureaux y a-t-il des huissiers pour annoncer les visiteurs? — **2.** Pensez-vous que Colin se présente d'une façon favorable? — **3.** Pourquoi le directeur doit-il consulter le sous-directeur? — **4.** Pourquoi regarde-t-il Colin d'un air soupçonneux? — **5.** Pourquoi le sous-directeur a-t-il si mauvaise mine? — **6.** Pourquoi porte-t-il un dossier sous le bras? — **7.** Qui a, en définitive, payé les trois pots de colle qui n'ont servi à rien? — **8.** Pourquoi le directeur chasse-t-il brutalement Colin tout à coup? — **9.** Pensez-vous que Colin trouve facilement un emploi par la suite? — **10.** N'y a-t-il pas, selon vous, un peu d'exagération dans ce tableau de la vie de bureau?

Sujets d'essai

1. Si vous désiriez trouver un emploi de bureau, quelles sont les différentes démarches que vous feriez? Sur quels points insisteriez-vous dans votre *curriculum vitae* ou dans l'entretien que vous auriez avec un des responsables du bureau? — **2.** Aimeriez-vous travailler dans un bureau? Quels sont les avantages et les inconvénients que présente la vie de bureau? — **3.** Comment essaie-t-on actuellement d'aménager les bureaux modernes pour y rendre la vie plus agréable? L'environnement joue-t-il, selon vous, un grand rôle dans la vie de l'employé?

Entreprises commerciales

9. La planification et l'organigramme

Le texte suivant, tiré d'un roman humoristique, traite de l'organisation des maisons de commerce et des défauts des gens d'affaires. L'auteur y raille la manie qu'ont certains Français d'employer des termes pompeux ou de préférer, « *pour faire chic* », *les mots anglais aux mots français (on désigne sous le nom de* « *franglais* » *cette sorte de jargon, qui, hélas ! est souvent utilisé dans la vie courante, notamment dans la langue du commerce et des sports).*

J'ai fait la connaissance ces jours-ci d'une jeune secrétaire de direction, Mlle Janine, qui est extrêmement intelligente, avenante et vive, et qui travaille dans une grande maison.

Elle m'a révélé des choses que je n'aurais osé soupçonner, et, grâce à elle, j'ai causé avec un P. D. G., ce qui ne veut pas dire prisonnier de guerre, mais *président-directeur général.*

« [...] Je rédige, lui ai-je dit, un livre pour servir à l'histoire de ce temps ; par conséquent j'aimerais que vous me fassiez entendre, saisir sur le vif, une réunion de présidents-directeurs généraux.

— Oh! un *séminaire?* C'est très difficile. Tout ce que je peux vous raconter, c'est qu'ici même j'ai vu, l'autre jour, une réunion de personnages importants de l'industrie électronique. Ils se tenaient tous autour d'une grande table verte quand un plomb [1] a sauté. Il leur a fallu quarante minutes pour le réparer, et encore a-t-il fallu qu'ils aillent chercher le concierge.

— Alors, qu'est-ce qu'ils faisaient autour de cette grande table ?

— Ils parlaient d'une *planification* de l'industrie électrique.

— Et ils ne savaient pas changer un plomb ?

— Bien sûr que non, sourit-elle, mais ils n'ont qu'à tenir leurs conférences le jour ! [...]

— Vous m'avez dit tout à l'heure que les affaires étaient ce qu'il y avait de plus important en France. Qu'est-ce qu'il y a de plus important dans les affaires ? »

Janine suça son crayon, réfléchit une seconde et me dit : « L'*organigramme*.

— A quoi reconnaît-on un bon organigramme ?

— A ce qu'il comporte un grand nombre de *directions*. Au moins autant que la place de l'Etoile. Plus une société a de directions, plus évidemment c'est une société puissante. [...] Au centre, vous voyez le président-directeur général. [...] A gauche, vous voyez le *directeur technique*. Au centre, M. Lugeau, qui est le *secrétaire général*. Tout tourne autour de lui. A sa gauche, vous voyez le *personnel* technique, à sa droite le *personnel* commercial. Le *personnel* technique, s'il s'agit d'une affaire de plomberie, est chargé du « plumbing [2] », ce qui est infiniment plus élégant que la plomberie. Si l'affaire s'occupe de fumisterie, elle s'intitulera : études électrocalorifiques. Ce qui est infiniment plus chic que de se déclarer fumiste. [...] Quant à la *direction commerciale*, elle est de la plus haute importance. Le directeur en est M. Bourdonné, un homme fort intelligent. Et sous ses ordres, le personnel commercial.

— Quelles sont leurs responsabilités ?

— Impossible à dire en français.

— Pourquoi ?

— Parce qu'il est beaucoup plus à la mode de le dire en anglais. Le département du *stamping* [3] consiste à coller des timbres. Le *marketing* couvre tout. C'est autrement chic que de dire « vente ». Puis le « gratting [4] », qui surveille les prix des concurrents, le « triching [5] », qui fait les *déclarations d'impôts*. [...] Enfin, le *sending* [6], qui consiste à aller mettre les lettres à la poste, et, depuis peu, le *dispatching* [7], ce qui est encore plus chic. »

HERVÉ LAUWICK, *Les Français sont drôles* (Plon).

1. Plomb (masc.) : coupe-circuit, fait d'un fil de plomb. Lorsqu' « un plomb saute », l'électricité est coupée. Il faut alors en remettre un autre. — **2. Plumbing** : mot que l'auteur a inventé en ajoutant au mot *plomb* anglicisé le suffixe anglais *-ing*. — **3. Stamping** : mot anglais qui vient de *stamp* (timbre). — **4. Gratting** : mot imaginé par l'auteur (du verbe *gratter*). *Gratter ses concurrents* (familier:) arriver à les supplanter. — **5. Triching** : mot imaginé par l'auteur (du verbe *tricher*). Tricher en faisant sa déclaration d'impôts, c'est ne pas déclarer au fisc les chiffres exacts pour payer moins d'impôts. — **6. Sending** : mot anglais qui vient du verbe *to send* (envoyer). — **7. Dispatching** : mot anglais qui vient du verbe *to dispatch* (expédier).

Etude du texte

A. Faites le résumé de ce texte en 150 mots. — **B.** Faites-en le plan. — **C.** Répondez aux questions suivantes : **1**. Quel est le but d'un « séminaire » de directeurs ? — **2.** Quel était le but du séminaire en question ? — **3.** Qu'est-il arrivé pendant la séance ? — **4.** Est-il difficile de changer des plombs ? — **5.** A quoi sert un organigramme ? — **6.** En quoi consiste le travail d'un plombier ? — **7.** En quoi consiste le travail d'un fumiste ? — **8.** Quel est le rôle du directeur commercial ? — **9.** Quel est le rôle du directeur technique ? — **10.** Quel est le rôle du secrétaire général ? — **11.** Quel est le but du marketing? — **12.** Comment s'appelle en français le service chargé d'expédier les paquets?

Sujets d'essai

1. En quoi consiste le travail d'une secrétaire de direction ? Donnez des exemples précis. — **2.** Vous avez certainement visité une maison de commerce. Que savez-vous de son organisation ? Donnez le nom de tous les services qui la composent avec le rôle de chacun d'entre eux. — **3.** Connaissez-vous d'autres mots anglais que les Français emploient couramment ? Donnez leur équivalent en français et introduisez-les dans de courtes phrases pour en expliquer le sens.

10. Le management

Parmi tous les termes anglais qui se sont introduits dans notre langue commerciale, il en est certains qui demeurent intraduisibles et sont adoptés universellement. Tel est le cas du mot « management ». C'est ce que nous explique dans ce texte Christiane Collange. Le management est né aux Etats-Unis et ne s'est propagé en Europe que quelques années plus tard. Acceptons donc de bon cœur l'apparition de ce mot dans notre vocabulaire.

Il est de bon ton [1] de se révolter contre l'emploi abusif des mots anglais dans notre vocabulaire courant. « Management » fait partie des termes qui entrent à petits pas dans la vie moderne. Les Européens l'emploient de plus en plus sans savoir exactement ce qu'il signifie et cherchent vainement un équivalent dans leur propre langage. Dans son livre sur l'application des méthodes américaines à la gestion des entreprises, Octave Gélinier a très bien expliqué pourquoi il lui semblait tout à fait impossible d'échapper au terme management. Dérivant de *manus*, la main, management signifie littéralement « manœuvre ». Le manager est celui qui organise la manœuvre, qui, touchant de ses mains la réalité, se débrouille pour que ça marche, réussit en s'adaptant aux conditions changeantes...

Le mot « direction » [...] offre une tout autre image : diriger, c'est indiquer la voie. C'est imposer la règle sans mettre la main à la pâte [2]. Ce mot évoque une conception trop aristocratique [3] pour être efficace...

Le mot « gestion » serait plus adéquat. Le gestionnaire est l'intendant qui veille à ce que tout marche pour le mieux. Malheureusement la gestion se limite, étymologiquement [4], aux décisions de routine d'un intendant, à l'exclusion des décisions capitales que seul le maître peut prendre...

Par élimination, nous sommes donc ramenés au mot management, et nous pensons qu'il doit être accueilli dans la langue française sans arrière-pensée. Il dérive du latin, comme la plupart des mots français. Par sa consonance, il se retrouvera en famille [5] dans notre vocabulaire...

Une fois admis le mot, il faut s'efforcer de savoir ce qu'il recouvre. Très riche de sens, il désigne en anglais tous les éléments nécessaires à la bonne marche d'une affaire grande ou petite. Il englobe toutes les fonctions de direction. Quand on lit les manuels américains sur ces problèmes, on s'aperçoit que de la plupart d'entre eux toute théorie est absente. Ces livres sont écrits par des hommes d'affaires, lucides, directs, qui se contentent de raconter leurs expériences et d'essayer de faire comprendre à leurs lecteurs comment ils ont surmonté leurs propres difficultés. Ils prennent un cas concret. Ils le dissèquent [6]. Ils expliquent leur démarche. Ils dégagent enfin une sorte de méthode pragmatique qui s'applique à leurs problèmes mais peut s'adapter à toutes les situations. Le pragmatisme [7] est une qualité essentielle anglo-saxonne qui s'oppose avec une efficace ingénuité au cartésianisme [8] français. Et c'est ce sens de la réussite concrète qui conduit les Américains à adopter dans leurs écoles et leurs universités « la méthode des cas ». Au lieu d'énoncer un certain nombre de théorèmes économiques, le professeur soumet à ses élèves un problème réel : « Vous êtes fabricant d'une pâte dentifrice rose qui rend les dents grises, et votre principal concurrent lance sur le marché une pâte dentifrice grise qui rend les dents roses. Que faites-vous? » Il les aide ensuite à réfléchir et à choisir la meilleure stratégie [9] pour sortir d'une situation donnée...

Voici la règle des trois unités du management : « Information, décision, exécution ». Ramenée à une formule aussi simple, elle peut paraître primaire. Chacun de nous n'a-t-il pas découvert depuis longtemps qu'il faut savoir ce que l'on veut avant de faire ce que l'on peut? Ne faisons-nous pas tous du management sans le savoir? Avions-nous vraiment besoin des Américains pour dégager ces quelques rudiments de psychologie élémentaire? ... La plupart des cadres européens ont énoncé ces vérités premières, eux aussi, il y a déjà un certain temps, lorsqu'ils prirent contact pour la première fois avec les théorèmes modernes de gestion des entreprises.

Il manque en effet un élément essentiel à la règle « information, décision, exécution », quand on se contente d'énoncer les trois substantifs, et c'est la notion de système. Si « jamais » n'est pas français, « toujours » est réellement américain.

Effort d'information, volonté de modification et rigueur d'exécution ne s'appliquent pas comme une thérapeutique [10] d'urgence, mais comme une médication continue et polyvalente [11].

Robert McNamara, l'homme que le président John Kennedy avait chargé de réorganiser les forces militaires des Etats-Unis sur des bases modernes, est devenu un champion du management. Il a montré et démontré que le management n'est pas seulement une méthode de gestion applicable au monde industriel, mais surtout une mentalité [12] adaptable à toute structure sociale. Il affirme : « Le management est une adaptation permanente au changement. Tout évolue. Il ne faut jamais s'attacher à une notion statique [13] de la perfection. Ne pas « manager » complètement la réalité n'est pas protéger sa liberté. C'est simplement laisser une force autre que la raison façonner cette réalité. Cette force peut être une émotion incontrôlée, l'agressivité, la haine, l'ignorance ou simplement l'inertie. Ce peut être n'importe quoi d'autre que la raison. Mais quelle que soit cette force, si ce n'est pas la raison qui règne sur l'homme, l'homme n'accomplit pas tout ce dont il est capable. »

CHRISTIANE COLLANGE, *Madame et le management* (Tchou).

1. Le bon ton : le langage, les manières des gens bien élevés. Ici : les gens cultivés ont l'habitude de se révolter contre l'emploi exagéré des mots anglais. — **2. Mettre la main à la pâte :** aider à faire la cuisine. Ici : exécuter soi-même le travail. — **3. Conception** (fém.) **aristocratique :** conception qui ne tient pas compte des exigences de la vie quotidienne. — **4. Étymologiquement :** si l'on s'en tient à l'étymologie du mot « gérer ». (*Etymologie :* science qui a pour objet l'origine des mots.) — **5. Se retrouver en famille :** le mot *management* n'a pas une consonance étrangère, car la langue française comporte beaucoup de mots ayant la même terminaison (changement, débarquement, etc.). — **6. Disséquer :** analyser minutieusement pour séparer les différents éléments. — **7. Pragmatisme** (masc.) : philosophie qui fonde ses théories sur l'étude des faits en eux-mêmes, qui fait passer le côté pratique des choses avant leur côté théorique. — **8. Cartésianisme** (masc.) : philosophie de Descartes et de ses disciples fondée sur la raison, par opposition aux systèmes établis sur la révélation ou sur l'expérience. — **9. Stratégie** (fém.) : art de coordonner des actions et de manœuvrer pour atteindre un but. — **10. Thérapeutique** (fém.) : partie de la médecine qui s'occupe des moyens à employer pour soulager ou guérir les malades. — **11. Polyvalent** : qui a plusieurs fonctions. — **12. Mentalité** (fém.) : état d'esprit. — **13. Statique** : immuable; qui n'évolue pas.

Etude du texte

A. Faites le plan de ce texte. — **B.** Résumez-le en 200 mots. — **C.** Répondez aux questions suivantes : **1.** Pourquoi un si grand nombre de mots anglais se sont-ils introduits dans la langue commerciale française? — **2.** Pourquoi le mot « management » ne peut-il se traduire par « direction »? — **3.** Pourquoi ne peut-il pas non plus se traduire par « gestion »? — **4.** Quelle différence y a-t-il entre un *manager* et un *directeur?* — **5.** Comment le *cartésianisme* s'oppose-t-il au *pragmatisme?* — **6.** Quelle est la différence fondamentale entre l'enseignement en France et l'enseignement aux Etats-Unis? — **7.** En quoi consiste la méthode des cas? — **8.** Quel est l'avantage de cette discipline? — **9.** Quelle est la règle des trois unités du management? — **10.** Pourquoi les Européens sont-ils en retard sur les Américains dans la gestion des entreprises? — **11.** Comment Robert McNamara conçoit-il le management? — **12.** Quelles sont les qualités indispensables à un bon manager?

Sujets d'essai

1. La langue française n'abuse-t-elle pas, dans certains domaines, de mots anglais qui ont une traduction excellente en français? Donnez des exemples précis. — **2.** Quelle est l'évolution de la notion de chef d'entreprise depuis le siècle dernier? Montrez ce qu'était son rôle au début de l'industrialisation et les qualités qu'il devait posséder. Comparez-le à l'homme d'affaires moderne. — **3.** Quelles sont, selon vous, les études qui conviennent le mieux aux jeunes gens qui désirent devenir des managers? Quelles sont les matières (technique, sciences, droit commercial, comptabilité, statistiques, langues, etc.) qu'ils doivent étudier et quelle place doit leur être réservée dans le plan d'études général?

II. L'informatique

L'informatique est une science relativement nouvelle ; elle joue un rôle de plus en plus important étant donné l'extraordinaire développement de l'information qu'elle permet de traiter, dans tous les domaines. Son vocabulaire d'origine anglaise, puisque c'est aux Etats-Unis que les premiers ordinateurs ont été construits, est souvent intraduisible et s'introduit très rapidement dans la langue française.

C'est pourquoi nous avons jugé utile de faire un bref historique de cette technique et de donner quelques précisions sur le fonctionnement des ordinateurs.

L'informatique est la technique du traitement automatique et rationnel de l'information, support des connaissances et des communications de l'homme. Ce mot est un néologisme [1] créé en 1962 par le rapprochement des mots information et automatique.

Comme les automatismes de séquence [2] et de régulation, ceux du calcul ont leur pedigree. Il remonte au premier homme qui compta sur ses doigts, bien avant l'invention des tables de calcul grecques, des abaques [3] romains, des bouliers [4] chinois ou russes. A portée de toutes les mains, cette première calculatrice digitale imposa un système de numération à base 5. A cette pratique pourrait être imputable le retard d'utilisation du système métrique.

A l'aube du XXe siècle, les automatismes pénètrent en force dans les grands secteurs de l'industrie. En 1900, les laminoirs continus métamorphosent la métallurgie américaine; en 1912, Ford applique le principe de la fabrication en flot continu : mille voitures par jour; la première station électrique entièrement automatique remonte à 1917, les premières raffineries à 1920.

C'est à Berlin en 1942 que Konrad Zuse mit au point le premier ordinateur, le Z3, qui n'avait que 1 500 lampes [5]. Mais le branle-bas de l'après-guerre laissait désormais le champ libre à l'irréversible suprématie des Etats-Unis. Deux ans plus tard fut construit l'E N I A C; destinée à calculer les trajectoires d'obus et de bombes, cette première calculatrice électronique, qui pesait plus de 30 tonnes, fonctionnait avec 18 000 lampes et 50 000 commutateurs [6].

Avec les apports de l'électronique, les éléments mécaniques, dont les performances étaient limitées, sont éliminés; l'électronique atteint le stade de la compacité moléculaire [7] : elle se rapproche du mécanisme biologique.

I B M [8] estimait que les débouchés se limiteraient aux secteurs militaires et scientifiques : cette firme ne se rendait pas compte du potentiel commercial qu'allait bientôt lui conférer la vente des ordinateurs de gestion; en effet, de très petits ordinateurs peuvent être utilisés en autonomie ou connectés par une ligne téléphonique à un ordinateur puissant. A l'extrême, on trouve des matériels qui ne peuvent être utilisés de façon autonome et qui constituent alors des terminaux dans les systèmes de time-sharing [9], permettant ainsi de partager la puissance de traitement de l'unité centrale entre de nombreux utilisateurs.

La description de l'utilisation et du fonctionnement des ordinateurs modernes s'appuie sur la distinction entre, d'une part, hardware, au sens littéral « quincaillerie », qui désigne l'aspect physique de l'ordinateur, et, d'autre part, software, qui désigne le système d'exploitation de la machine par l'intermédiaire des programmes [10] fondamentaux, généraux à l'ensemble des utilisateurs, et des programmes d'application spécifiques aux problèmes de l'utilisateur en particulier.

Le hardware est lui-même défini comme un système capable d'acquérir, de stocker et de traiter des informations, puis de restituer des informations résultats. Comme un être vivant, l'ordinateur est composé de différentes parties dont une mémoire centrale qui est un ensemble de cellules ou de mots pouvant contenir une information assortie d'une adresse, ce qui permet de retrouver cette cellule grâce à un registre de sélection; d'autre part, par un certain dispositif, le contenu de la cellule devient ordre de lecture, c'est-à-dire une information de base avant le traitement, ou écriture, c'est-à-dire une information résultat, demandée par l'utilisateur.

En complément à la mémoire centrale, partie passive, qui permet d'emmagasiner des informations de toutes sortes, existe la partie active de l'ordinateur. Celle-ci, comme un organisme vivant en action, se compose de fonctions de contrôle et de commande [11] permettant ainsi de traiter les informations stockées dans la mémoire centrale.

La description du fonctionnement de l'ordinateur ne doit pas faire oublier la possibilité, pour l'utilisateur, de travailler sur du matériel acheté ou loué par son entreprise et connecté par téléphone ou par câble à un centre informatique de calcul. Les types de matériels pouvant être ainsi utilisés sont les lecteurs de cartes magnétiques, les imprimantes, les consoles [12] de visualisation, les consoles claviers...

Par opposition à hardware, le software représente l'ensemble des programmes écrits pour la mise en œuvre du matériel; on distingue notamment :

— les programmes d'application écrits par l'utilisateur ou achetés au constructeur ou à des sociétés de service, et qui correspondent aux traitements désirés par l'utilisateur;

— les programmes utilitaires de base, parmi lesquels on distingue les programmes de traitement de fichiers, c'est-à-dire ceux permettant le tri, la maintenance [13] ou la réorganisation d'un ensemble cohérent d'instructions ou de données (chiffrées ou non);

— les programmes fondamentaux d'aide à la programmation, tels que l'assembleur, qui traduit en langage machine un programme écrit sous une forme plus mnémonique [14], les compilateurs, programmes traducteurs qui fournissent un programme en langage machine à partir d'un programme plus proche de la formulation humaine (cobol, fortran, PL/1, algol, APL...).

De même qu'il existe des générations d'hommes, il existe des générations d'ordinateurs caractérisées par une technicité et des performances plus poussées.

Les progrès jusqu'en 1985 sont attendus dans le domaine, d'une part, de la vitesse du calcul et du stockage des données, et, d'autre part, dans celui du langage de commande et de contrôle des calculs, compte tenu du plus grand niveau d'automatisation des systèmes.

Michèle Simonin.

1. **Néologisme** (masc.) : emploi d'un mot nouveau, soit créé, soit obtenu par déformation, dérivation, composition, emprunt. — **2. Séquence** (fém.) : suite ordonnée de termes. — **3. Abaque** (masc.) : tablette à calculer de l'Antiquité. — **4. Boulier** (masc.) : cadre portant des tringles sur lesquelles sont enfilées des boules, et qui sert à compter. — **5.** Les premiers ordinateurs avant la révolution électronique fonctionnaient avec des *lampes*. — **6. Commutateur** (masc.) : appareil permettant de modifier un circuit électrique ou les connections entre circuits. — **7. Compacité** (fém.) **moléculaire** : densité d'aspect propre à une molécule composée d'atomes. — **8. I B M** (*International Business Machines*) : société multinationale, fondée en 1924 aux Etats-Unis, spécialisée dans la fabrication des ordinateurs, machines à écrire, à calculer, etc. — **9. Time-sharing** (expression anglaise signifiant « partage de temps ») : utilisation collective d'un ordinateur par plusieurs entreprises, la location d'un ordinateur étant très coûteuse. — **10. Programme** (masc.) : suite ordonnée d'instructions logiques dans un langage compréhensible par l'ordinateur. — **11.** Les fonctions *contrôle* et *commande* permettent notamment le déroulement du programme, ce dernier traitant l'information de base. — **12. Console** (fém.) : matériel de bureau informatique se présentant sous forme d'écran de télévision et (ou) de machine à écrire. — **13. Maintenance** (fém.) : action de maintenir (tenir dans le même état). Ici : mise à jour et consultation, sans aucune modification de programme. — **14. Mnémonique** (ou **mnémotechnique**) : qui permet d'aider la mémoire *(moyen mnémonique)*; ici, programme proche du langage humain.

Etude du texte

A. Faites le plan de ce texte. — **B.** Répondez aux questions suivantes : **1.** Comment le mot « informatique » a-t-il été formé? — **2.** Pourquoi le système métrique n'a-t-il été appliqué que tardivement? — **3.** A quelle époque l'automatisme a-t-il pénétré dans le secteur industriel? — **4.** Quelle différence y a-t-il entre l'automatisme et l'automation? — **5.** Quelles ont été les premières réalisations de l'automation? — **6.** Quels sont les pays qui, les premiers, ont fabriqué des ordinateurs? — **7.** En quoi consiste le « hardware »? — **8.** En quoi consiste le « software »? — **9.** Quels sont les avantages du « time-sharing »? — **10.** Donnez un exemple d'un moyen mnémonique. — **11.** Citez quelques mots anglais du domaine de l'électronique qui n'ont pas de traduction en français.

Sujets d'essai

1. Montrez comment l'information est en train de bouleverser les techniques traditionnelles de certaines sciences telles que la médecine, la sociologie, etc. — **2.** Quels sont les services que peut rendre l'ordinateur dans une grande entreprise industrielle? — **3.** En quoi consiste le travail d'un programmeur? Pourquoi cette profession offre-t-elle de nombreux débouchés?

12. L'apparition des grands magasins

Dès le milieu du XIXe siècle, l'ouverture du Bon Marché *a été une révolution commerciale : n'est-ce pas elle qui a inspiré* Au bonheur des dames *de Zola? Depuis lors, malgré des luttes acharnées, boutiquiers et petits commerçants n'ont pu empêcher l'extension des grands magasins et des magasins à grande surface* (v. texte 30). *Nous assistons ici aux débuts de ces conflits.*

Dès leur naissance, les *grands magasins* suscitèrent [1] des controverses [2] passionnées. Les moralistes les accusaient de tous les crimes : l'entrée libre favorisait le vol ; l'accumulation des marchandises, les *expositions* spéciales et les *soldes* étaient autant de pièges pour la femme vertueuse ; la mère de famille risquait d'acheter par plaisir, non par nécessité. « En donnant le goût du luxe au peuple, ajoutaient même certains, les grands magasins font œuvre de démoralisation [3]. »

Le peuple acceptant d'un cœur léger le luxe et la démoralisation, la situation des *boutiquiers* traditionnels devint chaque jour plus difficile. En 1862, on enregistra les premières *faillites*. En 1885, on comptait à Paris 20 000 *établissements* commerciaux fermés.

Les petits *commerçants*, qui s'étaient moqués pendant des années du « système de vente à petits *bénéfices* » de Boucicaut [4], prirent conscience de la gravité de la situation et passèrent à la contre-attaque. Ils entreprirent de démontrer à l'opinion publique que « les grands magasins *exploitaient* leurs clients ». Tracts [5], conférences, réunions publiques, *campagne de presse*, rien ne fut épargné. En vain. Fondée sur des contre-vérités, cette campagne de *relations publiques* se retourna contre ses auteurs. Les grands magasins bénéficièrent, grâce à la maladresse de leurs adversaires, d'une énorme *publicité* gratuite.

Mais les boutiquiers ne désarmaient pas. Ils organisèrent des groupes de pression ; la Ligue générale contre les grands magasins, créée en 1887, et la Ligue syndicale pour la défense des intérêts du travail, de l'industrie et du commerce, née l'année suivante, groupèrent, en 1889, 100 000 adhérents. C'est à cette époque que parurent les premières feuilles corporatives : *la Revendication*, *la Crise commerciale*. Leur programme, on le trouve dans le n° 1 de *la Crise commerciale :*

« La cause de la crise actuelle est l'accaparement [6], par quelques maisons, du commerce tout entier et, par conséquent, de la fortune générale. Nous voulons voir le commerce florissant comme il l'était il y a plus de trente ans, et l'ouvrier heureux, gagnant facilement sa vie. [...] Notre but atteint, ce sera la suppression de tous les ambitieux et le relèvement du petit commerce. »

Pour « supprimer les ambitieux », les petits commerçants rêvaient de lois qu'ils qualifiaient eux-mêmes de « sanguinaires [7] ». Dix ans durant, ils firent le siège du Parlement pour obtenir une réforme de la *fiscalité*, qui étranglerait les grands magasins. A deux reprises, ils faillirent l'obtenir. A la Chambre, le ton des débats était passionné. Evoquant « les traditions millénaires de la patrie », les défenseurs du petit commerce réclamaient un « *impôt* spécial progressif, et tellement aggravé que son application devait amener la fermeture des grandes maisons ». Les arguments les plus nobles et les plus inattendus furent développés à la tribune. [...] Mais ces flots d'éloquence parlementaire ne parvinrent pas à exterminer [8] les grands magasins.

Il ne restait plus qu'une issue aux petits commerçants : évoluer, sous peine de mort. Sous la pression de la *concurrence*, le petit commerce modifia ses méthodes de vente. Il retourna contre les grands magasins quelques-unes de ces armes qui avaient fait la fortune de ces derniers : l'entrée libre, le prix fixe, une meilleure présentation des marchandises, une publicité mieux faite et, aussi, des prix moins élevés.

ETIENNE THIL, *les Inventeurs du commerce moderne* (Arthaud).

1. **Susciter** : faire naître. — 2. **Controverse** (fém.) : débat sur une question, une opinion. — 3. **Démoralisation** (fém.) : ici, action de *démoraliser* (ôter la moralité, la vertu). — 4. **Aristide Boucicaut (1810-1877)** : commerçant français, fondateur du premier grand magasin en France, « Au Bon Marché ». — 5. **Tract** (masc.) : mot anglais signifiant « feuille de propagande ». En commerce, on emploie plus souvent *prospectus*. — 6. **Accaparement** (masc.) : action d'*accaparer*, de s'emparer de tous les produits. — 7. **Sanguinaire** : qui se plaît à répandre le *sang* humain ; ici, cruel. — 8. **Exterminer** : détruire entièrement.

Etude du texte

A. Faites le plan de ce texte. — **B.** Résumez-le en 200 mots. — **C.** Répondez aux questions suivantes : **1.** Pourquoi les grands magasins ont-ils suscité des controverses dès leur apparition ? — **2.** Quel a été le premier grand magasin français ? — **3.** Quels reproches faisait-on aux grands magasins ? — **4.** Ces reproches vous semblent-ils justifiés ? — **5.** Pourquoi le public a-t-il accueilli avec enthousiasme les grands magasins ? — **6.** Quelles ont été les conséquences de cette révolution commerciale ? — **7.** Quels moyens les petits boutiquiers employèrent-ils pour se défendre ? — **8.** Réussirent-ils à atteindre leur but ? — **9.** Quelle mesure essayèrent-ils d'obtenir du gouvernement ? — **10.** Pourquoi n'obtinrent-ils pas satisfaction ? — **11.** Comment durent-ils évoluer pour lutter contre cette concurrence ? — **12.** Qui a joué un rôle important au XIXe siècle dans la création des grands magasins ?

Sujets d'essai

1. Décrivez un grand magasin que vous avez eu l'occasion de visiter. — **2.** Aimez-vous mieux faire vos achats dans un grand magasin ou dans une boutique ? Donnez les raisons de votre préférence. — **3.** Pensez-vous que les grands magasins arrivent à supplanter les boutiques ?

13. Une affaire bien dirigée

Yankel Mykhanowitzki, fils aîné d'une famille juive russe, vient s'établir au début du siècle à Paris, où il fabrique des casquettes. Peu à peu, toute la famille vient l'y rejoindre. Un des fils de Yankel, Simon, n'a pas voulu continuer ses études et méprise le métier de son père. Il se lance dans le commerce en vendant d'abord les casquettes fabriquées par son père. Il épouse Jacqueline, une jeune fille catholique française. La fusion des groupes ethniques explique le titre : les Eaux mêlées. *Nous verrons dans le texte suivant que Simon a un sens aigu des affaires et saura rapidement faire prospérer son commerce.*

Jacqueline, plutôt que sur le *crédit*, comptait sur la vente des chapeaux : elle avait une conception étriquée [1] du commerce. Mais comme Simon en avait une conception trop large, un équilibre somme toute heureux finit par s'établir. Au bout de quelques mois, ils s'étaient tacitement réparti les tâches. A lui l'audace, à elle la prudence ; à lui les idées mirobolantes [2], les initiatives à tout casser [3], à elle de voir si la réalité s'en accommodait. Il y eut des heurts entre eux ; mais quand l'un se sentait sur un terrain solide, il tenait bon, et l'autre cédait. C'est ainsi que Jacqueline consentit à la création de l'atelier ; en échange, Simon consentit à ne louer pour les débuts qu'un local modeste.

Les principales difficultés vinrent de ce qu'ils ne pensaient pas sur le même plan ; Jacqueline raisonnait en boutiquière, Simon en *négociant*. Quand elle prétendit consacrer tant par mois [4] à éteindre les *dettes* [5], il refusa net, sans arriver à lui faire comprendre qu'on n'éteint pas les grosses dettes avec les mêmes procédés que les petites. Un jour, elle lui conseilla de baisser la qualité de sa fabrication et de hausser les prix de vente ; elle calculait par addition et soustraction, et croyait qu'ainsi les bénéfices augmenteraient. Il la regarda d'un air apitoyé, soutint le point de vue inverse : ils se disputèrent, Simon ne céda pas, baissa les prix et haussa la qualité. L'événement lui donna raison ; non seulement les ventes du magasin augmentèrent, mais la maison Sijac commença de placer quelques chapeaux chez d'autres *détaillants*. Ça la fit réfléchir ; elle reconnut que, si elle voulait rendre à son mari de réels services, elle devait élargir sa propre vision. Elle eut du mal à y parvenir, certains exercices d'équilibre sur la corde raide lui donnaient des sueurs froides ; elle y parvint tout de même, à force d'amour.

Par exemple, depuis qu'elle avait pris la *comptabilité* en main, elle fraudait [6] le *fisc* avec une habileté professionnelle, mais à l'échelle boutiquière. Elle eut un jour une illumination [7] et comprit qu'au niveau supérieur les fraudes légales sont les plus efficaces ; la plus efficace consistant à dépenser large au profit du magasin. S'agrandir, embellir l'installation, d'une part cela grossit les *frais généraux*, donc diminue les bénéfices fiscaux [8], donc diminue les impôts, d'autre part cela augmente le *chiffre d'affaires*, donc les rentrées d'*argent frais* : double avantage. Ayant fait ce raisonnement, Jacqueline poussa Simon à agrandir son atelier ; elle le freina seulement quand elle le vit former des projets trop grandioses.

En vérité, le coup de maître de la maison Sijac fut un coup de chance. Simon venait juste d'installer sa fabrique dans une vaste remise [9] du Marais [10] quand la rue fut frappée d'alignement [11]. Une solide indemnité d'expropriation [12] — l'Etat est généreux, surtout pour qui sait placer où il faut de confortables pots-de-vin [13] — le mit définitivement en selle [14] : une bonne grosse expropriation, n'est-ce pas, ça vaut encore mieux qu'une bonne petite *faillite*. Il exploita aussitôt sa chance en lançant une *campagne publicitaire* de première grandeur. Jacqueline s'y opposa, affolée : elle croyait que la publicité, c'était de l'argent perdu. Il tint bon ; et le pays apprit bientôt que le vainqueur du Tour de France [15] cycliste devait sa victoire à ce que sa femme portait un chapeau Sijac, le chapeau du Tout-Paris. Du coup, le magasin de vente du boulevard Beaumarchais devint trop étroit et fit des petits [16].

ROGER IKOR, *les Eaux mêlées* (Albin Michel)

1. Etriqué : étroit, qui manque d'ampleur. — **2. Idées mirobolantes :** idées merveilleuses, trop belles pour pouvoir se réaliser. — **3. A tout casser :** capable de tout casser ; ici, extraordinaires. — **4. Tant par mois :** une certaine somme par mois. — **5. Eteindre des dettes :** rembourser peu à peu des dettes. — **6. Frauder** (le fisc) : tromper (le fisc). La *fraude* *fiscale* est l'ensemble des dissimulations accomplies en vue de déclarer le moins de bénéfices possible. — **7. Avoir une illumination** : comprendre soudain quelque chose ; avoir une inspiration. — **8. Bénéfices fiscaux** : bénéfices qui sont déclarés au *fisc*. — **9. Remise** : ici, local servant d'abri à des voitures (ne pas confondre avec *remise*, I, 79). — **10. Le Marais** : vieux quartier de Paris, qui était, autrefois, occupé par un marais (région basse où sont accumulées des eaux). — **11. Rue frappée d'alignement** : rue dans laquelle certaines maisons qui avancent doivent être détruites pour que cette rue soit rendue plus praticable. — **12. Expropriation** (fém.) : action d'*exproprier* quelqu'un (le déposséder, pour raison de bien public, de sa propriété moyennant une indemnité). — **13. Pot-de-vin** (masc.) : somme qui se paie en dehors du prix convenu dans un marché. — **14. Mettre en selle** : bien établir (comme le cavalier qui s'installe sur la *selle* de son cheval). — **15. Tour de France** : course cycliste qui a lieu chaque année en juillet en France et qui passionne beaucoup de gens. — **16. Faire des petits** : expression populaire qui signifie ici « se développer et créer d'autres maisons plus petites que la maison mère » (comme la chatte qui fait des « petits »).

Etude du texte

A. Faites le plan de ce texte. — **B.** Résumez-le en 200 mots. — **C.** Répondez aux questions suivantes : **1.** Quel commerce exerçaient Jacqueline et Simon ? — **2.** Avaient-ils tous deux la même conception du commerce ? — **3.** Comment s'installèrent-ils d'abord ? — **4.** Comment Jacqueline désirait-elle rembourser leurs dettes ? — **5.** Quelle était l'opinion de Simon à ce sujet ? — **6.** Comment Simon procéda-t-il pour faire augmenter les ventes du magasin ? — **7.** Jacqueline s'opposa-t-elle à cette décision ? — **8.** Quelle est la meilleure façon pour une maison de commerce importante de frauder le fisc ? — **9.** Que peut-on faire pour diminuer les bénéfices fiscaux ? — **10.** Pourquoi Simon fut-il heureux d'être exproprié ? — **11.** De quelle publicité fit-il usage pour développer son affaire ? — **12.** Quel fut le résultat de cette publicité ?

Sujets d'essai

1. Faites le portrait de Jacqueline et de Simon tels que vous les imaginez d'après ce texte. — **2.** Quelles sont les qualités que doit posséder un bon boutiquier ? Envisagez divers points de vue (connaissance de la marchandise, de la clientèle, de la comptabilité, des lois fiscales et sociales, etc.).

Marché et marketing

14. La crise économique et le marketing

Le marketing *(v. tome Ier, chap. VII) joue un rôle prépondérant dans l'économie actuelle. Ce mot, intraduisible en français, est très complexe à définir. Rappelons ici quelles sont ses fonctions essentielles :*

« Elles consistent à définir, organiser et mettre en œuvre toutes les activités qui participent à créer, promouvoir et distribuer, de façon rentable, les produits, biens ou services qui peuvent satisfaire la demande des consommateurs présents et futurs. »

Le marketing a été engendré par la société d'abondance. Dans le cas d'une régression grave et prolongée, pourrait-il survivre ? C'est la question que se posent certains économistes et à laquelle Guy Serraf répond dans ce texte.

Le dilemme [1] (qui se pose actuellement) entre société d'abondance et société de *pénurie* est un faux problème. Il y a toujours abondance; la pénurie n'est qu'un dispositif artificiel. Le vrai problème qui est posé à notre société, c'est : comment passer d'une croissance incohérente, fondée sur le gaspillage, à une société d'économie, qui récupérera l'humanité comme une fin et non comme un moyen ?

... Après avoir connu une confiance aveugle et un optimisme sans limites dans les vertus de la société d'abondance et de la croissance continue, on constate un peu partout une brutale anxiété qui se traduit par une attitude catastrophique. On va proclamant que la *récession* est inéluctable, l'*inflation* la loi nouvelle, la pénurie le modèle que doivent accepter les publics pour réformer [2] leurs conduites.

La critique se tourne vers le marketing, dont on se demande si ce n'est pas le rassemblement de toutes les techniques susceptibles : d'aliéner [3] le consommateur dans sa recherche des produits, de pousser au gaspillage pour accroître le potentiel [4] des marchés, de favoriser une croissance sans conscience.

Quand certains affirment que le marketing est en question [5], ils pensent aux opérations que beaucoup ont menées pendant les années d'abondance et de désordre, en se couvrant de son nom. Trop de propagande, de bourrage de crâne [6], de matraquage [7] [...], trop de fumée pour obscurcir le libre jugement. Si tout cela s'est fait passer pour du marketing, alors ce sont les mœurs commerciales qu'il faut profondément réformer, car l'esprit marketing n'a rien à y voir. Si la farce est aujourd'hui dénoncée, comment s'expliquer qu'elle ait si longtemps duré ?

Les sociétés modernes avaient découvert, depuis une vingtaine d'années, que l'activité commerciale, comme toute vie d'un organisme, n'a de chance de se développer heureusement et durablement que si elle adopte une optique [8] stratégique. Cela signifie que toute entreprise ne peut vivre que dans la mesure où elle sait se conduire par rapport à son environnement, c'est-à-dire ses marchés. Cet effort d'organisation, ce souci d'une cohérence stratégique dans ses conduites, ce soin pour la recherche concernant les produits, les marchés, les types de distributions et de conditions de vente, c'est ce qu'on appelle, en langage d'entreprise, le marketing.

... Une confusion trop fréquente consiste à réduire le marketing aux prouesses [9] de la publicité. Impressionné par l'innovation forcenée [10] des produits qui aboutit en fait à la multiplication de produits qui n'ont de différents que leurs noms, traumatisé [11] par le déferlement des slogans [12], l'audace des affirmations dithyrambiques [13], paralysé par l'équivalence des arguments et des thèmes publicitaires, effrayé par les budgets mis en œuvre pour le séduire ou le conditionner, le public a été conduit à assimiler l'action d'influence au marketing.

Dans l'éventualité d'une crise de l'activité économique, dans la crainte d'un régime de pénurie, quelques-uns n'hésitent pas à demander : avec la disparition de la société d'abondance, ne doit-on pas assister aussi à la fin du marketing ? S'il n'y a plus assez de produits pour tout le monde, l'entreprise n'aura plus qu'à faire de la répartition, ses personnels commerciaux ne seront plus que des preneurs d'ordre, la recherche technique cessera d'être une nécessité, la politique des prix consistera à suivre les mouvements d'inflation, on fera des économies d'emballage et on ne se préoccupera plus d'apporter les services qui donnaient tout son sens au produit... En vérité, une situation qui propose de nouvelles difficultés à l'entreprise exige d'elle qu'elle renforce son organisation et ses méthodes de contrôle d'action pour surmonter ces difficultés. Se priver de la fonction stratégie serait purement et simplement du suicide...

Cette aptitude stratégique est la seule garantie pour l'entreprise non seulement de faire face aux perturbations[14] actuelles, mais de prévoir les développements ultérieurs et de pouvoir se préparer à les traiter le plus efficacement possible. C'est justement dans la tempête qu'on a besoin d'une bonne science de pilotage. Une telle règle de management doit être non seulement celle des entreprises privées, mais aussi celle des organismes publics, des collectivités et (pourquoi pas ?) celle des gouvernements.

GUY SERRAF, « Société en crise : crise de croissance du marketing » (*Revue française du marketing*, nº 59).

1. Dilemme (masc.) : obligation de choisir entre deux solutions possibles. — **2. Réformer :** corriger, changer en mieux. — **3. Aliéner :** ici, détourner de ce qui est raisonnable et logique. La publicité propose tant d'articles au consommateur qu'il ne sait plus lequel lui convient le mieux. — **4. Potentiel :** v. tome Ier, p. 112, note 1. — **5. Etre en question :** être discuté, soumis à un examen. — **6. Bourrage** (masc.) **de crâne** (du verbe *bourrer :* remplir jusqu'au bord) : action de faire pénétrer, par tous les arguments possibles, certaines idées dans l'esprit de quelqu'un. — **7. Matraquage** (masc.) : technique qui consiste à persuader le public d'acheter certains produits, par de fréquents messages publicitaires. La *matraque* est un instrument armé de fer, que l'on utilise pour assommer quelqu'un. — **8. Optique** (fém.) : point de vue. Ici, l'« optique stratégique » désigne les moyens mis en œuvre pour atteindre un certain but. — **9. Prouesse** (fém.) : succès, exploit (souvent dans un sens ironique). — **10. Forcené :** excessif. — **11. Traumatisé :** bouleversé à tel point que sa conduite en est ensuite modifiée. — **12. Slogan :** v. tome Ier, p. 128, note 1. — **13. Dithyrambique :** exagéré dans son enthousiasme. Le *dithyrambe* était, dans l'Antiquité, un chant liturgique; il a inspiré la tragédie grecque. — **14. Perturbation** (fém.) : trouble, désordre.

Etude du texte

A. Faites le plan de ce texte. — **B.** Résumez-le en 200 mots. — **C.** Répondez aux questions suivantes : **1.** Quelles sont les différentes activités du marketing ? — **2.** Quel en est le but ? — **3.** Quelles sont les critiques qu'on peut lui adresser ? — **4.** Pourquoi peut-on dire que nous vivons dans une société de gaspillage ? — **5.** Pourquoi la croissance industrielle actuelle est-elle incohérente ? — **6.** Quels sont les risques d'une croissance continue, actuellement ? — **7.** Quelles seraient les caractéristiques d'une société d'économie idéale ? — **8.** Dans quel domaine particulier est-il actuellement question de pénurie ? — **9.** Quelle est la condition essentielle pour qu'une entreprise se développe d'une manière satisfaisante, de nos jours ? — **10.** Pourquoi ne faut-il pas confondre publicité et marketing ? — **11.** Pensez-vous qu'une crise économique doive entraîner la disparition du marketing ? — **12.** Comment une entreprise peut-elle faire face aux difficultés actuelles ?

Sujets d'essai

1. On traduit parfois le mot anglais *marketing* par « commercialisation ». Cette traduction vous semble-t-elle satisfaisante ? Pouvez-vous en proposer d'autres ? — **2.** Pourquoi le marketing a-t-il pris une telle importance dans les grandes entreprises ? Dans quels domaines joue-t-il un rôle essentiel ? — **3.** Quelles sont les possibilités qu'offre la publicité aux commerçants et au public ? Ne joue-t-elle pas parfois un rôle néfaste ? Pensez-vous qu'il serait possible de l'éliminer, dans les conditions actuelles du commerce ?

Affiche de A. M. Cassandre (1927)

La publicité

15. Les relations publiques

L'expression relations publiques *est un décalque littéral de l'anglais* public relations. *Ce service forme une branche importante de la publicité moderne (voir I, 123). Son rôle est de créer une atmosphère de sympathie entre l'entreprise et le public et de mieux faire connaître l'entreprise elle-même ou les produits qu'elle vend. En effet, l'accueil fait à la clientèle et les relations qu'elle entretient avec la maison ont toujours été un facteur important dans la réussite commerciale. Ici, l'auteur explique les origines de ce service et les moyens dont il dispose pour atteindre son but.*

L'objet des *relations publiques*, au sens que l'on donne actuellement à ce terme, est d'établir, par un effort délibéré, *planifié* et soutenu, un climat psychologique de compréhension et de confiance mutuelles entre une organisation et le public.

Ce n'est évidemment pas d'aujourd'hui que date le désir — et souvent la nécessité — des hommes d'avoir avec leurs semblables des relations aussi agréables et profitables que possible. Mais l'évolution de la société vers une forme où le rôle de l'opinion publique est de plus en plus décisif, où les groupes sociaux ont une influence croissante, où les moyens d'information se sont multipliés, où, enfin, les dirigeants, à tous les *échelons*, ont perdu le pouvoir absolu d'imposer leurs décisions sans avoir à se soucier des réactions de ceux qui les subissent, a donné naissance à cette nouvelle technique.

Dès le début du XXe siècle, on réalisa [1] aux Etats-Unis que les grandes affaires ne devaient pas rester fermées au public, mais cesser d'être des entités [2] monstrueuses, en expliquant en termes simples ce qu'elles étaient. Le problème s'amplifia pendant la Seconde Guerre mondiale, lorsque le président Roosevelt dut faire comprendre à cent quarante millions d'Américains le véritable aspect du conflit qui ravageait l'Europe, les préparer psychologiquement à y participer et, plus tard, leur expliquer pourquoi ils se battaient. Simultanément, les lois fiscales taxant les bénéfices exceptionnels ainsi que l'impossibilité matérielle et psychologique, pour un grand nombre d'entreprises importantes, de continuer à faire de la publicité pour certains produits raréfiés [3] amenèrent leurs dirigeants soit à expliquer au public le rôle de leur firme dans l'effort de guerre, soit même à exposer leurs projets d'avenir. Le but poursuivi était de maintenir ou de créer le goodwill [4] de ces entreprises.

C'est de cette époque que date la systématisation et la rationalisation du travail de relations publiques, qui prit alors toute son ampleur.

L'utilisation des différents moyens d'information par le service des relations publiques implique trois stades : recherche des faits, établissement d'un plan d'action, mise en œuvre.

A. Recherche des faits. Le problème consiste à découvrir les faits, à les mesurer, à en déterminer les causes, à les interpréter et à en tirer les conclusions. Ce seront ces conclusions qui serviront de base aux informations que le service des relations publiques portera à la connaissance des différentes catégories de publics qu'il y a lieu de toucher.

Cette étude des faits, réalisée par le service de recherches et études opérant par *sondages* d'opinion, enquêtes de *motivation*, etc., pourra porter par exemple sur les éléments suivants :

1. Que pense le public de l'entreprise en question ?

2. Comment les opinions sont-elles réparties entre les diverses catégories du public ?

3. Quelles sont les origines de ces opinions ?

4. Quelle doit être l'attitude de l'entreprise en face de ces opinions ? Quelle action éventuelle doit-elle prendre ?

5. Comment le public réagit-il aux mesures prises ?

B. Etablissement d'un programme d'action. Une fois les faits connus, mesurés, et leur signification réelle interprétée, le service des relations publiques établit un programme d'action destiné à apporter une solution aux problèmes soulevés et arrête un budget des dépenses à engager.

C. MISE EN ŒUVRE. La mise en œuvre du programme d'action s'effectue par des moyens multiples : presse, cinéma, télévision, radio, affichage, expositions, visites, conférences, etc.

La presse étant l'un des moyens d'information les plus puissants — à condition de savoir s'y prendre —, nous nous limiterons à cet exemple type.

Les *annonces* publicitaires paraissent à une date déterminée, dans un espace bien défini, acheté à la ligne, rempli par un texte écrit et présenté au seul gré de *l'annonceur ;* sauf cas particulier, la publication n'a le droit ni de refuser l'insertion [5] ni d'en modifier la forme. Par contre, l'espace qu'un *article rédactionnel* occupe dans le corps d'une publication n'est alloué par le rédacteur en chef qu'en fonction de sa valeur éditoriale [6] ; il est écrit et présenté quand et où le rédacteur en chef en décide, dans un style et avec une mise en page dont il est le seul juge. Or, si l'on songe aux sommes fantastiques consacrées par la presse en vue de s'assurer la primeur [7] de nouvelles sûres, on comprend comme il est facile d'obtenir un article éditorial à condition que le matériau [8] de base soit d'actualité, qu'il soit de bon aloi [9], qu'il soit fourni rapidement et gratuitement. A ces conditions, la personne chargée de relations publiques devient aisément *persona grata* [10] auprès des journalistes et, si elle est naturellement l'obligée de ceux qui font bon usage du matériau qu'elle leur apporte, ils ne peuvent pas ne pas lui être reconnaissants de les aider : il y a échange de bons procédés.

C. R. HAAS, *la Publicité* (Dunod).

1. **Réaliser** : ici, sens de l'anglais *to realize*, comprendre. — 2. **Entité** (fém.) : ce qui constitue l'essence d'un être. — 3. **Raréfié** : devenu *rare*. — 4. **Goodwill** : mot anglais qui signifie « clientèle », « achalandage » (I, 95). — 5. **Insertion** (fém.) : action d'*insérer* (de publier un article parmi d'autres articles). — 6. **Valeur éditoriale** : valeur de l'article, par rapport au style du journal. L'*éditorial* d'un journal est l'article de tête qui résume la

situation politique telle que la juge la direction du journal. — **7. Primeur** (fém.) : caractère de ce qui est nouveau. Les *primeurs* sont les fruits et les légumes qui apparaissent sur le marché avant la date normale. — **8. Matériau** (masc.) : matières qui entrent dans la construction d'un bâtiment ou d'une machine ; ici, les éléments de base qui servent à composer l'article. — **9. De bon aloi** : de bonne qualité. *Aloi* (masc.), au sens propre, signifie « quantité de métal précieux entrant dans un alliage ». — **10. Persona grata** : expression latine qui signifie « personne qu'on agrée, qu'on reçoit avec plaisir ». Cette expression est employée surtout dans le langage diplomatique.

Etude du texte

A. Faites le plan de ce texte. — **B.** Résumez-le en 200 mots. — **C.** Répondez aux questions suivantes : **1.** Quel est l'objet des relations publiques ? — **2.** Qu'est-ce qui a donné naissance à cette nouvelle technique ? — **3.** Pourquoi les Etats-Unis ont-ils compris dès le début du XXe siècle que les grandes affaires ne devaient pas rester fermées au public ? — **4.** Pourquoi la Seconde Guerre mondiale a-t-elle contribué au développement des relations publiques ? — **5.** Quels sont les trois stades pour l'utilisation, par le service des relations publiques, des différents moyens d'information ? — **6.** En quoi consiste la « recherche des faits » ? — **7.** Quel est son but ? — **8.** De quels moyens se sert le service des recherches pour étudier ces faits ? — **9.** Quel est le but du programme d'action ? — **10.** Par quels moyens ce programme est-il mis en œuvre ? — **11.** Quel est le plus puissant de ces moyens ? — **12.** Quel est le but de l'article rédactionnel ?

Sujets d'essai

1. Quel est le rôle que joue le service des relations publiques dans une entreprise ? Quels sont les avantages qu'il offre ? En quoi se rattache-t-il aux services de la publicité et en quoi en diffère-t-il ? — **2.** Montrez comment le service des relations publiques peut utiliser la presse, le cinéma, la télévision, la radio, l'affichage, les expositions, les visites et les conférences. Quels sont les moyens qui vous semblent les plus efficaces ?

16. Une carrière dans la publicité

Deux étudiants de condition modeste, Jérôme et Sylvie, ont surtout pour idéal de gagner de l'argent. Leur conception du bonheur est uniquement fondée sur la possession des « choses » : un bel appartement, des meubles, une auto, etc. Ils ne soupçonnent même pas qu'il puisse exister d'autres sources de joie. L'auteur les dépeint avec ironie et même avec une certaine cruauté.

Jérôme et Sylvie ont fait des études de psychosociologie, parce que cette branche leur semblait offrir des débouchés rapides dans la publicité. On trouvera ici une satire de la vie moderne et du rôle que la publicité y joue.

Jérôme avait vingt-quatre ans, Sylvie en avait vingt-deux. Ils étaient tous deux psychosociologues [1]. Ce travail, qui n'était pas exactement un métier ni même une profession, consistait à *interviewer* des gens, selon diverses techniques, sur des sujets variés. C'était un travail difficile, qui exigeait, pour le moins, une forte concentration nerveuse, mais il ne manquait pas d'intérêt, était relativement bien payé, et leur laissait un temps libre appréciable.

Depuis plusieurs années déjà, les études de *motivation* avaient fait leur apparition en France. Cette année-là, elles étaient encore en pleine expansion. De nouvelles agences se créaient chaque mois, à partir de rien, ou presque. On y trouvait facilement du travail. Il s'agissait, la plupart du temps, d'aller dans les jardins publics, à la sortie des écoles ou dans les H. L. M. [2] de banlieue, demander à des mères de famille si elles avaient remarqué quelque publicité récente et ce qu'elles en pensaient. Ces *sondages-express*, appelés testings [3] ou *enquêtes-minute*, étaient payés cent francs. C'était peu, mais c'était mieux que les gardes de nuit, que tous les emplois dérisoires [4] : distribution de *prospectus*, écritures [5], minutages [6] d'*émissions publicitaires*, vente à la sauvette [7] — traditionnellement réservés aux étudiants. Et puis, la jeunesse même des agences, leur stade [8] presque *artisanal*, la nouveauté des méthodes, la *pénurie* encore totale d'éléments qualifiés [9] pouvaient laisser entrevoir l'espoir de *promotions* rapides, d'ascensions vertigineuses.

Ce n'était pas un mauvais calcul. Ils passèrent quelques mois à administrer [10] des questionnaires. Puis il se trouva un directeur d'agence qui, pressé par le temps, leur fit confiance. Ils partirent en province, un magnétophone sous le bras ; quelques-uns de leurs compagnons de route, à peine leurs aînés, les initièrent aux techniques, à vrai dire moins difficiles que ce que l'on suppose généralement, des *interviews* ; ils apprirent à faire parler les autres et à mesurer leurs propres paroles ; ils surent déceler, sous les hésitations embrouillées, sous les silences confus, sous les allusions timides, les chemins qu'il fallait explorer ; ils percèrent les secrets de ce « hm » universel [11], véritable intonation magique, par lequel l'*interviewer* ponctue [12] le discours de l'*interviewé*, le met en confiance, le comprend, l'encourage, l'interroge, le menace même parfois.

Leurs résultats furent honorables. Ils continuèrent sur leur lancée [13]. Ils ramassèrent un peu partout des bribes [14] de sociologie, de psychologie, de *statistiques ;* ils assimilèrent le vocabulaire et les signes, les trucs qui faisaient bien : une certaine manière, pour Sylvie, de mettre ou d'enlever ses lunettes, une certaine manière de prendre des notes, de feuilleter un rapport, une certaine manière de parler, d'intercaler dans leurs conversations avec les patrons, sur un ton à peine interrogateur, des locutions du genre de : « ... n'est-ce pas... », « je pense peut-être... », « dans une certaine mesure... », « ... c'est une question que je pose... ».

Ils montrèrent pour ces acquisitions strictement nécessaires, qui étaient l'ABC du métier [15], d'excellentes dispositions et, un an à peine après leurs premiers contacts avec les études de motivation, on leur confia la lourde responsabilité d'une « analyse de contenu » ; c'était immédiatement au-dessous de la direction générale d'une étude, obligatoirement réservée à un *cadre* sédentaire [16], le poste le plus élevé, donc le plus cher et, partant, le plus noble de toute la *hiérarchie*. Au cours des années qui suivirent, ils ne descendirent plus guère de ces hauteurs.

Et pendant quatre ans, peut-être plus, ils explorèrent, *interviewèrent*, analysèrent. Pourquoi les aspirateurs-traîneaux [17] se vendent-ils si mal ? Que pense-t-on, dans les milieux de modeste extraction, de la chicorée ? Aime-t-on la purée toute faite, et pourquoi ? N'est-on pas toujours prêt à faire un sacrifice pour le confort des petits ? Comment votera la Française ? Aime-t-on le fromage en tube ? Lisez-vous beaucoup, un peu, pas du tout ? Allez-vous au restaurant ? Que pense-t-on, franchement, de la retraite des vieux ? Que pense la jeunesse ? Que pensent les cadres ? Que pense la femme de trente ans ? Que pensez-vous des vacances ?...

Il y eut la lessive, le linge qui sèche, le repassage. Le gaz, l'électricité, le téléphone. Les enfants. Les vêtements et les sous-vêtements. La moutarde. Les soupes en sachets, les soupes en boîtes. Les cheveux : comment les laver, comment les teindre, comment les faire tenir, comment les faire briller ? Les étudiants, les ongles, les sirops pour la toux, les machines à écrire, les engrais, les tracteurs, les loisirs, les cadeaux, la papeterie, le blanc [18], la politique, les autoroutes, les boissons alcoolisées, les eaux minérales, les fromages et les conserves, les lampes et les rideaux, les assurances, le jardinage.

Rien de ce qui était humain ne leur fut étranger [19].

GEORGES PEREC, *les Choses* (Julliard).

1. Psychosociologue. La psychosociologie est une science qui étudie la psychologie de l'homme dans ses rapports avec la société. — **2. H. L. M. :** abréviation courante pour *habitation à loyer modéré*. — **3. Testing :** action de faire des *tests*. Un *test* est habituellement une épreuve servant à reconnaître certaines qualités et à en apprécier le développement. — **4. Dérisoire** (de *rire*) : qui est rétribué à un prix insignifiant. — **5. Ecritures :** comptes et correspondance d'un commerçant. — **6. Minutage** (masc.) : action de *minuter*, c'est-à-dire de déterminer d'une façon précise la durée. — **7. Vente à la sauvette** (de *se sauver*) : faite par des marchands ambulants dans les rues sans autorisation. — **8. Stade,** voir p. 22. — **9. Eléments qualifiés :** personnes ayant les connaissances nécessaires (un ouvrier *qualifié*). — **10. Administrer :** dans ce sens, distribuer en grandes quantités. — **11. Le « hm » universel :** exclamation que les Français poussent lorsqu'ils sont embarrassés et ne savent que dire. — **12. Ponctuer :** marquer les signes de la ponctuation ; ici, émettre des sons inarticulés pour montrer à l'interlocuteur qu'on l'écoute. — **13. Continuer sur sa lancée :** ne pas s'arrêter dans la voie que l'on suit, comme le coureur qui continue sur son élan. — **14. Bribes** (fém.) [toujours au pluriel] : des fragments détachés. — **15. L'ABC du métier :** les premières connaissances indispensables pour l'exercice du métier. — **16. Sédentaire :** qui reste chez soi, qui ne se déplace pas dans son travail. (Contraire : *ambulant.*) — **17. Aspirateur-traîneau :** aspirateur placé sur un petit traîneau pour qu'il puisse être facilement déplacé. — **18. Le blanc :** l'ensemble de toutes les étoffes blanches en fil ou en coton (draps, serviettes, torchons, etc.). Maintenant le *blanc* désigne tout le linge de maison, même s'il est de couleur. — **19. Rien de ce qui était humain... :** rappel ironique d'une célèbre sentence due à l'auteur latin Térence.

Etude du texte

A. Faites le plan de ce texte. — **B.** Résumez-le en 200 mots. — **C.** Répondez aux questions suivantes : **1.** En quoi consistait l'activité de Jérôme et Sylvie ? — **2.** Quelles qualités requérait cette activité ? — **3.** Quel est le but de l'*étude de motivation ?* — **4.** Où fait-on généralement les enquêtes publicitaires ? — **5.** Pourquoi était-il facile à cette époque-là (1955-1960) de gagner beaucoup d'argent dans la publicité ? — **6.** Est-ce aussi facile maintenant ? — **7.** Quel est l'instrument indispensable aux interviewers ? — **8.** Qui fait en général les interviews ? — **9.** Quelles sont les qualités nécessaires pour faire un bon interviewer ? — **10.** Ce travail demande-t-il des études sérieuses ? — **11.** Quels sont les différents métiers que peuvent faire les étudiants pour gagner un peu d'argent ? — **12.** Comment Jérôme et Sylvie sont-ils arrivés à un poste élevé ?

Sujets d'essai

1. Quelles sont les différentes branches de la publicité ? Quel est le rôle de chacune d'elles ? — **2.** Que savez-vous du caractère de Jérôme et de Sylvie d'après ce texte ? Relevez les expressions qui peuvent vous éclairer sur leur psychologie. — **3.** Georges Pérec fait une satire de la publicité et des publicitaires dans ce texte. Quelles sont les expressions ironiques dont il se sert ? Partagez-vous son avis ? Jugez-vous que la publicité joue un rôle néfaste dans le monde moderne ?

17. L'image de marque

Dans la langue contemporaine, le mot image *est souvent employé dans le sens de « conception », « idée que l'on se fait d'une personne, d'une entreprise, d'un article d'une certaine marque ». L'expression « image de marque » fait maintenant partie du vocabulaire commercial. Que signifie-t-elle exactement? C'est ce que nous explique Christiane Collange dans ce texte. Elle nous montre combien il est difficile pour une entreprise moderne de se construire une image de marque flatteuse et bien adaptée à ses activités, et quel soutien précieux elle peut apporter au prestige de l'entreprise.*

Une politique d'entreprise doit non seulement être ambitieuse dans ses objectifs, mais dans ses conceptions. Elle pourra ainsi apporter des satisfactions à tous ceux qui sont chargés de l'appliquer, et flattera l'orgueil de la clientèle, les deux choses allant d'ailleurs de pair [1]. Si l'entreprise a bonne réputation, son prestige rejaillira automatiquement sur les éléments humains qui la composent.

Pour réussir ainsi à affirmer sa personnalité, l'entreprise devra s'efforcer de se construire une image de marque flatteuse et, si possible, originale.

Qu'est-ce qu'une image de marque? C'est l'idée que la majorité des gens se font d'un produit, d'une marque commerciale avant même de les connaître réellement. Cette image peut être bonne et provoquer instantanément des sentiments d'adhésion [2] ou d'admiration. Elle peut être mauvaise et stimuler l'instinct de refus ou même d'animosité [3]. Dans le monde industriel, changer son image de marque est une opération qui représente de grands efforts et nécessite des ressources importantes. Christian Dior, par exemple : ce nom évoque la haute couture d'abord, des produits de luxe ensuite (parfums, bas, cadeaux). Cette image de marque permet à la maison de pratiquer des prix relativement élevés et de s'adresser à une clientèle privilégiée. Elle présente donc de très gros avantages. En revanche, elle limite l'expansion de son marché, beaucoup de femmes étant convaincues *a priori*[4] qu'un produit Dior n'est pas à leur portée. Si demain la maison Dior voulait fabriquer une lessive vendue dans les Prisunic, elle devrait entreprendre une vaste campagne de publicité pour expliquer aux ménagères, clientes des magasins à succursales multiples, qu'elles peuvent mettre du Dior dans la machine à laver. En faisant cela, la maison Dior courrait, en revanche, un risque grave : celui de perdre une partie de sa clientèle de luxe.

Toute image de marque a donc ses avantages et ses inconvénients, et il faut soigneusement les étudier avant de choisir une politique dans ce domaine. D'autant plus que, chacun le sait, les réputations ont la vie dure [5]...

Comment choisir une image de marque? D'abord en essayant de ne pas jouer sur tous les tableaux [6]. La dispersion risque d'épuiser les forces vives, surtout dans les petites entreprises. On a presque toujours intérêt à se choisir des domaines fortement spécialisés. Un fabricant de voitures de sport courrait un risque énorme en se lançant dans la promotion des camions pour le transport des bestiaux, les deux images étant difficilement compatibles dans l'esprit du public...

En outre, une image de marque doit correspondre à la réalité et à la vocation de l'entreprise. On ne peut pas vivre longtemps au-dessus de ses moyens, ni financièrement, ni physiquement, ni moralement...

Une bonne campagne de publicité peut d'ailleurs beaucoup faciliter l'établissement d'une image de marque auprès de la clientèle. Ce qui va sans dire va encore mieux en le disant, à condition, bien sûr, de trouver les bons arguments...

Enfin, si l'on veut construire une image de marque extrêmement durable et qui résiste à l'usure de la vie commune, on peut s'efforcer de conquérir un leadership [7] dans un domaine particulier. Cette technique du leadership, qui fait partie des théories les plus récentes en matière de management, consiste pour une entreprise à essayer de percer [8] dans un secteur tout à fait nouveau et où elle ne craint pas la concurrence, et à faire porter une très grande part de ses efforts de recherches et de technologie sur cette spécialité de pointe [9]...

Connaissance de l'entreprise et de ses méthodes, choix

des objectifs, construction d'une image de marque, telles sont les différentes options qui permettent à un dirigeant de concevoir une politique cohérente et une stratégie dynamique. Face à l'éventail des possibilités qui s'offrent constamment à tout organisme vivant, il peut, par réflexion, se rendre maître de son devenir. Dans son livre *Pour une doctrine de l'entreprise*, Philippe de Woot, professeur associé à l'université de Louvain et ancien de Harvard, constate : « Dans le domaine de l'innovation [10], la rationalisation et l'organisation tendent donc à prendre la place de l'intuition heureuse et du simple jugement. Autrefois, l'entrepreneur n'apparaissait que de manière occasionnelle, fortuite [11], ses interventions étaient soudaines et discontinues; le progrès se faisait ainsi par sauts brusques et imprévisibles. Aujourd'hui, son activité créatrice devient de plus en plus permanente, prévisible, continue. »

CHRISTIANE COLLANGE, *Madame et le management* (Tchou).

1. **Aller de pair** : aller ensemble, être sur le même plan. — 2. **Adhésion** (fém.) du verbe *adhérer* : approbation, accord. — 3. **Animosité** (fém.) : désir de nuire, hostilité. — 4. **A priori** : avant toute connaissance approfondie. (Contraire : *a posteriori* [v. p. 168, note 4].) — 5. **Avoir la vie dure** : résister à la maladie, aux diverses causes de mort. Ici, résister longtemps avant de disparaître. — 6. **Jouer sur tous les tableaux** : prendre des risques de tous les côtés pour essayer de gagner davantage. — 7. **Leadership** (masc.) : mot anglais qui signifie « commandement », « première place », — 8. **Percer** : ici, se faire connaître, acquérir une réputation. — 9. **Spécialité** (fém.) **de pointe** : spécialité très avancée par rapport aux autres, sur laquelle on a fait porter ses efforts. *Heures de pointe :* heures d'affluence (transports), de maximum d'intensité (électricité). — 10. **Innovation** (fém.) : technique qui consiste à introduire sans cesse du nouveau (des idées, des articles, des réformes, etc.). — 11. **Fortuit** : qui arrive par hasard, imprévu.

Etude du texte

A. Faites le plan de ce texte. — **B.** Résumez-le en 150 mots. — **C.** Répondez aux questions suivantes : **1.** Comment une entreprise peut-elle affirmer sa personnalité? — **2.** Qu'est-ce qu'une image de marque? — **3.** Qu'entend-on par « une bonne image de marque »? — **4.** Comment faut-il choisir son image de marque ? — **5.** Comment peut-on se construire une image de marque durable ? — **6.** Pourquoi est-il difficile de changer d'image de marque ? — **7.** Quelle image de marque évoque Dior ? — **8.** Quels sont les avantages qu'une image de marque flatteuse peut apporter à une entreprise ? — **9.** Comment l'image de marque peut-elle parfois nuire à la vente d'un produit ? — **10.** Qu'est-ce qui peut faciliter l'établissement d'une image de marque auprès de la clientèle ? — **11.** Quels sont les éléments que doit posséder un dirigeant pour concevoir une politique dynamique et cohérente dans son entreprise ?

Sujets d'essai

1. Comment un fabricant de réfrigérateurs (ou d'un autre article à votre choix) se construira-t-il une image de marque flatteuse et durable ? Sur quels éléments s'appuiera-t-il ? — **2.** Montrez comment une campagne publicitaire bien organisée peut aider un fabricant à maintenir son image de marque dans l'esprit des clients éventuels. Donnez des exemples précis.

18. Une agence immobilière

L'homme d'affaires Haverkamp, qui vient de fonder une agence immobilière, cherche par tous les moyens possibles à développer sa clientèle.

Une *agence* est un centre d'informations. D'où l'importance particulière qu'il faut donner au classement.

Les affaires se répartissent d'elles-mêmes en offres et en demandes. Mais il suffit de cinq minutes de réflexion pour se convaincre que c'est sur les offres que le classement doit reposer. Les offres — c'est-à-dire les propriétés à vendre — constituent votre marchandise. Il vous appartient d'y faire circuler avec aisance l'acheteur éventuel, comme il circulerait dans les rayons d'un grand magasin. S'il est décidé d'avance, il doit arriver tout droit à la marchandise qu'il souhaite.

S'il n'est poussé que par un prurit [1] d'achat plus ou moins vague, il doit pouvoir se promener facilement d'un rayon à l'autre.

Haverkamp a donc tout un système de *fiches*, *dossiers*, registres et *répertoires*. Il ne cherche pas la complication. Il ne cède pas à la manie *bureaucratique*. Il n'a d'autres soucis que la rapidité et la clarté. [...]

Mais il ne suffit pas d'avoir de beaux *fichiers* vernis acajou [2]; il faut les remplir. Et pour que les amateurs constatent l'organisation exceptionnelle de l'agence, il faut qu'ils y viennent.

Haverkamp a élaboré deux types d'*annonces*, qu'il a fait passer dans quelques journaux.

Celles du premier type disent avec des variantes [3] : « Disposant gros capitaux pour compte capitalistes français et étrangers, suis acheteur terrains toutes surfaces et tous quartiers. »

Ou « ... suis acheteur immeubles susceptibles d'être démolis ».

Ou « ... suis acheteur bons immeubles de rapport [4] tous quartiers ». Il y ajoute la mention « urgent ».

Il a reçu presque aussitôt des offres nombreuses, par visites ou par lettres. Le délicat a été de faire prendre patience aux vendeurs. Haverkamp devait inventer des prétextes : il venait d'acheter des immeubles pour plusieurs millions ; et ses *commettants* voulaient avoir réglé les premières affaires avant d'en conclure de nouvelles. En attendant, on couchait les offres [5], après enquête, sur les belles fiches de papier glacé. Et l'on recommandait aux propriétaires, dans leur intérêt même, de ne point s'adresser ailleurs tant que l'agence ne leur aurait point fait dire qu'elle renonçait. Entre-temps, on les tenait en haleine par une démarche sur place, par une lettre qui sollicitait un renseignement complémentaire. Bref, Haverkamp employait son savoir-faire [6] à obtenir des espèces d'*options* gratuites.

La seconde catégorie d'annonces était de ce style : « Occasion exceptionnelle. Immeuble XVIe arrondissement, parfait état. Rapport net 7 300 francs. Prix 75 000 francs comptant. »

Le matin même où venait de paraître l'annonce, huit à dix visiteurs faisaient queue dans l'antichambre et le salon. Il fallait hélas! les accueillir tous par la même phrase : « Vous arrivez trop tard. L'affaire a été enlevée immédiatement. » Mais l'art, cette fois, consistait à les retenir par le pan de la veste [7], au moment où la déception leur faisait gagner la porte. « Asseyez-vous, cher monsieur, j'ai d'autres occasions, un peu moins séduisantes en apparence, mais peut-être aussi intéressantes pour un connaisseur, et qui partiront de la même façon dès que je les annoncerai. Asseyez-vous donc. » Quelques fiches sortaient du jeu [8], comme des as d'atout. Les gens écoutaient, faisaient la grimace. Rien ne les consolerait jamais de l'immeuble imaginaire à 75 000 francs. C'était le moment d'insinuer — sans exagérer toutefois — que l'immeuble du XVIe avait bien ses défauts. « L'occasion était belle. Mais pour l'agence elle n'avait rien d'unique. Laissez-moi votre adresse. Une ou deux affaires vont rentrer. [...] Je vous promets de n'en parler à personne avant de vous avoir prévenu. Vous n'aurez rien à regretter. » Si, dans ce défilé d'amateurs déconfits [9], quatre ou cinq, séduits par les manières d'Haverkamp et ses méthodes, retenaient le chemin de l'agence, la matinée n'avait pas été perdue.

Depuis peu, Haverkamp médite des annonces d'un type nouveau qu'il insérera [10] dans des feuilles destinées à une clientèle d'élite [11], comme *le Figaro, le Gaulois* [12], ou dans des hebdomadaires comme *l'Illustration* [12].

« Pour toutes personnes désirant placer capitaux dans opérations immobilières de premier ordre : bureau d'études. Formation de groupes. Organisation la plus moderne. Renseignements gratuits. Rien de commun avec les agences ordinaires. »

Il songe aussi qu'il pourrait affermer [13] la *rubrique* immobilière dans un quotidien. Il sait que l'opération est courante. Mais il faut d'abord qu'il ramasse un peu d'argent. Et les quotidiens auxquels il penserait doivent avoir des prétentions excessives.

Jules Romains, « Eros de Paris », dans *les Hommes de bonne volonté* (Flammarion).

1. **Prurit** (masc.) : démangeaison. *Prurit d'achat :* désir très vif d'acheter. — 2. **Acajou** (masc.) : arbre de l'Amérique du Sud et de l'Afrique, dont le bois, rouge-brun, est employé en ébénisterie. — 3. **Variante** (fém.) : texte qui, par la forme, diffère du texte initial. — 4. **Immeuble de rapport** : immeuble dont la location *rapporte* de l'argent au propriétaire. — 5. **Coucher une offre** : inscrire une offre. — 6. **Savoir-faire** (masc.) : habileté à faire réussir ce qu'on entreprend. — 7. **Retenir quelqu'un par le pan de sa veste** : l'empêcher de partir au dernier moment. *Pan :* partie d'un vêtement, d'un mur. — 8. **Quelques fiches sortaient du jeu.** Ici, les fiches sont comparées à un jeu de cartes, et Haverkamp les tirait du fichier. — 9. **Déconfit** : déçu, dépité (**déconfiture** [fém.] : échec total). — 10. **Insérer** : voir *insertion*, p. 60. — 11. **Clientèle d'élite** : clientèle de choix (*élire*, choisir). — 12. **Le Gaulois** : journal fondé à Paris en 1867 ; **l'Illustration** : revue illustrée fondée à Paris en 1843. Ces deux publications n'existent plus. — 13. **Affermer** : donner ou prendre la jouissance d'une terre contre une certaine somme (la donner à *ferme*) [voir *fermage*, I, 13]. *Affermer une rubrique :* se l'assurer en versant une certaine somme.

Etude du texte

A. Faites le plan de ce texte. — **B.** Résumez-le en 200 mots. — **C.** Répondez aux questions suivantes : **1.** Comment les affaires peuvent-elles se répartir dans une agence immobilière ? — **2.** Comment le classement de ce genre d'affaires peut-il s'effectuer ? — **3.** Pourquoi le classement joue-t-il un rôle important dans ce genre d'affaires ? — **4.** Comment Haverkamp attirait-il des clients à son agence ? — **5.** Quels sont les différents types d'annonces qu'Haverkamp faisait passer ? — **6.** Que faisait Haverkamp lorsque des personnes venaient lui offrir des immeubles qu'il n'avait pas l'intention d'acheter ? — **7.** Que disait-il aux personnes qui venaient se renseigner au sujet d'un immeuble à acheter ? — **8.** Que pensez-vous des méthodes employées par Haverkamp ? — **9.** Croyez-vous que ces méthodes soient efficaces ? — **10.** Quels sont les différents types d'annonces que l'on peut trouver dans un journal ? — **11.** Existe-t-il d'autres sortes de publicité pour une agence immobilière que les annonces ?

Sujets d'essai

1. En quoi consiste le travail d'une agence immobilière ? Quelles qualités doit posséder un bon agent immobilier ? — **2.** Que savez-vous d'après ce texte du caractère d'Haverkamp ? Essayez d'imaginer le personnage.

Phot. Air-France

La poste

19. Histoire des postes

L'usage des courriers remonte à la plus haute antiquité. On utilisait à cet effet des coureurs à pied ou à cheval. Les Romains organisèrent, les premiers, des services réguliers. En France, c'est au XVIe siècle que les particuliers commencèrent à utiliser la poste ; lorsqu'ils voulaient voyager, ils pouvaient louer des chevaux aux différents relais qu'elle avait institués. Mais ce ne fut qu'au XIXe siècle que la poste devint une administration bien organisée, d'abord par l'institution du mandat-poste, du timbre-poste, des lettres recommandées, puis par la fusion avec les télégraphes, les téléphones et tous les services qui s'y sont adjoints.

L'édifice [1] *postal*, tel qu'il existe aujourd'hui, est l'aboutissement du travail lent et persévérant de multiples générations. Chaque régime y a apporté sa pierre.

La monarchie absolue [2] fut à l'origine de l'institution et en a bâti les fondations. Elle a conquis péniblement le *monopole* du transport de la correspondance. Elle institua aussi, sans en accaparer le *privilège*, le service des envois d'argent, le plus ancien des services accessoires de la poste.

A la période révolutionnaire est due l'exploitation de l'entreprise par l'Etat, à laquelle, après un court retour en arrière, le Consulat [3] devait donner son *statut* définitif, tandis que l'Empire en promenait la formule dans presque toute l'Europe. La fin de l'isolement rural est l'œuvre de la Restauration [4], qui relia par piéton à la communauté nationale, de façon permanente et quotidienne, les coins les plus lointains et les plus déshérités [5] du territoire. La monarchie de Juillet [6], par l'utilisation des transports à vapeur récemment mis en pratique, activa la lutte, poursuivie depuis, de la vitesse contre le temps, cependant que la IIe République (1848), par la taxe unique et le timbre-poste, simplifiait les échanges à tel point qu'elle mettait la poste en mesure de remplir sans à-coups la tâche énorme que la multiplication des relations épistolaires allait exiger. Le second Empire [7] s'attacha à tirer le meilleur parti des améliorations apportées à la célérité des moyens de transport, de plus en plus nombreux et perfectionnés, tâche dont la IIIe République [8] agrandit le domaine en faisant appel successivement à l'électricité, à l'automobile et à l'aviation. Elle accrut le rôle de la poste, qui ne borna plus son action au transport des correspondances, mais qui, devenue une vaste entreprise industrielle et commerciale, contribua par ses services accessoires à l'activité économique du pays et au bien-être de la communauté.

Pour satisfaire à cette tâche, il fut nécessaire que la poste poursuivît, au bénéfice de sa clientèle, une politique d'abaissement de prix et de rapidité toujours plus grande des transports. Depuis la Révolution, elle s'est efforcée de réaliser la mise en œuvre de cette double préoccupation, malgré les crises, tour à tour intérieures ou internationales, politiques ou économiques, les unes étant parfois conséquences des autres, qui ont, à maintes reprises, agité cette longue période.

[...] Longtemps fidèle à son rôle primitif, qui est le transport de la correspondance, la poste, à mesure que les besoins de l'Etat se sont développés, à la fin du XIXe siècle, s'est consacrée à de multiples besognes et elle est devenue l'auxiliaire des pouvoirs publics au grand bénéfice du milieu social, en facilitant les relations de tout ordre entre les individus, d'une part, entre l'Etat et les citoyens, d'autre part.

Pour la transmission de la correspondance, rien ne peut mieux donner l'idée de son évolution que la comparaison entre le piéton, attaché dès le Moyen Age à la besogne postale et qui assurait à une vitesse de 4 km/h le transport des objets à lui confiés, et l'avion moderne, qui, dans le même temps, abat [9] sans difficulté ses 500 km/h. Une lettre partie de Paris arrive à Lyon dans le temps qui lui était jadis nécessaire pour aller à Belleville ou à Auteuil, et l'utilisation rationnelle de ce merveilleux moyen de transport, qui est dans les prévisions de la poste, améliorera peut-être encore ces résultats.

Est-ce là un aboutissement ? Qui le pourrait dire ? On a déjà parlé de la fusée postale [10], qui diminuerait encore les distances, s'il est un jour possible de la domestiquer. Et sans doute d'autres *éventualités* pourront naître. Puisse, du moins, cette victoire sur le temps rapprocher de plus en plus les groupements sociaux et aboutir à une conception harmonieuse de la vie internationale.

La poste, d'autre part, peut, par ses services accessoires, ajouter encore aux avantages que les citoyens peuvent en attendre. Un journaliste émettait l'idée certain jour, par assimilation [11] avec les grandes entreprises commerciales nées au cours du xxe siècle, qu'il y aurait intérêt à constituer dans nombre de localités ce qu'il appelait irrévérencieusement [12] le « *bazar* de l'Etat ». La clientèle y trouverait, sans peine et sans perte de temps, à remplir toutes les obligations que lui imposent les *pouvoirs publics* et elle y pourrait recevoir tous les services qu'elle est en droit d'en attendre. La poste, entreprise de *banque*, d'*assurances*, de *perception*, est un peu tout cela. Peut-on aller plus loin dans cette voie à mesure que s'amplifie l'intervention de l'Etat dans le milieu social, à mesure que grandissent ses obligations et ses droits ? C'est le secret de demain.

EUGÈNE VAILLE, *Histoire des postes depuis la Révolution* (P. U. F.).

1. Edifice (masc.) : bâtiment de dimensions importantes ; ici, ensemble de l'organisation. — **2. Monarchie absolue** : régime dans lequel l'Etat est gouverné sans contrôle par un roi. Le siècle de Louis XIV représente l'apogée de ce régime. — **3. Consulat** : gouvernement de la France de 1799 à 1804, plaçant la France sous l'autorité de Napoléon Bonaparte, nommé premier Consul. En 1804, il fut proclamé empereur des Français, et l'Empire dura de 1804 à 1814. — **4. Restauration** : période s'étendant de 1814 à 1830, depuis le retour des Bourbons jusqu'à leur chute (*restaurer*, remettre sur le trône). En effet, Napoléon avait écarté les Bourbons du trône. — **5. Déshérité** (vient de *héritier*) : privé de succession ; ici, dépourvu de certains biens que d'autres possèdent. — **6. Monarchie de Juillet :**

après la chute des Bourbons (révolution de juillet 1830), période du règne de Louis-Philippe (d'Orléans), proclamé « roi des Français » en 1830 et renversé par la révolution de février 1848, qui aboutit à l'instauration de la IIe République. — **7. Second Empire** : régime institué par Napoléon III en 1852 et qui dura jusqu'en 1870. — **8. IIIe République** : régime de la France après la chute de Napoléon III (1871-1940). — **9. Abattre** : mettre à bas (*abattre un arbre*) ; ici, parcourir à une certaine vitesse. — **10. Fusée postale** : projectile propulsé par réaction, qui pourrait servir dans l'avenir à l'acheminement très rapide du courrier. — **11. Assimilation** (fém.) : action de considérer comme *similaire*, de comparer. — **12. Irrévérencieusement** (de *révérence*, respect profond) : sans aucun respect.

Etude du texte

A. Faites le plan de ce texte. — **B.** Résumez-le en 200 mots. — **C.** Répondez aux questions suivantes : **1.** A quelle époque la poste a-t-elle été fondée ? — **2.** Quel fut le premier privilège de la poste ? — **3.** A quel moment l'Etat a-t-il pris à sa charge l'exploitation des postes ? — **4.** Comment était distribué le courrier à l'origine ? — **5.** Quel fut le résultat de la liaison quotidienne établie par la Restauration entre les divers points du territoire ? — **6.** Quelle fut l'invention qui activa la distribution du courrier au XIXe siècle ? — **7.** Quel est l'avantage du timbre-poste ? — **8.** Par quels moyens la IIIe République perfectionna-t-elle la distribution du courrier ? — **9.** Quels sont les deux grandes préoccupations de la poste ? — **10.** De nos jours, la poste se limite-t-elle à distribuer le courrier ? — **11.** En quels domaines la poste est-elle devenue l'auxiliaire des pouvoirs publics ? — **12.** Quels sont les différents moyens d'envoyer de l'argent par la poste ?

Sujets d'essai

1. Quels sont les différents services de la poste ? Enumérez toutes les opérations que l'on peut y effectuer. — **2.** En vous inspirant de ce texte, montrez les différentes phases du développement de la poste jusqu'à nos jours.

20. Télex : un outil mal utilisé

Dicter une lettre, décrocher le téléphone, ou utiliser le télex ? Telle est la question qui se pose journellement à un exportateur. La réponse n'est pas toujours simple : des facteurs humains, économiques, de temps ou de langue interfèrent dans ce choix.

L'article ci-dessous éclaire un aspect du problème... Il décrit la manière dont les moyens automatiques de communication doivent être utilisés pour garantir le maximum de rentabilité et d'efficacité.

Le télex, abréviation de « Telegraph Exchange » en raison de son style concis, est devenu d'un usage courant en France avec vingt ans de retard sur certains pays industrialisés.

Parmi les moyens de liaisons automatiques (téléphone, télex, télégrammes, liaisons radio, etc.), le télex est celui qui répond le mieux aux deux impératifs essentiels du contexte [1] commercial moderne : sécurité de l'écrit et rapidité. Les affaires se traitent en un minimum de temps et il faut être sûr des renseignements communiqués. Le télex gagne du temps de deux façons : il oblige d'abord à la brièveté du message, que l'expéditeur devra limiter à l'essentiel, et à sa clarté, sans temps perdu à des considérations personnelles. Il permet ensuite une transmission rapide, surtout si on utilise une perforatrice de bande [2], cas de plus en plus fréquent, et obligatoire depuis quelques mois; car on ne peut plus louer un téléimprimeur sans une perforatrice et un lecteur de bande [3]. Il est bien adapté à certains types d'informations à transmettre : ordres de fabrication ou de vente, offres, propositions de contrat. Il peut être aussi utilisé pour communiquer les résultats journaliers de fabrication, de vente, ou le montant des stocks en fin de journée à un service central qui établira avec un ordinateur une situation journalière consolidée [4]. Cette souplesse, qui est une autre qualité du télex, permet aussi des conversations entre deux personnes qui, ayant sous les yeux des messages sûrs, peuvent prendre des décisions rapides.

Une autre qualité du télex, dans les relations internationales, c'est de « faire l'impasse [5] » des fuseaux horaires. L'exportateur qui dicte un message télex à 16 heures pour son client ou correspondant de New York sait que ce dernier le recevra vers 11 heures du matin, compte tenu du décalage d'heure, et inversement : si la réponse envoyée à midi de New York n'atteint pas le correspondant français avant sa sortie du bureau à 17 heures, il la trouvera le lendemain matin à 8 heures. Ajoutons à cela que le télex supprime ou diminue l'obstacle de la langue, car il sera plus facile — le cas échéant — à un Américain de comprendre un télex en français que de parler au téléphone dans la même langue.

Bien entendu, il faut considérer l'aspect rentabilité [6] du télex. Est-il plus ou moins économique que le téléphone par exemple? Sur ce point, la Direction des télécommunications est formelle : diverses études ont montré que le télex était *rentable* à partir de dix minutes de communications journalières. Il permet déjà, pour un temps d'utilisation égal, une économie théorique de 40 p. 100 sur les frais de téléphone pour les liaisons européennes. Pour ce qui est de la réduction des frais postaux, elle ne peut être évaluée statistiquement, mais il est évident que le télex réduit le courrier, donc sa préparation et son coût...

En réalité, le télex, s'il présente beaucoup d'avantages, ne remplace pas vraiment le téléphone. Les deux sont complémentaires : le télex permet de transmettre des instructions permanentes, des chiffres, de poser des questions nécessitant un calcul ou une recherche, mais où la présence d'une personne dénommée n'est pas indispensable. Le téléphone garde son aspect personnel et ses avantages partout où un contact verbal est indispensable.

Du reste, les nations qui sont les mieux équipées au point de vue du téléphone sont aussi en tête pour le nombre d'abonnés au télex et le temps d'utilisation des lignes.

L'installation d'un télex chez un abonné est une opération relativement simple. L'intéressé dépose une demande auprès d'une des 65 agences commerciales ou à la Direction régionale des télécommunications dont dépend le lieu où doit être faite l'installation. Les délais moyens de raccordement sont de deux mois.

Les entreprises qui veulent utiliser le télex sans être elles-mêmes abonnées peuvent s'adresser à des cabines publiques télex installées dans les principales villes françaises... Le nombre de ces cabines, cependant, est très limité. Rappelons qu'il existe également des entreprises privées de service télex...

[D'autre part] certaines entreprises préfèrent louer leurs propres lignes de télex « privées », lorsque les communications prennent une importance capitale, ou lorsque le volume du trafic rend la location d'une ligne directe rentable...

[On voit donc] à quel point une entreprise dynamique, tournée vers l'exportation, doit être sensibilisée [7] au problème des télécommunications. Aucun chef d'entreprise ne peut se désintéresser de la façon dont son personnel communique avec les clients, *filiales* ou *distributeurs* à l'étranger, ni des moyens d'améliorer ces liaisons en coût et en efficacité...

Face à des partenaires et des concurrents étrangers mieux équipés en téléphone et en télex, l'industrie française doit savoir utiliser l'équipement et les modes de télécommunication qui lui permettront de « rester dans la course [8] ».

D. R. DE MASSY,
extrait du *Moniteur officiel du commerce international*
(n° 64, 17 décembre 1973).

1. **Contexte** (masc.) : ensemble de circonstances, de détails qui accompagnent un fait et contribuent à l'éclairer. Ici, la situation actuelle du commerce avec toutes les répercussions qu'elle entraîne. — 2. **Perforatrice de bande** (vient de *perforer*, percer des trous) : dans une installation électronique, machine transmettant des informations par des perforations sur une bande en papier. — 3. **Lecteur de bande** : appareil destiné à lire et transmettre les informations que contiennent les bandes perforées. — 4. **Consolidé** : rendu plus *solide*. Ici, la situation journalière est établie d'une façon définitive et avec précision par l'ordinateur. — 5. **Faire l'impasse** (fém.) des fuseaux horaires : supprimer les difficultés qu'entraînent les différents fuseaux horaires dans les échanges de correspondance, en tenant compte du décalage des heures. — 6. **Rentabilité** (fém.) : aptitude à rapporter des bénéfices suffisants. — 7. **Sensibiliser** : rendre

sensible, apte à comprendre. Ici, il faut faire comprendre aux entreprises les possibilités qu'offre le télex et les difficultés qu'il doit surmonter. — **8. Rester dans la course** : persévérer dans ses efforts pour ne pas se laisser distancer par les autres pays étrangers.

Etude du texte

A. Faites le plan de ce texte. — **B.** Résumez-le en 200 mots. — **C.** Répondez aux questions suivantes : **1.** Que signifie le mot *télex?* — **2.** Quels sont les différents modes de liaison automatique actuels? — **3.** Dans quels domaines le télex est-il le plus utilisé? — **4.** Comment le télex permet-il aux usagers de gagner du temps? — **5.** Quels sont les accessoires indispensables au téléimprimeur? — **6.** Pourquoi le télex rend-il plus rapides les communications internationales? — **7.** Pourquoi est-il plus facile à un usager de communiquer par télex que par téléphone à l'étranger? — **8.** Dans quel cas le télex est-il plus économique que le téléphone? — **9.** Quel est le grand avantage du télex sur le téléphone? — **10.** Quel est le grand avantage du télex sur le télégramme? — **11.** Dans quel cas le téléphone est-il plus pratique que le télex? — **12.** Que font les entreprises qui ne peuvent se permettre de s'abonner au télex?

Sujets d'essai

1. Quels sont les services que rend le télex dans une entreprise moderne? Pourra-t-il, selon vous, remplacer le téléphone et le télégramme? — **2.** On dit que les gens perdent l'habitude d'écrire des lettres depuis qu'ils ont tant de moyens de communication à leur disposition. Pensez-vous que cela soit exact?

21. Début des courriers aériens de nuit

Vers 1930, les compagnies aériennes luttaient de vitesse avec les autres compagnies de transport. Elles ne pouvaient vaincre qu'en faisant voyager de nuit les avions. Or, les vols nocturnes présentaient alors de grands risques, car les avions n'étaient pas dotés de tous les instruments de radio et de radar qui leur permettent maintenant de se guider facilement pendant la nuit.

Dans le texte suivant, Saint-Exupéry montre toutes les difficultés que rencontre le responsable du réseau, Rivière, lorsqu'il décide de faire voler la nuit les avions qui transportent le courrier. Rivière réussira finalement, mais sa victoire aura coûté la vie à l'un de ses pilotes.

Dans cette lutte, une silencieuse fraternité liait, au fond d'eux-mêmes, Rivière et ses pilotes. C'étaient des hommes du même bord [1], qui éprouvaient le même désir de vaincre. Mais Rivière se souvient des autres batailles qu'il a livrées pour la conquête de la nuit.

On redoutait, dans les cercles officiels [2], comme une brousse [3] inexplorée, ce territoire sombre. Lancer un équipage, à deux cents kilomètres à l'heure, vers les orages et les brumes et les obstacles matériels que la nuit contient sans les montrer, leur paraissait une aventure tolérable pour l'aviation militaire : on quitte un terrain par une nuit claire, on bombarde, on revient au même terrain. Mais les services réguliers échoueraient [4] la nuit. « C'est pour nous, avait répliqué Rivière, une question de vie ou de mort, puisque nous perdons, chaque nuit, l'avance gagnée pendant le jour, sur les chemins de fer et les navires. »

Rivière avait écouté, avec ennui, parler de *bilans*, d'*assurances*, et surtout d'opinion publique : « L'opinion publique... ripostait-il, on la gouverne ! » Il pensait : « Que de temps perdu ! Il y a quelque chose... quelque chose qui prime [5] tout cela. Ce qui est vivant bouscule tout pour vivre et crée, pour vivre, ses propres lois. C'est irrésistible. » Rivière ne savait pas quand ni comment l'aviation commerciale aborderait les vols de nuit, mais il fallait préparer cette solution inévitable.

Il se souvient des tapis verts [6], devant lesquels, le menton au poing, il avait écouté, avec un étrange sentiment de force, tant d'objections. Elles lui semblaient vaines, condamnées d'avance par la vie. Et il sentait sa propre force ramassée en lui comme un poids : « Mes raisons pèsent, je vaincrai, pensait Rivière. C'est la pente naturelle des événements. » Quand on lui réclamait des solutions parfaites, qui écarteraient tous les risques : « C'est l'expérience qui dégagera les lois, répondait-il, la connaissance des lois ne précède jamais l'expérience. »

Après une longue année de lutte, Rivière l'avait emporté. Les uns disaient : « à cause de sa foi », les autres : « à cause de sa ténacité, de sa puissance d'ours en marche », mais, selon lui, plus simplement, parce qu'il pesait dans la bonne direction.

Mais quelles précautions au début ! Les avions ne partaient qu'une heure avant le jour, n'atterrissaient qu'une heure après le coucher du soleil. Quand Rivière se jugea plus sûr de son expérience, alors seulement il osa pousser les *courriers* dans les profondeurs de la nuit. A peine suivi, presque désavoué [7], il menait maintenant une lutte solitaire.

ANTOINE DE SAINT-EXUPÉRY, *Vol de nuit* ((c) Gallimard).

1. **Hommes du même bord :** qui ont les mêmes idées, notamment du point de vue politique. — 2. **Cercles officiels :** ensemble des personnes représentant l'opinion du gouvernement. — 3. **Brousse** (fém.) : terres incultes des régions tropicales, dont la végétation touffue et l'étendue rendent l'exploration difficile. — 4. **Echouer :** ne pas réussir. — 5. **Primer :** l'emporter sur. — 6. **Tapis verts :** assemblées officielles qui se déroulent généralement autour d'une table couverte d'un tapis vert. — 7. **Désavoué :** blâmé par ceux qui l'ont d'abord encouragé.

Etude du texte

A. Faites le plan de ce texte. — **B.** Résumez-le en 100 mots. — **C.** Répondez aux questions suivantes : **1.** Quels étaient les sentiments qui animaient Rivière et ses camarades ? — **2.** Quel était leur but ? — **3.** Pourquoi les cercles officiels s'opposaient-ils à leur projet ? — **4.** Quelles étaient les objections qu'ils faisaient à Rivière ? — **5.** Quels sont les différents moyens d'acheminer le courrier dans les pays lointains ? — **6.** Pourquoi les courriers de nuit sont-ils d'une importance capitale ? — **7.** Les vols de nuit avaient-ils déjà été expérimentés par certains avions ? — **8.** Rivière dut-il longtemps lutter pour réaliser son projet ? — **9.** Quels étaient les dangers que couraient les avions la nuit ? (On pourra lire certains passages de *Terre des hommes.)* — **10.** Ces dangers sont-ils toujours les mêmes ? — **11.** Quelles précautions Rivière prenait-il au début ? — **12.** Pourquoi resta-t-il seul à mener cette lutte ?

Sujets d'essai

1. Quels sont les avantages et les inconvénients du transport des marchandises par air, comparé aux autres modes de transport ? — **2.** Aimez-vous voyager par avion ou préférez-vous un autre mode de transport ? Donnez les raisons de votre choix.

Orly et l'autoroute *Phot. Aéroport de Paris*

Les transports

22. Panorama de l'histoire des transports

Si nous éprouvons le besoin d'embrasser d'un coup d'œil la longue histoire des transports, qui commence avant l'invention de la roue et se poursuit jusqu'à nos jours, il semble que nous puissions la diviser en trois épisodes.

Le premier s'étend jusque vers 1830 ; on n'y connaît point d'autre source d'énergie que naturelle, c'est-à-dire l'énergie musculaire [1] sur terre et le vent sur la mer. De là une stagnation [2] des vitesses et une lenteur des communications qui ont laissé le progrès piétiner pendant un nombre indéterminé de millénaires.

Le deuxième épisode dure de 1830 jusque vers 1895. Le chemin de fer est né et s'est développé avec une rapidité foudroyante ; il a allongé le rayon d'action de l'homme sur la surface terrestre et multiplié les vitesses de 1 à 5.

Le troisième épisode commence avec l'invention du moteur à explosion et celles de l'automobile et de l'avion. Cette fois, la troisième dimension devient accessible à l'homme. Il lui est possible de s'élever au-dessus de la surface du globe et d'augmenter dans des proportions vertigineuses la rapidité des transports. De cet épisode, on peut fixer la fin de l'année 1957, quand l'envol du premier spoutnik [3] démontre que la science met désormais à notre portée non seulement le domaine terrestre et l'espace immédiatement environnant, mais encore l'étendue interplanétaire.

Trois épisodes dont les durées respectives — mettons *n* millénaires pour le premier et une soixantaine d'années pour chacun des deux autres — nous éclairent sur l'accélération du progrès technique dès que la science s'en mêle. Jamais ne s'est montré plus vrai le mot de Bacon [4], selon lequel « on ne commande à la nature qu'en lui obéissant ». Les recherches actuelles sur la fusée ionique [5] révèlent même que, dans le cadre de la relativité, il n'est plus absurde de rêver à des vitesses de l'ordre de 100 000 kilomètres à la seconde.

[...] Celles, peut-être, sur lesquelles se clora l'histoire des transports que nos descendants liront vers l'an 2062.

PIERRE ROUSSEAU, *Histoire des transports* (Fayard).

1. **Energie musculaire** : énergie provenant des *muscles* de l'homme ou des animaux (qui tirent une charrette, par exemple). — 2. **Stagnation** (fém.) : état de ce qui est *stagnant*, inerte (comme l'eau d'un étang), qui ne fait aucun progrès. — 3. **Spoutnik** (masc.) : nom donné par les Russes au premier satellite artificiel qu'ils ont lancé autour de la Terre. — 4. **Bacon** : moine anglais (vers 1214-1294), l'un des plus grands savants et philosophes du Moyen Age. — 5. **Ionique** : qui se rapporte aux *ions* (un *ion* est un atome ou un groupe d'atomes portant une charge électrique).

Etude du texte

A. Faites le plan de ce texte. — **B.** Résumez-le en 100 mots. — **C.** Répondez aux questions suivantes : **1.** Quel était le seul moyen de transporter des produits lourds aux temps les plus reculés de l'histoire ? — **2.** Quelle fut la première invention capitale dans l'histoire des transports par terre ? — **3.** Quelles sont les autres grandes inventions qui ont bouleversé les transports ? — **4.** Avant l'apparition des chemins de fer, quels étaient les moyens de transport pour les marchandises ? — **5.** Quels étaient alors les moyens de transport pour les voyageurs ? — **6.** Vers quelle date la première voie ferrée a-t-elle été mise en service ? — **7.** Quel a été le résultat de l'apparition des chemins de fer ? — **8.** A quelle date le moteur à explosion est-il devenu d'un usage pratique ? — **9.** Quels ont été les résultats de cette découverte ? — **10.** Les différents épisodes de l'histoire des transports sont-ils de durée égale ? — **11.** Quel est l'événement qui a marqué la fin de la troisième période ? — **12.** Peut-on imaginer actuellement les conséquences qu'auront les fusées interplanétaires ?

Sujets d'essai

1. Pourquoi a-t-on pu qualifier la roue de « plus grande invention de tous les temps » ? Montrez le rôle qu'a joué la roue dans l'évolution du monde. Pensez-vous que ce rôle doive se poursuivre dans les siècles futurs ? — **2.** Discutez la pensée de Bacon : « On ne commande à la nature qu'en lui obéissant. » — **3.** On a dit que l'humanité a fait beaucoup plus de progrès (scientifiques et techniques) pendant ce dernier siècle que pendant tous les siècles qui ont précédé depuis la création du monde. Partagez-vous cette opinion ?

23. Le rail accélère son renouveau

C'est la Grande-Bretagne qui a inventé les chemins de fer au début du XIXe siècle et les a fait connaître au monde entier. Accueillis avec méfiance en Europe, ils ont été adoptés par les Etats-Unis avec enthousiasme. En effet, les grands transports à travers les Etats-Unis se faisaient par fleuves et canaux. Pour aller de l'Atlantique au Pacifique, à travers les hautes chaînes de montagnes et les étendues désertiques, le cheval était le seul mode de transport. Les Américains ont donc tout de suite compris les immenses avantages qu'ils tireraient de cette découverte, et, dès 1830, ils ont multiplié le nombre de voies ferrées à travers le pays.

Après avoir connu une période de prospérité et de vogue dans la première moitié du XXe siècle (c'est ce qu'on a appelé l'« ère du rail »), les chemins de fer ont eu à lutter contre la concurrence des industries automobile et aéronautique. On a constaté alors un ralentissement net de leurs activités. Mais, depuis la crise de l'énergie, ils ont regagné du terrain. C'est ce que nous expose le texte suivant.

Le regain de faveur [1] dont bénéficie le rail, en France comme dans de nombreux pays étrangers, est antérieur au renchérissement [2] du pétrole... En effet, si la S.N.C.F. [3], dans les années 60, a manifesté de graves symptômes d'essoufflement, laissant la route et l'avion grignoter ses positions [4], elle s'est rapidement ressaisie, améliorant sa gestion, segmentant ses marchés pour mieux les couvrir, réalisant un énorme effort technique et de gestion, reprenant enfin un rythme d'investissements soutenu alors que ceux-ci avaient été trop longtemps négligés.

Aussi, à la veille de la crise de l'énergie, le rail, malgré ses 150 ans d'histoire, entamait déjà sa nouvelle jeunesse. Les événements actuels ne vont qu'accélérer les choses, surtout (dans quelques années) lorsque le réseau, d'une capacité accrue, pourra faire face à l'accroissement de la demande. D'ici là le rail va sans doute regagner de nombreuses positions, mais sans bouleversement. En effet, du point de vue énergétique, il bénéficie d'un double atout [5] :

— d'une part, il consomme généralement moins d'énergie par voyageur et par tonne transportés (sur les moyennes et longues distances) que l'avion, la voiture ou le camion;

— d'autre part, et c'est le plus important, il est le seul moyen de transport opérationnel à l'heure actuelle et dans un avenir proche qui utilise l'électricité, c'est-à-dire qui soit apte à consommer l'énergie primaire sous toutes ses formes actuelles (charbon, pétrole, houille blanche, atome) et à venir.

La modeste gourmandise [6] du chemin de fer n'est pas contestable. « Chaque voyageur parcourant 1 000 km en train au lieu d'utiliser sa voiture peut économiser près de 50 l de carburant à la collectivité, et, pour la même distance, le report sur le rail du chargement d'un camion de 38 t diminue de quelque 270 l les importations nationales de produits pétroliers », fait valoir M. André Degalat, président du conseil d'administration de la S.N.C.F.

... Ces chiffres, que contestent les transporteurs routiers, la S.N.C.F. entend bien les utiliser pour asseoir [7] son image de marque; mais en fait ses responsables sont parfaitement conscients qu'il est illusoire d'établir des comparaisons sur des cas limites, loin de la réalité des choses : rares sont par exemple les voyageurs qui utilisent seuls une voiture sur un parcours de 1 000 km, s'ils ont la possibilité de prendre train ou avion sur leur parcours déterminé. Quant aux marchandises, il convient de prendre en compte le coût énergétique du transport terminal [8], qui est très souvent routier.

L'économie est pourtant indéniable dans de nombreux cas : pour un voyageur isolé sur une ligne bien desservie; pour des marchandises *pondéreuses* transportées sur longue distance et plus spécialement d'embranchement particulier [9] à embranchement particulier.

Mais ce sont déjà là les zones de développement privilégiées des deux grands modes de transport : au rail le trafic lourd sur longue distance, à la route la souplesse, les courtes distances et la rapidité.

Le renouveau du rail est d'abord fondé sur des raisons

techniques, économiques, sur l'amélioration de la gestion et donc de la qualité du service. Le renchérissement des prix pétroliers accélérera ce renouveau, mais sans provoquer de bouleversement.

En effet, on aurait tort de surestimer le facteur énergétique dans l'ensemble des coûts — et surtout dans le prix payé par le consommateur — des différents modes de transport. Certes, pour la S.N.C.F., l'énergie ne représente que 3 p. 100 des dépenses d'exploitation, alors que les autres modes de transport y consacrent une part beaucoup plus importante. Et l'écart devrait encore se creuser à l'avenir...

Face à l'avion, le retour du rail devrait être brutal. Depuis qu'elle s'est intéressée à la clientèle d'affaires en tant que telle, la S.N.C.F. a repris une partie du terrain perdu... Elle met en circulation de nombreux trains rapides à deux classes, permettant, par un choix judicieux des horaires, de faire des allers et retours dans la journée sur les grandes liaisons nationales et, chaque fois que cela est possible, internationales.

Le train avait des atouts (confort, possibilité d'utiliser à plein temps le transport, arrivée dans le centre des villes) qu'il a su utiliser. Aujourd'hui, l'écart tarifaire se creuse à son avantage, la hausse des tarifs aériens apparaissant comme irréversible [10]...

L'un des principaux atouts de la S.N.C.F. reste qu'elle peut s'appuyer sur un réseau existant extrêmement dense et sur une technique totalement éprouvée. Les mésaventures de l'avion (encombrement du ciel et des voies d'accès aux aéroports, hausse des coûts), l'abandon soudain du projet d'Aérotrain français confortent la S.N.C.F. dans l'idée que l'innovation est payante lorsqu'elle s'appuie sur des techniques confirmées et que tout transport de masse nouveau — qui implique des ruptures de charge [11] avec les moyens déjà en place — souffre au départ d'un handicap [12] quasi insurmontable.

Extrait des « Transports en mutation »
(supplément au n° 11798 *des Échos*, 26 décembre 1974).

1. Regain (masc.) : herbe qui repousse dans un pré déjà fauché. Ici, renouveau. Le rail, après avoir été délaissé quelque temps, retrouve la faveur du public. — **2. Renchérissement** (masc.) [vient de *cher*] : augmentation du prix (de la vie, d'une marchandise). — **3. S.N.C.F.** (Société nationale des chemins de fer français) : v. tome Ier, p. 155. — **4. Grignoter** : manger en rongeant petit à petit (comme une souris). *Grignoter ses positions :* gagner peu à peu sur la S.N.C.F. — **5. Atout** (masc.) : avantage, chance de réussir. — **6. Gourmandise** (fém.) : les modestes besoins en énergie du chemin de fer. — **7. Asseoir** : ici, établir sur de bonnes bases. — **8. Transport terminal** : transport à effectuer de la gare du destinataire jusqu'à l'usine ou jusqu'au domicile du destinataire. — **9. Embranchement** (masc.) **particulier** : voie ferrée privée qui part d'une usine ou d'un entrepôt et se raccorde à une voie principale. — **10. Irréversible** : qui n'agit que dans un sens et ne peut revenir en arrière. Les tarifs aériens augmentent sans cesse et il semble bien improbable qu'ils baissent un jour. — **11. Rupture** (fém.) **de charge** : v. tome II, p. 101, note 2. — **12. Handicap** (masc.) : mot anglais utilisé dans les courses. Ici, désavantage.

Etude du texte

A. Faites le plan de ce texte. — **B.** Résumez-le en 200 mots. — **C.** Répondez aux questions suivantes : **1.** A quelle date les chemins de fer sont-ils devenus un mode de transport courant? — **2.** Pourquoi les chemins de fer ont-ils connu une certaine désaffection du public pendant quelque temps? — **3.** Pourquoi jouissent-ils à nouveau de la faveur du public? — **4.** Qu'a fait la S.N.C.F. pour reconquérir la faveur du public? — **5.** Pourquoi l'électricité est-elle la forme d'énergie la plus adaptée aux besoins actuels? — **6.** Quels sont les principaux atouts du chemin de fer? — **7.** Pourquoi le chemin de fer est-il actuellement plus économique pour le transport des marchandises que le camion? — **8.** Quel genre de marchandises est-il préférable de transporter par avion? — **9.** Les touristes ont-ils plus d'avantages à voyager en chemin de fer qu'en auto, actuellement? — **10.** A quoi servent les embranchements particuliers? — **11.** Comment expliquez-vous que les dépenses énergétiques ne représentent, pour le rail, qu'une faible partie du coût d'exploitation, malgré l'augmentation du prix de l'énergie? — **12.** Citez quelques trains actuels très rapides et pratiques.

Sujets d'essai

1. Quels sont les avantages que présente actuellement le chemin de fer par rapport à la route et à la voie aérienne :

a. Pour le transport des marchandises ? — *b*. Pour le transport des voyageurs? Ne présente-t-il pas aussi certains inconvénients ? — **2.** Pourquoi les carrières dans les chemins de fer attirent-elles tant de jeunes? Quels débouchés offrent-elles ?

24. Le rôle de l'auto et de l'avion dans le commerce moderne

L'apparition et l'usage de l'auto et de l'avion au XXe siècle ont entièrement modifié les formes même du commerce. L'avion, malgré tout ce que nous lui devons, ne tient pas dans l'économie une place aussi importante que l'auto. On peut donc dire que le XXe siècle est avant tout le siècle de l'auto.

Il est d'usage d'assigner pour point de départ au xxe siècle la date à laquelle s'ouvre le premier conflit international [1]. Mais le hasard veut que la première année du siècle soit véritablement celle d'une révolution technique, qui, bien plus que la guerre, va modifier la civilisation et, avec elle, le commerce : l'automobile, depuis longtemps en *chantier*, entre dans les mœurs. Echappant aux inventeurs de génie, elle passe aux mains des constructeurs bricoleurs [2] en attendant l'heure de la *grande série*. Ceux qui l'achètent ne sont plus nécessairement des excentriques ou des fous. Elle n'est plus un simple jouet. Dotée de pneus, elle devient un moyen de transport.

L'auto ne va pas seulement donner au commerce des facilités matérielles de liaison, comme a fait le chemin de fer. Elle lui apporte un affranchissement. Là où le rail dictait un trajet, là où le train rassemblait des foules à heures fixes, l'auto rend la liberté aux hommes. Elle conduit n'importe où et n'importe quand, au gré de l'individu. [...] La liberté, dont elle est le moyen, ne saurait pourtant être l'anarchie [3] ; il faut bien assigner des règles à la circulation. Si l'automobiliste est libre d'aller où bon lui semble, c'est à la condition de respecter le *Code de la route*. L'Etat a son mot à dire ; il est de son devoir de déterminer les règles du jeu. Le xxe siècle sera celui des interventions de l'Etat, qui assurera la police de la production, des échanges et de la consommation.

A l'échelle du village ou de la cité, l'auto déplace le commerce : le garagiste prend la succession du maréchal-ferrant, la station-service évince [4] la station de chemin de fer, le quartier de la gare perd sa primauté au profit de l'axe qui prolonge la grand-route.

A l'échelle de la nation, l'auto diversifie les courants du trafic. Elle rénove le *colportage :* la livraison à domicile apporte la vie à des régions que le rail avait oubliées, permet aux villes d'allonger leurs tentacules [5] sur la campagne, et aux ruraux de prendre le contact avec les villes. L'aménagement des routes, puis des autoroutes, modifie le *réseau* des échanges. Autour de l'automobile, de sa production, de sa vente, de son emploi, de son entretien, grandit un peuple d'ouvriers, de *concessionnaires*, de mécaniciens, de cantonniers [6], de raffineurs [7], de *prospecteurs*, qui détermine de vastes mouvements d'affaires, tandis que *périclitent* les voies ferrées les plus concurrencées.

A l'échelle du monde, l'apparition de l'auto a un autre sens : elle annonce, avec le règne du pétrole, la fin de la suprématie du charbon. Ce qui signifie que l'Angleterre cessera d'être la première puissance du monde. Dès le début du siècle, elle cède le pas aux Etats-Unis sur plusieurs terrains : dans la métallurgie, le textile. Le port de New York bat le port de Londres. Le dollar commence à rivaliser avec la livre. En même temps que l'Angleterre, c'est toute l'Europe qui amorce son déclin : l'Espagne est vaincue à Cuba par l'Amérique, la Russie à Tsoushima par le Japon. Et sans doute n'est-ce point là le fait de l'auto ni du pétrole. Mais, enfantée par des cerveaux français, belges et allemands, l'auto aura bientôt Detroit [8] pour capitale, et le temps viendra où l'Amérique construira en une année plus de voitures que n'en possédera toute l'Europe, cependant que le pétrole donnera la prééminence non seulement à l'américaine Standard Oil [9], mais aussi, dans le royaume de la pétrochimie, aux matières plastiques ou aux textiles synthétiques de Du Pont de Nemours. De la voiture Ford au fil d'Orlon [10] ou au tissu de Dacron, la chaîne est continue, et l'Europe est vassale [11].

L'avion, lui aussi, vient au monde avec le siècle ; mais il ne joue pas de rôle commercial avant vingt ans d'exploits et d'essais. Même ensuite, il ne tient pas dans l'économie une place comparable à celle de l'auto. Les lignes aériennes rapetissent assurément la planète, ouvrent à la civilisation des régions jusqu'alors interdites ou négligées, concurrencent les voies de terre et de mer, survolent les pôles. Mais la machine volante, le plus souvent, reste prisonnière d'une infrastructure [12] coûteuse et sert plus au transport collectif qu'aux vagabondages individuels. A ce titre, elle n'affranchit pas l'homme autant que l'auto. De même, quand surgissent les fusées, elles n'apparaissent pour le commerce que comme des promesses *à long terme ;* c'est seulement au XXIe siècle qu'elles pourront acheminer sur la terre les matières premières de la Lune ou des planètes, au profit de colonisateurs d'un nouveau style.

Malgré la double conquête de l'air et de l'espace, le XXe siècle demeure celui de la voiture automobile, qui permet des conquêtes plus modestes, mais plus immédiatement efficaces. Les autres prouesses [13] techniques de ce temps, dans le domaine de l'électricité ou de l'électronique, du cinéma, de la radio ou de la télévision, de la mécanique ou de la chimie, ne font guère que prolonger les inventions du siècle précédent. Avec elles changent le niveau de vie et le genre de vie. En elles, le commerce trouve de nouveaux moyens ou de nouveaux objets. Aucune d'elles n'a le poids de l'auto, dont les usages sont universels ; car celle-ci remplace la carriole à la campagne, le chameau dans le désert ; elle devient tracteur aux mains des paysans, camion aux mains des transporteurs, bus [14] pour les citadins, car pour les voyageurs, char pour les combattants. Et, plus encore qu'un outil, elle est une passion.

RENÉ SÉDILLOT, *Histoire des marchands et des marchés* (Fayard).

1. **Le premier conflit international :** la Première Guerre mondiale (1914-1918). — 2. **Bricoleur :** qui s'occupe de toutes sortes de travaux manuels. Les premiers constructeurs d'autos firent eux-mêmes toutes les pièces et les montèrent. — 3. **Anarchie** (fém.) [vient d'un mot grec signifiant « absence de commandement »] : au sens propre, état d'un peuple qui n'a plus de gouvernement ; ici, désordre. — 4. **Evincer :** écarter, prendre la place grâce à certaines manœuvres. — 5. **Tentacules** (masc.) : organes mobiles dont certains animaux (mollusques) sont pourvus et qui leur servent à toucher ou à

saisir leurs proies. Les villes modernes s'agrandissent de tous côtés comme des mollusques qui allongent leurs tentacules. — **6. Cantonnier** (vient de *canton*, qui est une division d'un arrondissement) : ouvrier chargé de l'entretien d'une portion de route ou de voie ferrée. — **7. Raffineur** : celui qui *raffine* (qui rend plus pur) le pétrole ou l'essence. — **8. Detroit** : ville des Etats-Unis, dans la région des Grands Lacs, capitale de l'industrie automobile. — **9. Standard Oil** : grand trust du pétrole américain. — **10. Orlon** et **Dacron** : matières textiles synthétiques. — **11. Vassal** : personne liée à un suzerain par l'obligation de foi et hommage, et qui lui doit des services personnels ; ici, l'Europe, qui est sous la domination économique de l'Amérique. — **12. Infrastructure** (fém.) : ensemble des installations à terre dans les ports ou les aéroports. — **13. Prouesse** (fém.) : grand exploit. — **14. Bus** : abréviation pour *autobus*.

Etude du texte

A. Faites le plan de ce texte. — **B.** Résumez-le en 200 mots. — **C.** Répondez aux questions suivantes : **1.** Quelle révolution technique a eu lieu au début du XXe siècle ? — **2.** Quel était le rôle de l'auto au XIXe siècle ? — **3.** Comment l'auto a-t-elle affranchi l'homme ? — **4.** Que doit apprendre l'automobiliste avant de passer son permis de conduire ? — **5.** Pourquoi l'Etat intervient-il de plus en plus au XXe siècle ? — **6.** Comment les villages se transforment-ils avec l'apparition de l'auto ? — **7.** Quels sont les changements que l'auto apporte aux formes de commerce ? — **8.** Quels sont les métiers que développe l'auto ? — **9.** Quelle matière première devient alors très importante ? — **10.** Quelles en sont les conséquences politiques ? — **11.** Pourquoi l'avion ne joue-t-il pas un rôle économique aussi important que l'auto actuellement ? — **12.** Quelles sont les autres découvertes qui ont modifié notre niveau de vie ?

Sujets d'essai

1. Etudiez le rôle que joue l'auto : *a*) dans notre vie individuelle ; *b*) dans la vie sociale ; *c*) dans la vie économique. — **2.** Quel est le rôle de l'avion dans la vie moderne ? Joue-t-il, selon vous, un rôle aussi important que l'auto actuellement ? Quel sera son rôle dans l'avenir ? — **3.** Pensez-vous que l'auto n'apporte que des avantages à notre vie ? Quels sont les grands dangers qu'elle présente du point de vue individuel, social et économique ?

25. L'acquisition d'un ponton [1]

Les frères Bouquinquant, Léon et son cadet Pierre, sont les fils d'un cordonnier d'Yport. Léon a décidé de faire la conquête d'une jeune femme de chambre, Julie. Pour l'inciter au mariage, il décide de « s'installer » et achète un ponton destiné à supporter les grues qui chargent et déchargent les péniches sur la Seine. Julie est éblouie par l'installation et accepte de l'épouser.

Un ancien camarade de régiment de Léon lui avait parlé des grues [2] sur ponton mobile, qui servent à décharger des péniches [3] tout ce qui se verse *en vrac* sur les quais. Léon se fit recommander auprès des patrons de l'entreprise ; bientôt il connut la *manœuvre* fort simple qui fait pivoter [4] la logette [5] et le bras de la grue, et la manœuvre des chaînes de la benne [6] ; un ponton lui fut assuré. Il sortit ses économies et, pour frapper un grand coup, décida de ne montrer à Julie et à son frère que son ponton tout installé. Un dimanche matin, il les pria de venir tous les deux sur le quai de la rive droite un peu en amont [7] de l'île des Cygnes.

Le ponton, amarré [8] à quai, était goudronné [9] de frais ; le mât était levé, tourné vers l'aval [7] ; au-dessous du trajet de la benne, un arc mince de boue jaunâtre : la grue avait dû remuer de la terre de remblai [10]. Au moment où son frère arriva, Léon emmenait Julie vers le gaillard d'arrière [11], surmonté d'un tuyau de poêle ; il lui fit descendre le roide petit escalier qui menait au logement. Julie se souvint plus tard que le reflet du soleil sur la Seine passait par les hublots [12], dansant au plafond, et ainsi elle n'avait pas vu combien cette cale [13] était obscure. Inquiète et enchantée d'avoir le niveau de l'eau à mi-corps, d'entendre un clapotis [14], elle trouva beaux le mobilier, les petits rideaux de dentelle mécanique, l'abat-jour de papier peint, chinoiserie de bazar.

« Tout ça est à moi, et *payé comptant* », dit Léon, qui poussa son avantage : « Et il reste des picaillons [15] pour la noce et la mariée. »

Il la prenait aux épaules, quand il reconnut les jambes de son frère qui descendait l'escalier. Déjà Pierre criait, en riant, tous les mots méprisants des enfants d'Yport [16], des moindres pêcheurs ou caboteurs [17] contre les marins d'eau douce [18]. [...] Quand Léon et Pierre eurent trinqué à la santé du bateau :

« Faut-il boire aussi au capitaine ? » dit lourdement Pierre en clignant de l'œil. Léon tenta sa chance et prit la main de Julie.

« Voilà le capitaine, si elle veut bien. »

Julie regarda Léon, puis, plus fixement, Pierre, et dit enfin d'une voix sourde : « Je veux bien. »

JEAN PRÉVOST, *les Frères Bouquinquant* ((c) Gallimard).

1. Ponton (masc.) : sorte de bateau à fond plat rectangulaire, qui sert à transporter des machines, des grues, etc. — **2. Grue** (fém.) : appareil qui sert à charger et à décharger les bateaux ou à soulever des poids très lourds dans différents travaux. — **3. Péniche** (fém.) : bateau plat qui transporte les marchandises sur les rivières (I, 166); **des** : ici, *hors des*. — **4. Pivoter** : tourner sur un *pivot* (pièce cylindrique tournant sur une partie fixe lui servant de support). — **5. Logette** (fém.) : petite cabine dans laquelle se trouve l'opérateur. — **6. Benne** (fém.) : caisse de chargement de la grue. — **7. En amont** : au-dessus de (en parlant de lieux situés sur un fleuve). [Contraire : *en aval.*] — **8. Amarré** : fixé au moyen d'*amarres* (cordages pour retenir en place un bateau). — **9. Goudronné** : couvert de *goudron* (substance noire et visqueuse obtenue par la distillation de la houille, du bois, etc.). — **10. Remblai** (masc.) : masse de terre apportée pour élever un terrain ou combler un creux. — **11. Gaillard** (masc.) : chacune des parties extrêmes du pont supérieur d'un navire à l'avant et à l'arrière. — **12. Hublot** (masc.) : ouverture ménagée dans la coque d'un navire ou d'un avion. — **13. Cale** (fém.) : partie du bateau ou de l'avion où l'on met les marchandises à transporter (I, 168). — **14. Clapotis** (masc.) [ou **clapotement**] : bruit particulier de l'eau sur un obstacle lorsqu'elle s'agite légèrement. — **15. Picaillon** : ancienne petite monnaie du Piémont. Aujourd'hui, ce mot désigne dans le langage populaire l'argent. — **16. Yport** : plage de Normandie (sur la Manche). — **17. Caboteur** : bateau transportant des marchandises le long des côtes (I, 167). — **18. Eau douce** : l'eau des rivières (en opposition à l'eau salée de la mer).

Etude du texte

A. Faites le plan de ce texte. — **B.** Résumez-le en 100 mots. — **C.** Répondez aux questions suivantes : **1.** Comment s'appellent les bateaux qui transportent les marchandises sur les fleuves ? — **2.** A quoi servent les grues ? — **3.** Les pontons sont-ils toujours mobiles ? — **4.** Pourquoi Léon n'avait-il pas voulu faire visiter son ponton avant qu'il soit tout à fait installé ? — **5.** Pourquoi avait-il goudronné le ponton ? — **6.** A quoi servait le tuyau de poêle à l'arrière ? — **7.** Pourquoi Julie ne s'était-elle pas rendu compte que la cale était très sombre ? — **8.** Où se trouvait le logement de Léon ? — **9.** A quoi sert généralement la cale ? — **10.** Comment Léon avait-il meublé la cale ? — **11.** Julie fut-elle séduite par ce logement ? — **12.** Pourquoi les caboteurs méprisent-ils les marins d'eau douce ?

Sujets d'essai

1. Imaginez-vous que la vie dans une cale de ponton soit très agréable et confortable ? La vie sur une péniche ne présente-t-elle pas plus d'agrément ? — **2.** Décrivez les quais de la Seine ou d'un autre grand fleuve navigable. — **3.** Quels sont les avantages et les inconvénients du transport fluvial des marchandises ? Est-il très développé en France ?

26. Les transports aériens et maritimes

Dans notre monde moderne règne une redoutable concurrence entre l'aviation et la marine marchande. Il est indéniable que l'aviation présente certains avantages sur la marine du point de vue commercial et touristique. Cependant, les bateaux continuent à jouer un rôle important, que leur disputeront longtemps les avions.

Les progrès gigantesques accomplis par l'aviation pendant la dernière guerre pouvaient faire penser que les transports aériens allaient concurrencer très dangereusement les transports maritimes, sinon à très bref délai pour le *fret*, du moins pour les passagers. Certains allaient jusqu'à prédire la fin de l'ère des grands paquebots. Dans quelle mesure ces pronostics se sont-ils réalisés ?

En ce qui concerne les marchandises, on vient de sortir du stade expérimental. Tant que le fret aérien était transporté avec les passagers, il ne pouvait prendre un bien grand développement. L'avion-cargo [1] est, maintenant, devenu une réalité et il s'est même constitué à Paris, à la fin de 1948, une Bourse spéciale pour les *affrètements* aériens.

Le principal intérêt de la voie aérienne est évidemment sa rapidité. Contrairement à ce qu'on pourrait croire, ce mode de transport permet notamment l'application d'un *taux d'assurance* assez faible, parce qu'il est fondé sur la durée du transport. Un autre avantage, fort appréciable pour les industriels, réside dans la réduction considérable de la durée d'*immobilisation* des capitaux *investis* en marchandises.

Par ailleurs, le transport aérien offre plus de souplesse et supprime bon nombre de ruptures de charge [2], qui entraînent chaque fois d'importantes dépenses de *manutention* de *transit*, ainsi que des *avaries* et *manquants*. Un exemple concret est donné par le transport d'oranges du lieu de production, en Afrique du Nord, à Paris, qui évite deux manutentions portuaires [3].

Les problèmes de réfrigération et d'emballage sont, en outre, très simplifiés et l'avion permet à cet égard de notables économies.

Mais, malgré tout, le prix du fret aérien reste si élevé que seules des marchandises de grande valeur et de petit volume, ou dont l'arrivée rapide offre un intérêt essentiel, peuvent le supporter. En dehors de la poste, dont il est indéniable que l'acheminement aérien a fait perdre dès maintenant aux compagnies de navigation de fort appréciables *recettes*, on peut donc dire que, pour l'instant, en ce qui concerne le fret, la concurrence de l'avion ne porte pas un préjudice très marqué aux lignes maritimes. Même si un abaissement notable de prix, qui semble amorcé [4] dès maintenant, rendait cette concurrence plus sensible, il resterait toujours aux navires le transport des *pondéreux*.

Par contre, la situation peut paraître plus inquiétante en ce qui concerne les passagers. En effet, à cet égard, l'avion offre, sur le paquebot, des avantages considérables. Tout d'abord, l'économie de temps présente, surtout pour l'importante clientèle des hommes d'affaires, un intérêt de premier ordre... De plus, l'avion permet souvent de réduire les *transbordements* et d'éviter un transport ferroviaire (arrivée directe des Etats-Unis au Bourget [5], d'où il ne reste plus qu'un court trajet à accomplir pour être au centre de Paris, au lieu du débarquement à Cherbourg ou au Havre [6]). Enfin, les lignes aériennes viennent de faire un effort notable vers la baisse de leurs *tarifs*, qui tendent à devenir inférieurs à ceux des paquebots. En particulier, elles cherchent à toucher une clientèle moyenne en utilisant des avions de plus forte capacité, offrant un peu moins de confort. Cette orientation vers la « démocratisation [7] » du transport aérien est sans doute l'aspect le plus caractéristique de son évolution actuelle. Alors que, jusqu'ici, la compétition [8] était limitée aux premières classes, elle semble devoir s'étendre, maintenant, à la clientèle de classe unique ou de seconde.

La guerre des tarifs est donc ouverte. Diverses tentatives ont bien été faites pour réaliser entre compagnies maritimes et compagnies aériennes des accords de tarifs ou même des ententes de portée plus limitée, comme celles qui consistent à établir dans certains pays étrangers des *représentations* communes, permettant de réduire les *frais généraux*. Ces tentatives ont généralement échoué [...]

En réalité, le problème a cessé de présenter un caractère exclusivement commercial. Les Etats-Unis, en particulier, soutiennent par divers moyens leur aviation civile, dont la puissance aurait, dans l'hypothèse d'un nouveau conflit, un intérêt capital. Il y a donc là une intervention qui fausse [9] le libre jeu de la concurrence [10] entre lignes aériennes et provoque des baisses artificielles [11] de tarifs, dont les compagnies de navigation maritime sont obligées de tenir compte. Sur ce point, comme sur bien d'autres, la situation politique internationale a sa répercussion dans le domaine économique.

Tous ces facteurs contribuent donc à faire de l'avion un rival redoutable pour le paquebot. Mais ce dernier conservera, sans doute pendant longtemps encore, de sérieux avantages.

HENRI CLOAREC, *la Marine marchande* (P. U. F.).

1. Avion-cargo : avion qui transporte des marchandises. — **2. Rupture de charge :** action de changer plusieurs fois des marchandises de véhicule pour assurer leur transport. — **3. Portuaire :** effectué dans un *port*. — **4. Amorcé :** commencé (une *amorce* est la nourriture accrochée à la ligne pour attirer le poisson). — **5. Le Bourget :** aéroport situé près de Paris. Aujourd'hui, c'est principalement à Roissy que se fait l'arrivée des long-courriers en provenance des Etats-Unis. — **6. Cherbourg** et **Le Havre :** deux grands ports français situés sur la Manche. — **7. Démocratisation** (fém.) [vient de *démocratie*] : ici, action de mettre les produits de consommation à la portée de toutes les classes de la société. — **8. Compétition :** lutte de plusieurs concurrents pour gagner un marché. — **9. Fausser :** rendre *faux*, déformer. — **10. Libre jeu de la concurrence :** fonctionnement normal de la *concurrence* (cf. Glossaire) lorsqu'elle n'est pas affectée par des facteurs étrangers. — **11. Baisse artificielle :** baisse qui ne correspond pas à une diminution des prix de revient.

Etude du texte

A. Faites le plan de ce texte. — **B.** Résumez-le en 200 mots. — **C.** Répondez aux questions suivantes : **1.** Depuis quand existe-t-il à Paris une Bourse pour les affrètements aériens ? — **2.** Quel est le principal avantage des transports aériens ? — **3.** Pourquoi le taux d'assurance n'est-il pas très élevé pour les transports aériens ? — **4.** Pourquoi est-il préférable de transporter les oranges d'Afrique du Nord à Paris par avion ? — **5.** Dans quels domaines l'avion permet-il de réaliser des économies dans le transport des marchandises ? — **6.** Le transport aérien des marchandises est-il plus cher que le transport maritime ? — **7.** Quel genre de marchandises transporte-t-on par avion ? — **8.** Quel genre de marchandises transporte-t-on par bateau ? — **9.** Pourquoi préfère-t-on généralement voyager par avion pour des voyages à longue distance ? — **10.** Les voyages par avion pour les passagers sont-ils plus chers que les voyages par bateau ? — **11.** Pourquoi les compagnies aériennes tentent-elles de « démocratiser » leurs tarifs ? — **12.** A-t-on réussi à éviter la concurrence entre les compagnies aériennes et maritimes ?

Sujets d'essai

1. Si vous entrepreniez un long voyage à travers le monde, préféreriez-vous le faire en bateau ou en avion ? Donnez les raisons de votre choix. — **2.** Pensez-vous que les avions puissent tout à fait supplanter les bateaux un jour ? Envisagez la question : *a*) du point de vue commercial ; *b*) du point de vue touristique.

27. L'ingratitude et l'injustice des hommes envers la Fortune [1]

Cette fable du XVIIe siècle montre que la langue classique, elle aussi, utilise à l'occasion le vocabulaire commercial. Le texte relate les aventures d'un « trafiquant sur mer » (en langue moderne un importateur). Tout lui réussit d'abord ; il gagne beaucoup d'argent et attribue ses succès à ses qualités personnelles. Mais il commet des imprudences, la chance tourne et il est bientôt ruiné. Il accuse le sort. C'est une histoire de tous les temps que La Fontaine nous raconte avec sa malice habituelle.

Un *trafiquant* sur mer, par bonheur, s'enrichit.
Il triompha des vents pendant plus d'un voyage :
Gouffre, banc [2], ni rocher, n'exigea de *péage*
D'aucun de ses ballots [3] ; le Sort l'en affranchit.
Sur tous ses compagnons Atropos [4] et Neptune [5]
Recueillirent leur droit, tandis que la Fortune
Prenait soin d'amener son marchand à bon port [6].
Facteurs, *associés*, chacun lui fut fidèle.
Il vendit son tabac, son sucre, sa canèle [7],
Ce qu'il voulut, sa porcelaine encor :
Le luxe et la folie enflèrent son *trésor* ;
Bref, il plut [8] dans son escarcelle [9].
On ne parlait chez lui que par doubles ducats [10] ;
Et mon homme d'avoir chiens, chevaux et carrosses :
Ses jours de jeûne étaient des noces.
Un sien ami, voyant ces somptueux repas,
Lui dit : « Et d'où vient donc un si bon ordinaire [11] ?
— Et d'où me viendrait-il que de mon savoir-faire ?
Je n'en dois rien qu'à moi, qu'à mes soins, qu'au talent
De risquer à propos, et bien *placer l'argent*. »
Le *profit* lui semblant une fort douce chose,
Il risqua de nouveau le *gain* qu'il avait fait ;
Mais rien, pour cette fois, ne lui vint à souhait.

Son imprudence en fut la cause :
Un vaisseau mal *frété* périt au premier vent ;
Un autre, mal pourvu [12] des armes nécessaires,
Fut enlevé par les corsaires [13] ;
Un troisième au port arrivant,
Rien n'*eut cours* ni *débit* : le luxe et la folie
N'étaient plus tels qu'auparavant.
Enfin, ses *facteurs* le trompant,
Et lui-même ayant fait grand fracas, chère lie [14],
Mis beaucoup en plaisirs, en bâtiments beaucoup,
Il devint pauvre tout d'un coup.
Son ami, le voyant en mauvais équipage [15],
Lui dit : « D'où vient cela ? — De la Fortune, hélas !
— Consolez-vous, dit l'autre ; et, s'il ne lui plaît pas
Que vous soyez heureux, tout au moins soyez sage. »
Je ne sais s'il crut ce conseil ;
Mais je sais que chacun impute, en cas pareil,
Son bonheur à son industrie [16] ;
Et si de quelque échec [17] notre faute est suivie,
Nous disons injures au Sort ;
Chose n'est ici plus commune ;
Le bien, nous le faisons ; le mal, c'est la Fortune ;
On a toujours raison, le Destin toujours tort.

LA FONTAINE, *Fables* (livre VII, 14).

1. **La Fortune :** ici, le sort. — 2. **Banc** (masc.) de sable : amas de sable au fond de la mer. — 3. **Ballot** (masc.) [de *balle*, paquet] : paquet de marchandises. — 4. **Atropos :** celle des trois Parques qui coupe le fil de la vie. Elle représente la mort ici. — 5. **Neptune :** dieu de la Mer chez les Romains. — 6. **A bon port :** sans aucune difficulté jusqu'au port. — 7. **Canèle** (fém.) [en français moderne *cannelle*] : aromate qu'on emploie dans la pâtisserie. — 8. **Il plut :** passé simple du verbe *pleuvoir*. — 9. **Escarcelle** (fém.) : bourse portée à la ceinture, en usage au Moyen Age. — 10. **Ducat** (masc.) : monnaie généralement en or, de valeur différente suivant les pays. — 11. **Ordinaire** (masc.) : ce qu'on sert d'*ordinaire* à un repas. — 12. **Pourvu :** équipé. — 13. **Corsaire** (masc.) : pirate. — 14. **Faire chère lie :** faire bonne chère, bien manger (le mot *lie* est à rapprocher de *liesse* et signifie « joyeux »). — 15. **Equipage** (masc.) : ensemble des hommes embarqués pour le service d'un navire, d'un avion ; ici, situation. — 16. **Industrie** (fém.) [vient du latin *industria*, activité] : adresse, intelligence. — 17. **Echec** (masc.) : insuccès. (Contraire : *réussite*.)

Etude du texte

A. Résumez ce texte en 150 mots. — **B.** Faites-en le plan. — **C.** Répondez aux questions suivantes : **1.** Quels sont les dangers que court un bateau à voiles en pleine mer ? — **2.** Selon vous, dans quelle mer naviguait le trafiquant ? — **3.** Que vendait-il ? — **4.** Avec l'aide de qui vendait-il ses marchandises ? — **5.** Pourquoi gagnait-il beaucoup d'argent ? — **6.** Quelle était, selon lui, la cause de ses succès ? — **7.** Quel genre de vie menait-il ? — **8.** Faisait-il des économies ? — **9.** Pourquoi, tout à coup, connut-il des échecs ? — **10.** Quelle était, selon lui, la cause de ses échecs ? — **11.** Quel conseil lui donna son ami ? — **12.** Les hommes sont-ils généralement justes envers le sort ?

Sujets d'essai

1. Quel est le caractère du trafiquant, d'après ce texte ? En quoi s'oppose-t-il à celui de son ami ? Ces caractères sont-ils vraisemblables ? — **2.** Discutez les deux derniers vers de la fable. Etes-vous de l'avis de La Fontaine ou pensez-vous qu'il y ait un peu d'exagération dans ces déclarations ? Donnez des exemples précis pour justifier votre opinion. — **3.** Pensez-vous que les grandes fortunes dans le monde du commerce se constituent grâce au mérite personnel ou par suite d'une série de hasards ?

Vente des marchandises

28. La distribution automatique

Parmi les différents modes de vente actuels, la distribution automatique joue un rôle important. Des distributeurs automatiques ont été installés dans les lieux publics, sur les quais de métro et de gares, dans les hôpitaux, les usines, les bureaux, les écoles, et ont montré qu'ils étaient rentables.

Cette technique de vente présente en effet tous les avantages de la vente directe, sans en avoir les inconvénients. Mais n'a-t-elle que des avantages, et a-t-elle la possibilité d'étendre encore son champ d'action?

La distribution automatique continue à se développer parmi les travailleurs qui ne peuvent quitter l'atelier ou le bureau.

Pour des raisons de sécurité d'abord, les employeurs ont été tenus d'installer dans certaines entreprises des fontaines réfrigérées qui distribuaient en permanence de l'eau potable. Si ce système est encore utilisé, on lui préfère désormais les distributeurs automatiques de boissons qui délivrent :

— des boissons en bouteilles, telles qu'eaux minérales, sodas [1], cocas, bières faiblement alcoolisées, etc.;

— des boissons en vrac, dont certaines, élaborées à l'intérieur de l'appareil, sont recueillies dans un gobelet que l'on jette ensuite. Le café « express » est actuellement le plus apprécié, suivi par le chocolat et le thé. Des distributeurs automatiques de thé chaud installés en Grande-Bretagne ne connaissent pour l'instant qu'un succès mitigé [2]...

La distribution automatique des boissons (froides, gazéifiées, chaudes, avec ou sans lait) permet d'éviter le fameux « coup de 11 heures [3] » et les accidents de travail qu'il pouvait engendrer. Elle a en outre débarrassé certains de la sujétion [4] que représente la préparation du sandwich quotidien.

La personne habituée à se servir de distributeurs automatiques les considère comme un élément normal de confort sur le lieu de travail, et ceux qui quittent une entreprise équipée en machines de ce type pour une entreprise non équipée en réclament le plus souvent. Preuve que la distribution s'insère peu à peu dans les équipements normaux des entreprises. La distribution automatique trouve un autre champ d'expansion dans la restauration [5], qui a tendance à se développer notamment dans les entreprises où le personnel travaille également de nuit. Dans des entreprises importantes, les distributeurs sont associés à un ou plusieurs fours à micro-ondes qui, en quelques dizaines de secondes, réchauffent « à cœur [6] » une pizza ou un hot-dog. Ces appareils, notons-le, intéressent également les drugstores [7], les restaurants à fort débit, et le secteur de l'hôtellerie. Ils sont également offerts à la clientèle particulière, mais à des prix encore prohibitifs.

Les distributeurs de cigarettes sont depuis peu autorisés, mais les débits de tabac [8] ne tiennent pas tellement à en installer, l'achat de tabac leur amenant traditionnellement une clientèle qui passe le plus souvent du guichet au comptoir.

A l'intérieur des entreprises, les distributeurs de cigarettes ne sont admis que dans les restaurants et cantines d'entreprise.

Plusieurs épiceries automatiques ont été installées dans des supermarchés ou des stations-service. A l'intérieur d'une grande surface, on les place à l'entrée du magasin, pour éviter aux clients pressés de parcourir des centaines de mètres pour acheter un pot de confitures ou du poivre en grains.

En fait, il semble que cet avantage n'ait pas été tellement ressenti par la clientèle. L'expérience tentée outre-Rhin, sur une grande échelle, n'a pas, non plus, donné les résultats escomptés.

On considère maintenant que les clients, habitués à se déplacer le long des allées, à trouver à leur disposition tout un éventail de marques, voire à manipuler les produits conditionnés, répugnent à être servis par une machine. L'appareil, incontestablement, freine les pulsions [9] génératrices de tant d'achats dont certains ne sont pas d'ailleurs essentiels.

Les sociétés de distribution automatique installent également des postes permettant aux automobilistes de nettoyer eux-mêmes leur voiture sans s'éclabousser. Ce système permet un service à toute heure.

Les banques, elles aussi, font appel à la distribution automatique. Certaines ont installé, pour leurs clients, des distributeurs de billets qui permettent de retirer une somme déterminée, à 3 heures du matin par exemple. La clientèle semble très attirée par ces facilités, mais la technique ne suit pas encore la demande de ces distributeurs d'un type bien particulier.

Les producteurs français de distributeurs automatiques cherchent à conquérir le marché européen. Ils estiment que le phénomène de distribution automatique est maintenant entré dans les mœurs. En Europe, le marché intéresse 200 millions d'individus qui, sur les lieux de travail comme dans les lieux publics, prennent peu à peu l'habitude de « prendre un verre à la machine »...

Dans leur désir de s'implanter hors des frontières, les fabricants français d'appareils disposent d'un atout qui ne serait pas négligeable face à leurs concurrents : l'esthétique des appareils. Ceux-ci sont attractifs, habillés de carrosseries [10] métalliques et brillantes, garantissant l'hygiène et la propreté, et de matériaux colorés. La conquête des marchés étrangers s'impose, car le parc [11] français, s'il est encore susceptible d'augmenter, ne le fera que dans des limites assez restreintes.

« Services » (*les Echos*).

1. Soda (masc.) : boisson gazeuse additionnée de jus de fruits. — **2. Mitigé** : médiocre, tempéré. — **3. « Le coup de 11 heures »** : c'est à 11 heures que le travailleur ressent généralement une grande fatigue et qu'il se produit le plus grand nombre d'accidents, surtout dans les usines. — **4. Sujétion** (fém.) : obligation (de faire quelque chose de pénible ou d'ennuyeux). — **5. Restauration** (fém.) : ensemble des restaurants, cantines, etc., et de leur administration. — **6. « A cœur » :**

à point, à la bonne température. — **7. Drugstore** (masc.) : v. tome Ier, p. 105, paragraphe 6. — **8. Débit** (masc.) **de tabac :** lieu où l'on vend du tabac (souvent un café). — **9. Pulsion** (fém.) : impulsion, force instinctive qui pousse les gens à agir sans réfléchir. — **10. Carrosserie** (fém.) : caisse métallique d'une auto; ici, de la machine. — **11. Parc** (masc.) : ensemble des voitures, des machines d'un organisme, d'une nation, etc.

Etude du texte

A. Faites le plan de ce texte. — **B.** Résumez-le en 200 mots. — **C.** Répondez aux questions suivantes : **1.** Qu'est-ce que la distribution automatique? — **2.** Comment fonctionnent les machines automatiques? — **3.** Où se trouvent-elles généralement? — **4.** Quelles sont les boissons que peuvent distribuer ces machines? — **5.** Quels autres produits peuvent-elles distribuer? — **6.** Pourquoi les Britanniques n'apprécient-ils pas les distributeurs de thé chaud? — **7.** Quels sont les avantages que présentent ces machines dans les lieux de travail? — **8.** Les débits de tabac ont-ils souvent, en France, des machines à cigarettes? — **9.** Quels sont les avantages des stations-service avec distributeur automatique? — **10.** Y a-t-il en France beaucoup de distributeurs automatiques dans les supermarchés? — **11.** Pour quel service les banques emploient-elles la distribution automatique? — **12.** Pourquoi les machines françaises remportent-elles beaucoup de succès à l'étranger?

Sujets d'essai

1. Quels sont les différents modes de vente directe? Montrez les avantages de chacun d'eux. — **2.** Pourquoi les distributeurs automatiques jouissent-ils d'une certaine faveur? Le public est-il toujours satisfait de ce mode de vente? Pensez-vous qu'il puisse se développer à l'avenir et dans quel secteur?

29. Les formes collectives de vente

Depuis un siècle, les magasins se sont groupés pour former d'abord des chaînes, *puis des* magasins à prix unique *et des* supermarchés (*ou supermarkets*). *Les Etats-Unis ont été les pionniers de ces organisations, qui se sont répandues avec quelque retard en Europe. Les méthodes de vente se sont aussi transformées avec le* libre service *et tous les moyens modernes dont dispose la publicité. Cependant, malgré des progrès spectaculaires dans le domaine matériel, l'auteur estime que les méthodes de vente sont en régression à certains points de vue.*

Du XIXe siècle, le XXe a hérité des formes collectives du commerce, ces magasins ou *chaînes de magasins*, où mille employés vendent mille articles à des milliers de clients. La formule s'étend et se diversifie, avec des techniques de vente rajeunies. [...]

Ne peut-on, par exemple, laisser le client se servir tout seul, ce qui économisera des salaires d'employés, réduira les *frais généraux* et stimulera peut-être les initiatives de l'acheteur ? Frank Woolworth [1], à ses débuts, a observé que « les clients aiment à toucher les objets et achètent les objets qu'ils touchent ». Sur cette même remarque, plusieurs commerçants de Californie imaginent le *libre service :* le public entre, regarde, prend, paie en bloc à la sortie. Sa tentation est aiguillonnée [2] par un *étalage* habile et commode, sa timidité est vaincue dès l'instant qu'il n'y a plus de vendeur à interroger, sa décision est à base d'impulsion. Des facilités matérielles le sollicitent : pas d'attente, prix marqués, *emballages* faits d'avance, paniers, chariots ou tapis roulants à la disposition de la clientèle. [...] La formule ne remporte pas un succès immédiat ; elle contrarie des habitudes. Reprise au Tennessee, puis au Texas, adoptée par A and P [3], elle finit par se répandre aux Etats-Unis. La Seconde Guerre mondiale et la *pénurie* de personnel confirment son *essor*, surtout dans le secteur alimentaire et dans les restaurants de type cafétéria [4]. L'Europe y porte quelque intérêt, d'abord sans chaleur. Puis, comme pour rattraper le temps perdu, Allemagne en tête, elle se prend de passion pour le système.

En même temps que s'affirme ce procédé de vente, le commerce urbain tend à modifier ses emplacements. Puisque les villes sont engorgées [5], puisque les autos n'y peuvent plus circuler ni s'y parquer [6], pourquoi les magasins n'émigreraient-ils pas vers les espaces libres, moins chers, plus facilement accessibles et propices au stationnement des voitures ? Les citadins eux-mêmes ne désertent-ils pas le centre des villes pour habiter de plus en plus dans les banlieues ? Le magasin suit le consommateur et obéit aux lois que dicte le siècle de l'auto : il se décentralise. [...]

Les temps sont mûrs pour le *supermarché*. Sans créer un type original, il combine les types à la mode : du grand magasin, il retient la dimension, sans l'égaler dans le gigantisme ; du *prix unique*, il garde l'allure de *bazar* populaire ; au « libre service », il emprunte sa technique de vente ; il appartient à des *chaînes ;* et parfois, comme le *magasin* décentralisé, il tend à s'évader assez loin pour être accessible aux voitures. Du fait de cette diversité d'origine, la définition du supermarché reste assez imprécise : elle requiert tantôt un minimum de surface de vente (400 m^2), tantôt un minimum de chiffre d'affaires (500 000 dollars par an), tantôt un certain *rendement* au mètre carré. Peu importe : le supermarché admet un diminutif, la *supérette*, qui se contente d'une moindre superficie et d'un *chiffre d'affaires* moins coquet. Le principe reste le même : grande ou moyenne, il s'agit toujours d'une usine de distribution, qui se targue [7] de rassembler tous les articles de vente courante sous un même toit.

C'est au pire moment de la crise américaine que le supermarché fait son apparition, sur l'initiative de Michaël Cullen [8], dans la banlieue de New York. Il répond si bien au climat commercial des Etats-Unis qu'on en compte 6 000 dix ans plus tard, 33 000 trente ans après le lancement du *prototype* et 91 000 en comptant les supérettes. L'Europe suit le mouvement, notamment la Suisse, l'Angleterre, la Belgique, l'Allemagne, la France. Bousculant les frontières, le supermarché conquiert aussi bien Jérusalem et Moscou. [...]

Toutes les firmes ont à leur disposition les méthodes, vieilles ou neuves, destinées à stimuler le commerce : la publicité, qui recourt maintenant à la radio, à la télévision, au cinéma, comme à la presse, à l'*affiche*, à l'*enseigne lumineuse* ; les *relations publiques*, qui visent à améliorer les contacts avec *actionnaires*, *fournisseurs*, employés, concurrents et consommateurs ; la *vente à crédit*, qui élargit la clientèle, mais impose aux acheteurs des *taux* abusifs ; la *vente avec prime*, qui cherche à séduire le client par quelque menu cadeau. Pour la conquête des *débouchés*, les entreprises croient ne plus s'aventurer au hasard : elles font procéder à des *études de marchés*, tantôt savantes, tantôt charlatanesques [9], à grand renfort de *statistiques*, d'*enquêtes* et de *sondages*. Une science s'élabore, qui tend à donner des bases rigoureuses à ces recherches, mais qui, parfois, s'égare dans un vocabulaire pédant : *marketing*, *promotion des ventes*, *motivation*...

Le XXe siècle, en dépit de ces efforts, apporte peut-être moins de progrès que de régression [10]. Le progrès se situe dans les détails matériels de la vente : pour n'opposer aucun obstacle au client, les Allemands suppriment les portes d'accès sur la rue, et les remplacent par des bouffées de chaleur ; pour retenir le public, les Américains climatisent l'air ; des escaliers mécaniques, une musique en conserve [11], des lumières éclatantes achèvent de transformer le magasin, qui, parfois, reste ouvert le soir, et même tard dans la nuit. Des emballages nouveaux, de Cellophane [12], de plastique ou d'aluminium, transforment la présentation des produits ; des écoles spécialisées, de haute qualité, transforment l'enseignement commercial. Mais la régression est visible en bien des domaines : le supermarché renonce à certains des services que rendait le grand magasin (livraisons, *rendus*, *crédit*) ; il abandonne toute prétention au luxe, parfois même au confort ; le « prix unique » n'édite plus de *catalogue ;* le *comptoir* décentralisé reprend un vieux principe du marché médiéval ; les *maisons d'escompte* ressuscitent une forme du *marchandage* ; le *camion-bazar* ressuscite le *colportage* et le commerce nomade [13] ; le distributeur automatique renouvelle le commerce muet de la préhistoire. Ainsi, sous des dehors modernes, renaissent les plus vieilles pratiques.

RENÉ SÉDILLOT, *Histoire des marchands et des marchés* (Fayard).

1. **Frank Woolworth :** industriel américain (1852-1919) qui inaugura au XIXe siècle les magasins à prix unique aux Etats-Unis. — 2. **Aiguillonné :** stimulé. — 3. **A and P** (*Atlantic and Pacific Stores*) *:* aux Etats-Unis, grands magasins populaires qui, à l'origine, s'occupaient d'exportation. — 4. **Cafétéria** (fém.) : à l'origine, café italien où l'on servait des gâteaux, etc. ; maintenant, petit restaurant, généralement en libre service, où l'on peut prendre à n'importe quelle heure un café express ou un repas. — 5. **Ville engorgée :** ville si encombrée que la circulation ne peut plus s'y faire. — 6. **Parquer :** au sens propre, mettre dans un *parc. Se parquer :* dans le langage de l'automobiliste, ranger sa voiture dans un *parc de stationnement*, dit aussi *parking*. — 7. **Se targuer :** se glorifier. — 8. **Michaël Cullen :** industriel américain qui fonda le premier supermarket entre les deux guerres. — 9. **Charlatanesque** (de l'italien *Ciarlatano*, habitant de Cerreto, en Italie : digne d'un *charlatan* (marchand de drogues ou d'autres produits, qui exploite la crédulité des gens en employant de grands mots qu'ils ne comprennent pas). — 10. **Régression** (fém.) : recul, diminution. (Contraire : *progrès*.) *Régresser :* diminuer, reculer. — 11. **Musique en conserve :** musique enregistrée. — 12. **Cellophane** (fém.) : papier mince et transparent à base de *cellulose*, qui sert dans les emballages d'aliments. — 13. **Nomade :** qui se déplace sans cesse, ambulant. (Contraire : *sédentaire*.)

Etude du texte

A. Résumez ce texte en 200 mots. — **B.** Faites-en le plan. — **C.** Répondez aux questions suivantes : **1.** Quelle innovation importante le XIXe siècle a-t-il apportée dans la distribution commerciale ? — **2.** Qui a inauguré le libre-service ? — **3.** Où cette technique de vente s'est-elle d'abord développée ? — **4.** Pourquoi le commerce tend-il actuellement à s'éloigner des grandes villes ? — **5.** Quelles sont les caractéristiques du supermarket ? — **6.** Quelles sortes de produits vend la supérette ? — **7.** Pourquoi le nom de Michaël Cullen est-il fameux aux Etats-Unis ? — **8.** Quel est le but de l'étude de marché ? — **9.** Quand est-elle charlatanesque ? — **10.** Dans quels domaines se situent les progrès du commerce au XXe siècle ? — **11.** Dans quels domaines une certaine régression du commerce se fait-elle sentir ? — **12.** Quels sont les moyens modernes employés pour attirer la clientèle ?

Sujets d'essai

1. Quels sont les avantages du libre-service : *a.* Pour l'acheteur? — *b.* Pour le vendeur? Ce système présente-t-il aussi des inconvénients? — **2.** L'auteur de ce texte pense que, malgré tous les progrès manifestés par le commerce au XXe siècle, il est en régression dans certains domaines. Etes-vous d'accord avec lui? — **3.** Qu'est-ce que la motivation? Quels moyens emploie-t-elle pour atteindre son but?

30. Le mirage des grandes surfaces

On désigne par « grandes surfaces » les supermarchés, hypermarchés, etc. (v. tome Ier, p. 105), tous ces immenses magasins en libre service qui ont de multiples rayons offrant aux clients un vaste assortiment d'articles courants. Ces articles sont généralement vendus à un prix plus bas que chez les détaillants, car les intermédiaires sont moins nombreux dans ce circuit que dans le circuit traditionnel.

Pourquoi « le mirage des grandes surfaces »? C'est que bien souvent les ménagères pénètrent dans les grandes surfaces avec l'intention de faire des économies, et qu'elles en ressortent chargées de toutes sortes d'articles, parfois superflus. Elles n'ont pas su résister à la tentation d'acheter ces articles bien présentés, et à portée de leur main.

Il paraît intéressant d'esquisser le portrait des clientes qu'attirent les supermarchés. On dira : les clientes, plutôt que les clients; c'est que les achats ménagers sont généralement faits par les femmes, qu'elles aient ou non une activité professionnelle. Les hommes qui font leurs emplettes [1] sont l'exception; et si certains accompagnent parfois leur épouse le samedi, ils se conforment au choix de celle-ci pour ce qui est des lieux d'approvisionnement.

Les clientes des supermarchés sont assez jeunes, ou au moins alertes : les femmes âgées qui se déplacent difficilement ne fréquentent les grands magasins que lorsqu'ils sont très rapprochés de leur demeure; elles s'y sentent souvent perdues, elles se fatiguent à chercher vainement des rayons qui changent de place chaque mois, voire [2] chaque semaine; elles répugnent à s'éloigner de leur petit univers familier.

Les clientes des supermarchés, donc, sont ingambes [3] et dynamiques.

Parfois, un désir d'aventure, un appétit de folie les étouffent parce qu'elles s'ennuient chez elles, parce que les distractions culturelles leur sont plus ou moins étrangères, parce que le silence et la solitude de leur appartement leur pèsent. Elles ne travaillent pas au-dehors : petites bourgeoises apparemment sages, elles se représentent leur incursion [4] dans un grand magasin moderne comme une diversion dans une vie morose, vouée aux travaux ennuyeux et faciles.

Elles viennent de décider, pour une raison ou une autre (achat important qui va de la machine à laver à la maison de campagne par exemple), de faire des « économies ». Elles ont trouvé dans leur boîte aux lettres un prospectus alléchant [5], ou elles ont vu en passant un grand calicot [6] publicitaire. Elles partent, sac au bras, ou remorquant leur Caddie [7]. Leurs talons sonnent sur le pavé, rythmant un air de conquête; elles ont le nez au vent, le menton levé, et la conscience pure.

Ou bien, elles sont réellement économes. Et alors elles ont longuement étudié les prix affichés en divers endroits. Ce sont des femmes de tête [8] qui méprisent la publicité des magasins à grande surface aussi bien que les papotages [9] des petites boutiques. Pour elles, les courses ne représentent qu'une fastidieuse corvée, dont elles entendent s'acquitter vite, en groupant leurs achats, à une heure commode. Si elles savent conduire, elles prennent leur voiture afin de la charger de denrées qui dureront la semaine. Elles sont vêtues de façon sportive : tweed ou jersey, et portent des talons bottier. Elles ne s'en laissent pas conter [10]. Souvent, elles exercent une profession qui les occupe beaucoup, ou bien elles se livrent à des activités non rétribuées, au service d'un mouvement politique ou des œuvres de la paroisse. Efficaces, dépourvues de penchant pour la frivolité, elles jugent important de planifier leur vie et d'organiser leur budget.

Selon qu'elles appartiennent à l'un ou l'autre de ces deux types, les clientes des supermarchés s'y conduisent de façon bien différente.

Françoise C., petite bourgeoise qui s'ennuie, se précipite dans le hall du magasin comme dans une caverne des mille et une merveilles [11]. Dès l'entrée, elle est saisie par une marée de bruits, d'odeurs, assaillie par des couleurs brillantes, par une musique ininterrompue. Elle est submergée tout de suite par la multiplicité des marchandises proposées. Elle venait pour acheter de la nourriture; mais le rayon d'alimentation — comme il est de règle dans ces sortes de lieux — se trouve au fond, ou au sous-sol du magasin. Pour l'atteindre, il est nécessaire de tourner longtemps, de louvoyer [12] entre des étalages plus alléchants les uns que les autres. Voici Françoise C. plongée dans une foule avide qui touche, palpe, évalue. On la bouscule, on la pousse. Les boucles d'oreilles en verroterie seraient-elles si attirantes si dix mains ne se tendaient pour les saisir? (Elle) cherche un miroir, essaie, rejette, reprend, essaie encore, décide de s'offrir cette modeste fantaisie : une paire de poires en perles fausses qu'elle ne portera sans doute jamais.

... Elle a enfin trouvé, atteint le rayon de l'alimentation. Devant une pile de boîtes, elle s'interroge : ces haricots sont-ils vraiment sans fils? Chez l'épicière, elle l'eût demandé. Mais ici, à qui s'adresserait-elle? A la femme de peine [13] qui retire des piles de cartons d'un chariot, ou à la caissière lointaine, fonctionnaire et fonctionnelle [14]? Il est vrai que les haricots coûtent un franc de moins par boîte que dans la petite boutique; il est vrai aussi que les oranges en sachets semblent avantageuses. Mais haricots, oranges, Françoise C. les achète à ses risques et périls : si les uns sont filandreux et les autres sèches, elle ne s'en prendra qu'à elle-même, puisque c'est avec elle seule qu'elle aura débattu de l'opportunité de les acheter.

Françoise C. a rempli son chariot roulant... Elle passe à la caisse. Comme son panier est trop petit pour contenir toutes ses emplettes, elle prend un sac en plastique que la caissière, imperturbable, facture avec le reste; un franc, c'est exactement la valeur de la différence entre la boîte de haricots du supermarché et celle de la boutique.

... De sa démarche désordonnée dans le supermarché, de sa confrontation avec tant de merveilles agressives, d'où elle est sortie vaincue, (elle) garde un souvenir à la fois amer et ébloui.

Elle retournera demain, ou après-demain, dans ce paradis infernal, pleine de bonnes résolutions qu'elle ne tiendra pas. Françoise C. est la victime désignée des « grandes surfaces ».

SUZANNE PROU, *la Petite Boutique* (Mercure de France).

1. **Faire des emplettes** (fém. généralement au pluriel) : faire des achats. — 2. **Voire :** même. — 3. **Ingambe :** alerte, qui marche sans difficulté. — 4. **Incursion** (fém.) : terme militaire qui désigne une invasion en territoire étranger. Les ménagères partent en expédition dans un magasin où elles n'ont pas l'habitude d'entrer. — 5. **Alléchant :** attirant, séduisant. — 6. **Calicot** (masc.) : tissu de coton bon marché. Il est souvent utilisé en banderole pour la publicité. — 7. **Caddie** (masc.) : vient du mot français « cadet » et a été adopté par les Ecossais pour désigner l'enfant ou le jeune homme chargé de transporter les clubs de golf. Beaucoup de joueurs de golf utilisent aujourd'hui un chariot pour ce transport. Le mot désigne, ici, les chariots que les clients empruntent dans les libres-services pour transporter leurs achats. — 8. **Femme de tête :** femme qui réfléchit, qui ne se laisse pas guider par ses impulsions. — 9. **Papotage** (masc.) : bavardage sur des choses sans importance. — 10. **Ne pas s'en laisser conter :** ne pas croire tout ce que l'on raconte. — 11. **Caverne des mille et une merveilles :** allusion à la caverne d'Ali Baba dans « les Mille et Une Nuits ». — 12. **Louvoyer** (terme de marine) : avancer en faisant des détours, sans aller directement au but. — 13. **Femme de peine :** femme chargée des travaux de manutention dans une entreprise. — 14. La caissière a une certaine fonction dans le magasin (elle est « fonctionnaire »), et elle remplit une tâche bien définie (elle est « fonctionnelle »).

Etude du texte

A. Faites le plan de ce texte. — **B.** Résumez-le en 200 mots. — **C.** Répondez aux questions suivantes : **1.** Quels sont les clients qui fréquentent le plus souvent les grandes surfaces? — **2.** Pourquoi les femmes âgées préfèrent-elles souvent faire leurs achats dans les boutiques? — **3.** Quelle différence y a-t-il entre un supermarché et un hypermarché? — **4.** Comment transporte-t-on ses achats dans un supermarché? — **5.** Comment y règle-t-on ses achats? — **6.** Comment les opérations de vente y sont-elles simplifiées? — **7.** Quels sont les genres d'articles mis en vente dans un supermarché? — **8.** Réalise-t-on toujours des économies dans les supermarchés? — **9.** Y gagne-t-on réellement du temps? — **10.** Pourquoi les supermarchés peuvent-ils souvent vendre meilleur marché que les détaillants ordinaires? — **11.** Quel est le danger auquel sont exposées les clientes des supermarchés? — **12.** Pourquoi tant de femmes aiment-elles y faire leurs emplettes?

Sujets d'essai

1. Quels sont, selon vous, les avantages et les inconvénients des magasins en libre service pour les clients? — **2.** Pensez-vous que les magasins à grande surface continueront à se développer? Pourront-ils supplanter le commerce de détail et les grands magasins? — **3.** Décrivez un grand supermarché que vous avez visité. En quoi diffère-t-il des grands magasins?

31. La politique d'après vente du distributeur

L'après-vente joue un rôle de plus en plus important dans la vente des machines, des appareils ménagers, des postes de radio, de télévision, etc. En effet, le fonctionnement de ces appareils est délicat et ils sont vendus sous garantie. Le client a souvent recours à un service « après vente » dans les mois qui suivent l'achat, soit pour le dépannage, soit pour être conseillé dans l'utilisation des appareils ainsi achetés.

Nous prenons l'appellation « distributeur » dans le sens large : entreprise commerciale de gros ou de détail et, éventuellement, *revendeur-installateur* ayant fourni le produit ou le matériel au client utilisateur final.

Les buts généraux du *distributeur* sont les suivants :

— tenir les promesses de la vente ;

— assurer un service rapide au client ;

— suivre sa clientèle en assurant des contacts ;

— réaliser des bénéfices normaux sur les opérations de *service hors garantie ;*

— conserver ses clients et réaliser avec eux d'autres ventes (ventes complémentaires du même produit, ventes de remplacement de matériels usagés ou démodés) ;

— en corollaire [1], vente de produits nécessaires au fonctionnement ou à l'entretien, vente d'autres types de *matériels,* vente de matériel repris et remis en état.

Pour atteindre ces buts, il faut disposer d'une organisation spéciale et engager des frais sur les plans de la technique, du personnel et des *équipements*, dont une partie ne sera pas *rentable* immédiatement. Aussi, un grand nombre de distributeurs considèrent-ils l'*après-vente* comme une lourde charge, et beaucoup d'entre eux hésitent-ils à assurer cette charge, même avec l'aide technique ou financière des fabricants.

Les raisons de cette hésitation, surtout dans le cas de matériels allant à l'utilisateur privé, sont faciles à percevoir. L'on peut citer, d'abord, l'incidence [2] des restrictions de plus en plus nettes apportées par les *pouvoirs publics* au système de la *concession exclusive de vente* sur un territoire déterminé. N'étant plus assurés de voir les efforts entrepris leur bénéficier à coup sûr, les *distributeurs* officiels ont tendance à n'assurer qu'un service minimum. Une autre raison provient de l'instauration, dans un certain nombre de branches (appareils ménagers, radio, télévision, photo, cinéma d'amateur), du système de vente avec fortes *remises.*

Il est d'ailleurs assez curieux de constater que cette pratique, spectaculairement mise en œuvre il y a quelques années par un petit nombre de maisons spécialisées dans *l'octroi* de remises élevées aux acheteurs (vite dénommée, comme aux Etats-Unis, des « discounters [3] »), s'est progressivement étendue à la plupart des détaillants et des grands magasins, mais seulement pour des catégories de matériels qui, justement, sont spécifiquement concernés par le service après vente.

La concurrence aidant, beaucoup d'acheteurs deviennent des « chasseurs de remises [4] », l'importance de celles-ci constituant parfois, paradoxalement, le critère [5] de décision, plutôt que la marque ou les qualités des matériels. Or, le grand principe, du côté du fabricant, est que la remise consentie au distributeur doit lui permettre d'assurer le service. Mais, dans ces conditions particulières de marché, un clivage [6] ne manque pas de se produire parmi les revendeurs.

Les uns, réalisant un gros chiffre annuel, et bénéficiant de *ristournes* de fin d'année, ont besoin de l'après-vente pour maintenir leur notoriété [7] et satisfaire leur clientèle. Répartis sur un *chiffre d'affaires* important, leurs frais fixes de service permanent ne constituent qu'un *pourcentage* relativement faible, qu'ils acceptent d'investir. Ils peuvent d'ailleurs tenir compte du fait que certains matériels n'occasionnant que des frais réduits compensent les frais plus élevés nécessités par d'autres matériels plus coûteux à servir. Enfin, le volume des services payants est sensible et leur procure des rentrées non négligeables.

Les autres revendeurs, moyens ou petits, peuvent difficilement entretenir un service après vente s'ils sont amenés à consentir de fortes remises à leurs clients, à moins qu'ils ne soient liés par *contrat* avec leurs *fournisseurs* et que ceux-ci acceptent de leur attribuer une somme supplémentaire réservée au service, variable avec les types de matériels selon les soins d'ordre gratuit qu'ils nécessitent. Mais cette formule a l'inconvénient d'augmenter les frais de distribution du fabricant, d'où répercussion sur les prix de vente, et cela sans que l'on soit certain que le service sera assuré. Il lui est possible aussi de recourir à un spécialiste local de l'installation, du dépannage et de la réparation.

L'on est donc amené, dans le cas des revendeurs de matériels domestiques, moyens et petits, aux solutions envisagées plus haut, lorsque se sont trouvées évoquées les *options* de politique d'après vente des producteurs.

Mais il est évident que le revendeur qui négligera les activités d'après vente ne bénéficiera plus, du même coup, des avantages d'un contact plus ou moins régulier avec ses clientèles, et cela est grave pour lui.

Enfin, la clientèle désire le plus souvent bénéficier d'un service de proximité, qu'elle ne trouvera réellement que chez son revendeur habituel.

F. Nepveu-Nivelle, *le Service et l'après-vente* (Entreprise moderne d'édition).

1. **Corollaire** (masc.) : en mathématique, conséquence qui dérive de la démonstration d'une proposition. *En corollaire :* en conséquence (lorsque, dans une énumération, on ajoute un autre article de moindre importance et qui découle des articles précédents). — 2. **Incidence** (fém.) : répercussion. — 3. **Discounter** (de l'américain *discount*, remise, escompte) : maison qui offre des remises importantes aux clients. — 4. **Chasseur de remises :** client qui cherche avant tout à obtenir des *remises*. — 5. **Critère** (masc.) [d'un mot grec signifiant « juger »] : signe qui permet de distinguer le vrai du faux, d'estimer à sa juste valeur. — 6. **Clivage** (masc.) : au sens propre, action de *cliver* (fendre un corps minéral dans le sens naturel de ses couches) ; ici, délimitation nette, qui s'opère naturellement. — 7. **Notoriété** (fém.) : état de ce qui est *notoire* (connu de tous) ; ici, réputation.

Etude du texte

A. Faites le plan de ce texte. — **B.** Résumez-le en 200 mots. — **C.** Répondez aux questions suivantes : **1.** Qu'entend-on par « distributeur » ? — **2.** Quels sont les buts principaux du distributeur ? — **3.** En quoi consiste le travail du service après vente ? — **4.** Dans quels cas le client a-t-il recours à ce service ? — **5.** Pourquoi les distributeurs hésitent-ils parfois à créer un service après vente ? — **6.** Pourquoi les appareils ménagers, les postes de radio, de télévision bénéficient-ils souvent de fortes remises ? — **7.** L'octroi d'une remise représente-t-il toujours un avantage réel pour le client ? — **8.** Pour quelle catégorie de commerçants l'après-vente est-elle absolument indispensable ? — **9.** Pour quelle catégorie de commerçants l'après-vente représente-t-elle une charge trop lourde ? — **10.** Comment ces commerçants peuvent-ils surmonter cette difficulté ? — **11.** Quelle peut être la répercussion de l'augmentation des frais de distribution sur le prix de vente ? — **12.** Quels sont les inconvénients qu'entraîne pour un revendeur la suppression de l'après-vente ?

Sujets d'essai

1. Quels sont les avantages que présente le service après vente : *a.* Pour le commerçant ?— *b.* Pour le client ? Ce service comporte-t-il aussi des inconvénients ? — 2. Vous avez certainement fait déjà usage de l'après-vente. Dites en quelle occasion. En avez-vous été satisfait ?

Règlement des marchandises

32. Le franchising

Le franchising, *ou la franchise, est né aux Etats-Unis après la Seconde Guerre mondiale et connaît actuellement un grand essor. Il représente environ 30 p. 100 du commerce américain de détail et se développe rapidement en Europe.*

Cette nouvelle formule de distribution est apparue, d'une part, pour réduire les difficultés de plus en plus grandes que rencontre le petit commerce indépendant, et, d'autre part, pour favoriser l'expansion rapide de certaines grandes sociétés qui ont à surmonter des difficultés financières.

Ce système permet au commerçant de conserver son autonomie tout en profitant de la force de vente et des techniques commerciales d'une grande entreprise.

Le dialogue suivant entre un directeur et sa secrétaire permettra au lecteur de mieux comprendre le fonctionnement du franchising.

(Dans un magasin d'articles de sports d'hiver)

Il est 9 heures du matin. Dans le magasin désert, Josiane achève son maquillage tandis que M. Marchand, dans le bureau contigu dont la porte est restée ouverte, est plongé dans de profondes réflexions.

JOSIANE *(surveillant dans son miroir si M. Marchand peut la voir)* : Ce qu'il y a de bien, l'hiver, c'est qu'on est sûr de ne voir personne dans le magasin avant 11 heures... Cette clientèle de sports d'hiver ne pense qu'à s'amuser le soir, aussi le matin ils dorment! Alors moi j'en profite pour ranger.

M. MARCHAND *(s'approchant de Josiane qui fait disparaître son matériel de maquillage dans le tiroir)* : Je pense, quant à moi, que si la clientèle de vacances met si longtemps à se décider à entrer dans notre boutique, c'est parce qu'elle ne nous connaît pas.

JOSIANE : Mais nous sommes pourtant très connus dans la ville!

M. MARCHAND : Oui, c'est vrai, nous avons une bonne réputation, mais les vacanciers, eux, l'ignorent.

JOSIANE *(sarcastique) :* Vous ne voudriez quand même pas être connu de toute la France!...

M. MARCHAND : Si, justement, et il existe un bon moyen d'y arriver.

JOSIANE : Lequel?

M. MARCHAND *(triomphal) :* La franchise!

JOSIANE *(interloquée) :* La franchise?...

M. MARCHAND : Oui, la franchise, ou « franchising », est une technique de distribution qui a été introduite en France il n'y a pas très longtemps et qui consiste à implanter [1] un *réseau* d'*enseignes* nationales sur le territoire.

JOSIANE *(prudente) :* Je ne comprends pas très bien.

M. MARCHAND : Imaginez que notre boutique ait l'enseigne Korrigan ou Pingouin [2] par exemple; ne pensez-vous pas que les vacanciers entreraient avec plus de confiance dans notre magasin?

JOSIANE : Oh si! tout le monde connaît ces marques.

M. MARCHAND : Eh bien! voyez-vous, c'est là un des avantages principaux de la franchise, mais ce n'est pas le seul. Nous pourrions aussi très facilement changer complètement notre activité. Cela ne nous intéresse pas puisque, par chance, notre branche ne souffre pas particulièrement d'une désaffection [3] du public. Mais je connais certains confrères, des alimentaires [4] par exemple, qui vont être intéressés à une *reconversion* partielle de leur commerce.

JOSIANE *(vivement intéressée) :* C'est passionnant! Expliquez-moi comment ça marche.

M. MARCHAND : Deux partenaires sont en présence, le « franchiseur », celui qui accorde la franchise, et le « franchisé», le commerçant qui achète son droit à la franchise. Le franchiseur possède une enseigne qui a fait ses preuves. De plus, il a mis au point une technique de commercialisation [5]...

JOSIANE *(interrompant M. Marchand)* : Qu'est-ce que c'est, une technique de commercialisation?

M. MARCHAND : Cela recouvre bien des choses : un assortiment standard, une gestion normalisée, un magasin type, une publicité collective, etc.

Ces deux éléments, attribution de l'enseigne et services techniques, font l'objet d'un contrat entre franchiseur et franchisé. En outre, dans la plupart des cas, le franchisé bénéficie d'un droit d'exclusivité dans une région déterminée.

JOSIANE : Mais ça m'a tout l'air d'être du succursalisme [6], votre franchise.

M. MARCHAND : Non, il y a une différence fondamentale entre le succursalisme et la franchise : le franchisé reste le patron de son affaire, alors que, dans le succursalisme, les gérants sont les salariés de la société.

JOSIANE : Vous ne me ferez tout de même pas croire que vous allez bénéficier de tous ces avantages sans débourser un sou!

M. MARCHAND : Voilà une remarque intelligente. Bien sûr, la franchise se paie. Dans certains cas, à la signature du contrat, on règle un droit d'entrée et, ensuite, on verse un certain pourcentage du chiffre d'affaires en échange des services rendus.

JOSIANE : Cela doit revenir très cher.

M. MARCHAND : En définitive, on s'y retrouve [7], car n'oubliez pas que, par cette méthode, le magasin acquiert une dimension nouvelle [8] grâce aux moyens techniques et à la compétence commerciale du franchiseur. Du jour au lendemain, un magasin devient un Rodier [9], un Phildar [9] ou un Coryse Salomé [9].

JOSIANE : Et le franchiseur, dans l'affaire, qu'est-ce qu'il gagne?

M. MARCHAND : Il n'y perd rien, n'ayez pas peur. La franchise lui permet d'assurer l'expansion de son affaire, tout en limitant ses propres investissements.

Ainsi, il peut monter rapidement un réseau, qui a toutes les chances de réussir sa percée commerciale [10] et de réaliser ses objectifs de chiffre d'affaires, à condition que chacun apporte sans réserve ce qui lui est demandé : le franchiseur, son image de marque, son expérience, sa publicité, le franchisé, son dynamisme et sa notoriété locale.

JOSIANE : Alors, tout le monde est content?

M. MARCHAND : Je le pense.

JOSIANE *(avec un geste superbe) :* Vive la franchise!

Feuilles d'information techniques.
(Centre d'études du commerce et de la distribution [C.E.C.O.D.]).

1. **Implanter** : introduire et installer sur des bases solides. — 2. **Korrigan** : marque de vêtements en tricot et jersey; **Pingouin** : marque de laines à tricoter. — 3. **Désaffection** (fém.) : perte de l'*affection*, du goût pour. — 4. **Alimentaires** (masc. plur.) : ici, les produits alimentaires. — 5. **Commercialisation** (fém.) : v. tome Ier, p. 113, paragraphe 5. — 6. **Succursalisme** (masc.) : organisation commerciale fondée sur le fonctionnement d'une maison mère qui est à la tête de succursales (v. tome Ier, p. 53, paragraphe 8). — 7. **S'y retrouver** : compenser ses frais par des recettes ou des avantages. — 8. **Acquérir une dimension nouvelle** : acquérir une certaine importance dans un nouveau domaine. — 9. **Rodier** : marque de vêtements en tricot; **Phildar** : marque de fils à tricoter; **Coryse Salomé** : produits de beauté et soins. — 10. **Réussir sa percée commerciale** : réussir à se faire connaître sur le marché. (*Percer :* faire un trou dans un ensemble compact.)

Etude du texte

A. Faites le plan de ce texte. — **B.** Résumez-le en 200 mots. — **C.** Répondez aux questions suivantes : **1.** Qu'est-ce que le franchising? — **2.** Où est-il né et à quelle époque? — **3.** Est-il très répandu en France actuellement? — **4.** Quels avantages présente-t-il pour les grandes entreprises? — **5.** Quels avantages présente-t-il pour les petits commerçants? — **6.** Quel est le rôle du franchiseur? — **7.** Quel est le rôle du franchisé? — **8.** Comment le droit de franchising se règle-t-il? — **9.** Quelle différence y a-t-il entre le franchising et le succursalisme? — **10.** Donnez des exemples (en France ou dans votre pays) de maisons qui pratiquent le franchising. — **11.** Connaissez-vous d'autres sens du mot « franchise » dans la langue commerciale française?

Sujets d'essai

1. Pourquoi le franchising connaît-il actuellement un grand succès dans les pays industrialisés? Pensez-vous qu'il continue à se développer encore beaucoup par la suite? — **2.** Qu'est-ce qu'un concessionnaire exclusif? En quoi diffère-t-il du dépositaire et du franchisé? Expliquez le rôle de chacun de ces intermédiaires en donnant des exemples précis.

33. Naissance de la lettre de change

Le texte suivant est consacré à la lettre de change, effet de commerce qui a été créé par les banques et pour lequel elles interviennent à plusieurs reprises. L'auteur nous explique comment la lettre de change est née, comment elle s'est transformée au cours des siècles et a pris un rôle de plus en plus important dans la vie des affaires.

Les banquiers assuraient dans chaque *foire* les règlements. Ceux-ci ne concernaient pas seulement les dettes contractées à la foire même ; ils s'appliquaient aussi aux obligations contractées à des foires précédentes ou hors foire [1]. Par exemple, un commerçant de Florence qui avait acheté des étoffes à un drapier flamand donnait ordre à son banquier, à Florence, de verser à la foire de Provins [2], par le *débit* de son compte, la somme qu'il devait au Flamand. Le banquier, au lieu de se rendre en personne à la foire, écrivait à son correspondant de Provins une *lettera di pagamento*, une lettre lui demandant d'effectuer le paiement. Le plus souvent, cette lettre, au lieu d'être directement expédiée par le banquier à son correspondant, était remise au drapier flamand, qui se chargeait de sa présentation en foire. Le banquier florentin intervenait ainsi comme *tireur* d'une *traite* dont son correspondant en foire était le *tiré*. Mais il pouvait également jouer le rôle d'*encaisseur d'effets* au cas où son client de Florence lui remettait les *lettere* que, de son côté, il avait pu recevoir de ses acheteurs de l'étranger en vue de leur règlement en foire.

L'usage des lettres de change n'était le fait que des grandes maisons commerciales ou des hautes personnalités politiques et ecclésiastiques. On conserve encore des traites tirées par les rois de France Saint Louis et Philippe le Bel, par la dernière impératrice latine de Constantinople, Marie ; de même, on connaît des *tirages* de commerçants italiens *créanciers* du pape sur des évêques et abbés anglais, débiteurs du Saint-Siège.

Les opérations d'*escompte* d'*effets de commerce* furent également imaginées alors. Tantôt le banquier versait immédiatement au *bénéficiaire* d'une traite non encore *échue* sur le trésor royal le montant de celle-ci, déduction faite d'un *agio ;* tantôt il avançait le montant probable du prix de vente des marchandises en cours de transport contre l'engagement, par lettre de change, de le rembourser dès l'arrivée des marchandises en foire.

Cependant la *lettera di pagamento* diffère de la lettre de change moderne en ce qu'elle n'est pas *endossable ;* elle n'est qu'un document payable à une personne dénommée ou à son représentant ; elle ne peut être encaissée que par le remettant de la valeur ou son agent. Ce n'est qu'au XVIIe siècle qu'apparaîtra l'*endossement.*

Les foires étaient le *domicile de change* de toute l'Europe. On *souscrivait* des effets d'une place[3] sur une foire, d'une foire sur une autre foire ou d'une foire sur une place. Pour simplifier les règlements, on prit rapidement l'habitude de *domicilier* les lettres de change dans une même foire et de procéder à des *compensations ;* il ne restait ainsi à verser en *monnaie de poids* qu'un *solde* généralement faible. Bientôt, même, le règlement du solde, au lieu de se faire en *espèces*, se fit par traite : une lettre de change était tirée sur une autre foire.

A. DAUPHIN-MEUNIER, *Histoire de la banque* (P. U. F.).

1. **Hors foire** : en dehors des foires (voir Glossaire, *foire*). — 2. **Provins** : ville située au sud-est de Paris, qui était autrefois un centre commercial important. — 3. **Place** : ici, ensemble des négociants et des banques d'une ville.

Etude du texte

A. Faites le plan de ce texte. — **B.** Résumez-le en 150 mots. — **C.** Répondez aux questions suivantes : **1.** Où s'effectuaient autrefois les règlements de marchandises ? — **2.** Par l'intermédiaire de qui s'effectuaient les règlements sur l'étranger ? — **3.** Dans une transaction commerciale, quel est le rôle du tireur de la traite ? — **4.** Quel est le rôle du tiré de la traite ? — **5.** Quel est le rôle du bénéficiaire de la traite? — **6.** Qui faisait usage des *lettres de change* à l'origine ? — **7.** Que signifie *escompter une traite* et qui escompte la traite ? — **8.** Que signifie *négocier une traite* et qui négocie la traite ? — **9.** Pourquoi la banque escompte-t-elle les effets de commerce ? — **10.** Comment s'appelle la retenue de la banque lorsqu'elle escompte un effet ? — **11.** Pourquoi *endosse*-t-on une traite ? **12.** Où se fait le paiement de la traite lorsqu'elle n'est pas domiciliée ?

Sujets d'essai

1. Quels sont les différents moyens que l'on peut utiliser pour régler des marchandises? Indiquez les avantages de chacun d'eux. — **2**. Quelles différences et quelles analogies y a-t-il entre une *lettre de change* et un *billet à ordre?* — **3**. Citez différents cas commerciaux dans lesquels la lettre de change est utilisée. Quels avantages présente-t-elle?

34. Le système financier de Law

A la mort de Louis XIV en 1715, la France était au bord de la banqueroute. Le Trésor était presque vide, et la dette publique très importante. Le Régent, Philippe d'Orléans, écouta alors les propositions séduisantes que lui fit le financier écossais Law. Law avait étudié le fonctionnement des banques en Angleterre, en Hollande et en Italie. Il avait conçu un système financier très habile. Dans ce texte, l'auteur étudie ce système, auquel nous devons l'apparition des billets de banque.

Comme tous les économistes de son temps, Law se propose de développer la fortune et la puissance de l'Etat. Fortune et puissance se trouvent dans le commerce, l'industrie, le nombre des habitants, la bonne culture des terres, l'abondance de toutes les choses nécessaires à la vie. Mais, pour animer les diverses parties de la société, il faut un moteur [1], ou plutôt un courant, un fluide qui les entraîne les unes après les autres. Cette fonction revient au *numéraire*. « La monnaie est dans l'Etat ce que le sang est au corps humain ; sans l'un, on ne saurait vivre, sans l'autre, on ne saurait agir. La circulation est nécessaire à l'un comme à l'autre. » Mais, puisqu'il n'y a de richesses réelles parmi les hommes que les *denrées* et les marchandises, peu importe la monnaie à laquelle on aura recours, pourvu qu'elle soit un bon instrument d'échange. Le plus souvent, on s'est servi des métaux précieux parce qu'on en croyait la valeur stable ou, en mettant les choses au pire, la moins sujette à varier. En réalité, depuis l'exploitation des mines d'Amérique, la *valeur réelle* de l'*argent-lingot* a diminué de moitié. Quant à l'*argent-monnaie*, le *législateur* en modifie à sa guise [2] le poids et le *titre*. Par ailleurs, de quels inconvénients ne paie-t-on pas cette illusion de la fixité [3] ? Le métal est lourd, encombrant, difficile à transporter. Par son poids, par les dangers qu'il court sur les routes, il rend compliqué et périlleux les règlements de quelque importance. La *monnaie de papier*, au contraire, circule plus rapidement et plus aisément. Elle peut se diviser sans perte, puisqu'on a la faculté de la changer en moindres *coupures*. Par la facilité avec laquelle elle passe de main en main, elle accélère le courant des échanges et le rythme de la production. Au reste, dès que l'usage du *crédit* sera commun, la plupart des paiements se feront par *virements* et par *compensations*, c'est-à-dire par un simple jeu d'écritures, sans aucun mouvement réel de monnaie.

Dans son apologie [4] du crédit bancaire, Law révèle une puissance de raisonnement et de dialectique [5] qui n'a peut-être pas été surpassée. Mais, lorsqu'il s'agit de déterminer les règles qui permettront de calculer la quantité de billets susceptibles d'être mise en circulation, sa pensée devient singulièrement imprécise et flottante [6]. Il n'admet pas qu'il y ait un rapport nécessaire entre l'*encaisse métallique* de la banque et le montant des *vignettes* qu'elle imprime. Sans doute, au début des opérations, l'encaisse est indispensable pour inspirer confiance et pour satisfaire aux demandes de remboursement. Mais, lorsque le public aura pris l'habitude d'utiliser les billets, la circulation pourra être infiniment supérieure à l'encaisse. Et s'il y a panique [7] ? L'Etat décrétera le *cours forcé*. Singulière inconséquence, qui ruine tout l'édifice en faisant s'évanouir [8] d'un seul coup tous les avantages du billet ! A vrai dire, l'Ecossais est persuadé qu'on n'en viendra jamais à cette extrémité. D'abord, parce qu'il a tant de foi dans le crédit qu'il le considère comme une véritable mine d'or dont on peut extraire sans cesse des richesses nouvelles. Ensuite, parce qu'il se flatte de proportionner les *émissions* aux besoins et de maintenir toujours un juste équilibre entre la circulation et la demande, entre la distribution du papier et le développement du commerce. Idée remarquable, mais qui entraîne loin. Car, pour mieux contrôler les besoins monétaires du pays, Law est amené à donner à son entreprise des proportions de plus en plus gigantesques, de manière à lui incorporer une à une toutes les branches maîtresses de l'activité nationale.

C'est beaucoup rabaisser le système que d'en faire une simple crise d'*inflation*. La banque Law n'a pas été seulement une banque d'*escompte* et une banque d'*émission*. A la fois *banque d'affaires*, *trust* et *service public*, elle se fera concéder la *levée* et la *manutention* des *impôts*, le *monopole* du tabac, le monopole de la colonisation, de l'armement et du commerce maritime. On ne vendra plus dans le royaume une peau de castor [9], une pièce d'indienne [10], un sac d'épices [11] ou une livre de sucre qui ne sorte de ses *comptoirs*. La France d'outre-mer est à elle. Ses *guichets* sont les guichets de l'Etat, ses caisses les caisses du *Trésor*. Ses *commis* sont partout : à la *douane*, à l'*octroi*, au bureau des aides [12], au grenier [13] de la gabelle [14]. D'empiétement [15] en empiétement, elle fait de tous les *contribuables* ses clients, de tous les *rentiers* ses *actionnaires*.

Pierre Gaxotte, *le Siècle de Louis XV* (Fayard).

Nous verrons, dans un autre texte extrait également du Siècle de Louis XV *(voir p. 215), que Law, grisé par le succès, se laissa entraîner, par la suite, à des spéculations hasardeuses. Le système devait aboutir à la faillite.*

1. Moteur : tout ce qui produit un mouvement (l'eau, le gaz, etc.) ; appareil qui produit un travail mécanique (*le moteur d'auto*) ; ici, stimulant. — **2. A sa guise :** comme il veut (*la guise :* la manière). — **3. Fixité** (fém.) : caractère de ce qui est fixe, de ce qui ne varie pas. — **4. Apologie** (fém.) [d'un mot grec signifiant « défense »] : discours qui loue (célèbre les avantages d') une personne ou une chose. — **5. Dialectique** (fém.) [d'un mot grec signifiant « discuter »] : à l'origine, art du dialogue et de la discussion ; aujourd'hui, ce mot désigne le plus souvent (comme ici) la démarche rigoureuse d'une pensée qui expose puis résout les contradictions. — **6. Flottant** (de *flotter*) : vague, instable. — **7. Panique** (fém.) [du dieu *Pan*, à qui les Grecs attribuaient l'habitude de faire des apparitions subites qui jetaient l'effroi] : ici, affolement collectif. — **8. S'évanouir :** au sens propre, perdre connaissance ; ici, disparaître subitement. — **9. Castor** (masc.) : petit animal de la famille du rat, dont la fourrure est très prisée. — **10. Indienne** (fém.) : toile de coton légère, colorée par impression, comme on en fait en Inde. — **11. Epices** (fém.) : substance aromatique (poivre, muscade, gingembre) pour l'assaisonnement des mets. Autrefois, l'*épicier* était celui qui vendait des épices. Maintenant, il vend toutes sortes de denrées alimentaires. — **12. Aides** (fém. pl.) : impôts indirects avant 1789. — **13. Grenier** (masc.) [vient du mot *grain*] : la partie la plus haute d'une maison, où l'on range les *grains* ; ici, endroit où la gabelle rapporte le plus. — **14. Gabelle** (fém.) : impôt sur le sel avant 1789. Chaque citoyen devait acheter une certaine quantité de sel par an (le sel du devoir). — **15. Empiétement** (masc.) [de *pied*] : action d'*empiéter* (de s'étendre de plus en plus).

Etude du texte

A. Faites le plan de ce texte. — **B.** Résumez-le en 200 mots. — **C.** Répondez aux questions suivantes : **1.** Quel était le but du système de Law ? — **2.** Pourquoi les finances de la France étaient-elles alors dans un état aussi désastreux ? — **3.** Quel était, selon Law, le rôle de la monnaie ? — **4.** La valeur de la monnaie métallique est-elle constante ? — **5.** Quels sont les inconvénients de la monnaie-métal ? — **6.** Quels sont les avantages de la monnaie-papier ? — **7.** A quoi sert l'encaisse métallique ? — **8.** Quand dit-on que le cours est forcé ? — **9.** Quel est l'avantage du crédit bancaire ? — **10.** Qu'a fait Law pour mieux contrôler les besoins monétaires du pays ? — **11.** Quel a été le rôle joué par la banque de Law ? — **12.** Quel est l'organisme qui émet les billets de banque en France maintenant ?

Sujets d'essai

1. On dit souvent que les billets de banque sont des billets à ordre souscrits par la Banque de France. Pourquoi ? Est-ce tout à fait exact actuellement ? — **2.** Quel est le rôle joué par le crédit dans le commerce moderne et dans la vie privée ?

Vue aérienne partielle du port de Bordeaux (Phot. Ray-Delvert)

Importation et exportation

35. Le crédit documentaire

Le rôle du crédit est de plus en plus important dans le développement du commerce et de l'économie en général. Il est devenu la fonction essentielle des banques. Pour faciliter le commerce d'exportation, le banquier ouvre à ses clients des crédits « à court terme », qui sont garantis par les documents de transport (facture, connaissement, police d'assurance).

Le vendeur est un *négociant* étranger qui désire, dès la *passation* du contrat, avoir la certitude que le marché sera bien *exécuté* et qu'il recevra son paiement rapidement, c'est-à-dire, en fait, avant de s'être dessaisi [1] de la marchandise. Il ne peut se contenter de l'engagement de son acheteur, dont il est difficilement en mesure de connaître le *crédit* ; il peut craindre des modifications dans la situation de ce dernier et des tentatives de se dérober [2] à l'exécution du marché.

L'*importateur* français, de son côté, ne peut payer, la plupart du temps, que lorsqu'il aura reçu la marchandise.

Les exigences du vendeur et de l'acheteur paraissent donc contradictoires [3].

Le problème, pour être résolu, implique [4] l'intervention d'un troisième personnage, qui sera le *banquier* de l'acheteur et qui va se substituer à ce dernier pour assurer le *financement* de l'*importation*. Désormais, le vendeur étranger trouve en face de lui, pour le règlement de sa vente, un banquier qui s'interpose entre lui et l'acheteur pour tout ce qui touche au règlement des marchandises. Le banquier de l'acheteur s'engage directement envers le vendeur à régler pour le compte de son client le prix des marchandises faisant l'objet du contrat. Le vendeur étranger peut donc désormais, en toute sécurité, engager les dépenses que comporte pour lui l'*exécution* du marché. Au moment de l'embarquement [5], il est certain de toucher effectivement le prix des marchandises expédiées.

Quant à l'acheteur, au lieu de payer son vendeur immédiatement, il réglera son banquier à l'*échéance* convenue, c'est-à-dire, en principe, quand les marchandises arriveront au port de destination.

Le *crédit documentaire* comporte donc essentiellement un crédit sur les marchandises fait à l'importateur par son banquier. Le banquier qui ouvre le crédit *finance* l'acquisition des marchandises. L'expédition par mer de celles-ci donne lieu à l'établissement d'un certain nombre de documents qui les représentent et qui sont remis au banquier qui a réglé le vendeur ; ils établissent le droit de *gage* du banquier sur les marchandises.

En pratique intervient enfin un quatrième personnage qui est un banquier du pays vendeur et qui peut jouer un double rôle dans les opérations :

— d'une part, il sert de *correspondant* au banquier de l'acheteur pour tout ce qui concerne la réalisation matérielle du crédit ; c'est, de ce point de vue, un simple *mandataire* du banquier de l'acheteur ;

— d'autre part, il peut intervenir pour confirmer le crédit ouvert par le banquier de l'acheteur, afin de donner une plus grande sécurité au vendeur. Dans ce cas, le correspondant met en jeu [6] son crédit propre envers le vendeur.

Ainsi donc, le crédit documentaire est une opération de banque à quatre personnages : deux commerçants, le vendeur étranger et l'importateur français ; deux banquiers, le banquier français et son correspondant à l'étranger.

Mais, en définitive, le poids [7] du crédit repose essentiellement sur le banquier de l'acheteur.

Les documents. Le crédit documentaire est ainsi défini parce que son ouverture et sa réalisation sont inséparables de certains documents qui constituent de façon précise la garantie du banquier qui a ouvert le crédit. Il repose tout entier sur l'existence, la possession et le *transfert* de ces documents. Tant que les marchandises voyagent, il n'est pas possible de constituer une avance sur marchandises dans les formes habituelles. Par contre, un droit de gage peut être créé par la détention [8] des documents de voyage représentatifs de la marchandise : le *connaissement*, la *police d'assurance* et la *facture*. [...]

A l'arrivée des marchandises, trois possibilités se présentent :

— Le banquier est remboursé par l'acheteur — ce qui est le cas normal — au moment de l'arrivée des marchandises au port ; dans ce cas, il remet les documents contre remboursement et le crédit documentaire prend fin ;

— Le banquier n'a pas été remboursé, mais, en considération de la surface du client [9], il consent, malgré tout, à se dessaisir des documents. Le crédit documentaire prend fin en tant que *crédit gagé* et se transforme en un *découvert* pur et simple. Cependant, ce crédit conserve une supériorité sur le découvert ordinaire, car le banquier connaît la destination précise de ses *fonds* ;

— Le banquier n'a pas été remboursé et il désire conserver son droit de gage sur les marchandises importées. Dans ce cas, le crédit documentaire va se transformer en une avance sur marchandises (ou, le cas échéant, en un *escompte* de *warrant*).

HENRI ARDANT, *Introduction à l'étude des banques et des opérations de banque* (Dunod).

1. Se dessaisir (2e gr.) : céder volontairement ce que l'on avait en sa possession (le *dessaisissement*). [Contraire : *se saisir*.] — **2. Dérober** (de l'ancien français *rober*, voler ; en anglais *robber*, voleur) : prendre furtivement ce qui appartient à une autre personne. *Se dérober :* éviter de faire quelque chose qui déplaît. — **3. Contradictoire** (de *contredire*, dire le contraire) : en opposition. — **4. Impliquer** : entraîner nécessairement. — **5. Embarquement** (masc.) [de *barque*] : action de mettre ou de monter à bord d'un navire ; ici, chargement des marchandises sur le bateau. — **6. Mettre en jeu :** engager. — **7. Poids:** ici, responsabilité. — **8. Détention** (fém.) [du verbe *détenir*, tenir en sa possession] : possession. *Détenteur :* possesseur. — **9. Surface du client :** crédit dont jouit le client, sa solvabilité.

Etude du texte

A. Faites le plan de ce texte. — **B.** Résumez-le en 200 mots. — **C.** Répondez aux questions suivantes : **1.** Pourquoi l'exportateur ne peut-il se contenter de l'engagement de son acheteur ? — **2.** Que peut-il craindre ? — **3.** Quel est l'intermédiaire indispensable entre l'exportateur et l'importateur ? — **4.** Quel est son rôle ? — **5.** L'importateur est-il obligé de payer immédiatement le vendeur ? — **6.** Quels sont les documents qui garantissent le paiement des marchandises ? — **7.** Quelles sont les personnes qui interviennent dans l'établissement du crédit documentaire ? — **8.** Quel est le rôle du banquier de l'exportateur ? — **9.** Si le banquier est remboursé par l'acheteur à l'arrivée des marchandises, que fait-il des documents ? — **10.** Que fait le banquier si un client en qui il a entière confiance ne peut le payer dès l'arrivée des marchandises au port ? — **11.** Que fait le banquier si un client en qui il n'a pas entière confiance ne peut le payer tout de suite ? — **12.** Comment s'appelle le document qui est remis au commerçant qui dépose ses marchandises aux magasins généraux ?

Sujets d'essai

1. Quelle différence faites-vous entre un *gage*, une *hypothèque*, un *nantissement ?* Donnez des exemples précis. Montrez les avantages et les inconvénients de ces contrats. — **2.** Quels sont les différents moyens de régler les achats à l'étranger actuellement ? A l'aide d'exemples précis, expliquez leur fonctionnement.

36. La prospection des marchés extérieurs

Le passage suivant étudie les difficultés auxquelles se heurte l'exportateur dans la prospection des marchés extérieurs, et plus spécialement dans l'étude du marché. C'est une tâche délicate qui requiert des qualités spéciales et des investissements importants, mais qui est indispensable à la bonne marche de l'entreprise.

L'étude du marché proprement dit nécessite un service spécialisé, qui aura pour tâche de réunir et d'analyser des informations spécifiques [1], relatives au produit exporté sur un marché déterminé. Néanmoins, les méthodes d'*investigation* les plus perfectionnées, telles que les *sondages*, le contact direct avec le consommateur, ne sont pas toujours à la portée des entreprises exportatrices, même assez importantes.

Ce genre d'études demande un personnel spécialisé. De nombreuses sociétés ont un service propre d'études de marchés, d'autres utilisent les services d'organismes de recherche privés. Bien que ce dernier système soit assez *onéreux*, il peut être nécessaire s'il faut employer des moyens d'investigation assez puissants. Toutefois, l'exportateur devra examiner avec soin les références de la société d'études sur le marché où il se propose de l'employer. Les organismes de recherche privés n'existent pas dans tous les pays étrangers ; aux Etats-Unis, ils sont bien équipés, mais leurs services sont coûteux ; en Europe occidentale, ils se sont beaucoup développés depuis la guerre, et l'institution du *Marché commun* leur a donné un nouvel *essor*.

Etant donné les frais élevés des études de marchés étrangers, leur réalisation en commun peut présenter des avantages. Elle se conçoit facilement pour des industriels qui ont décidé de grouper sur tous les plans leurs efforts à l'exportation, mais, si chaque entreprise doit exploiter individuellement le marché qu'ils explorent ensemble, il devient plus difficile de partager les informations les plus précises, car elles peuvent être un élément de la politique de vente de celui qui les recueille et devenir alors un secret commercial.

Dans la majorité des cas, les informations les plus importantes et les plus précises ne peuvent être recueillies que sur place. L'investigation personnelle dans le pays étranger est le moment le plus important de la *prospection*. Elle peut être faite soit à l'occasion de voyages d'études, soit au cours de *tournées* de prospection où les responsables des entreprises établissent les contacts préparatoires en vue de la mise en place d'un *réseau de distribution*. La valeur de ces voyages dépend évidemment de l'aptitude de l'exportateur à établir le dialogue, c'est-à-dire à fournir lui-même des informations intéressantes pour l'*homme d'affaires* résidant dans le pays, de qui il attend, en échange, des précisions sur le *marché local*.

Les correspondants ou les représentants choisis lors de ces tournées fourniront par la suite des données continues sur l'état du marché. Cette dernière source d'informations est essentielle pour l'entreprise qui veut être prévenue à temps d'un projet industriel, d'une *adjudication publique*, des changements prochains dans la demande ou la distribution, enfin des tentatives nouvelles de la concurrence.

Le coût de la prospection est généralement élevé. Les dépenses de prospection comprennent non seulement les frais des études de marché, mais ceux des voyages destinés à choisir un réseau de distribution, les frais de mise en place de celui-ci et ceux de la publicité préalable. L'ouverture d'un bureau, la constitution d'un stock sur place avant le début des ventes, l'envoi de *matériel de démonstration*, la circulation des *échantillons* (elle suppose souvent le dépôt des droits de douane, qui seront ultérieurement remboursés à la sortie, la rémunération de l'agent (qui sera, au début, un fixe [2] garanti), sont autant d'*immobilisations* qui peuvent se poursuivre pendant plusieurs années avant que le succès ne vienne les justifier.

Pour lever les hésitations des exportateurs devant les aléas [3] d'une campagne de prospection, les *pouvoirs publics* ont été conduits, dans différents pays, à en encourager plus ou moins directement la réalisation.

L'information sur les marchés extérieurs remplit une fonction essentielle au sein de l'entreprise exportatrice. Sa valeur dépend non seulement de la qualité des renseignements que réunit le service d'études, mais aussi de l'interprétation qui en est donnée. Il est donc essentiel que le service d'études soit à la portée du chef d'entreprise, afin que celui-ci puisse décider les mesures d'adaptation de son organisation avec une connaissance directe des exigences particulières de l'exportation.

ALAIN DANGEARD, *Technique de l'exportation* (P. U. F.).

1. Spécifique : concernant spécialement un certain sujet. — **2. Fixe** (masc.) : salaire fixe. — **3. Aléa** (masc.) : risque, hasard.

Etude du texte

A. Faites le plan de ce texte. — **B.** Résumez-le en 200 mots. — **C.** Répondez aux questions suivantes : **1.** En quoi consiste le travail du service chargé de l'étude du marché ? — **2.** Quels sont les différents moyens employés pour la prospection des marchés extérieurs ? — **3.** Pourquoi ce genre d'études nécessite-t-il un personnel qualifié ? — **4.** Pourquoi les sociétés d'études sur le marché se sont-elles beaucoup développées en Europe occidentale depuis quelques années ? — **5.** Pourquoi les industriels cherchent-ils à se grouper pour faire des recherches à ce sujet ? — **6.** Comment l'exportateur peut-il obtenir des renseignements importants sur le marché ? — **7.** Est-il possible d'obtenir les renseignements les plus importants dans le pays même de l'exportateur ? — **8.** De quoi dépend la valeur des renseignements obtenus au cours des voyages dans les pays importateurs ? — **9.** Qui est chargé de faire des tournées dans ces pays ? — **10.** Pourquoi le coût de la prospection est-il très élevé ?

Sujets d'essai

1. Quel est le rôle du service chargé de l'étude du marché ? Quels sont les problèmes qu'il pose ? Pourquoi est-il devenu indispensable dans une entreprise ? — **2.** En quoi consiste la prospection ? Quel rôle joue-t-elle dans le commerce intérieur et extérieur ?

37. L'exportation des autos

La « Dauphine », petite voiture Renault de série, a remporté un succès rapide aux Etats-Unis. Nous voyons ici comment a été organisée la vente de ce modèle dans un pays où on ne vendait guère que des automobiles très puissantes. Il a été nécessaire de créer sur place tout un réseau de distribution.

Nous [1] sommes installés en Allemagne, en Angleterre, en Italie, mais c'est aux Etats-Unis que notre réussite a été la plus inattendue, la plus exaltante. Pour bien le comprendre, il faut savoir que, dans l'année 1952, nous avions expédié en tout et pour tout cent véhicules aux Etats-Unis. Nous voulions, dès cette époque-là, être présents sur tous les points du globe malgré la faiblesse de nos moyens. Tandis que nous nous efforcions de maintenir tant bien que mal notre *réseau* de *concessionnaires* américains en leur faisant vendre des 4 CV [2], qui n'avaient pas — il faut bien l'avouer — la faveur des automobilistes d'outre-Atlantique, [...] les techniciens, chez nous, préparaient avec fièvre la sortie de la « Dauphine » [3]. Cette dernière fut conçue, certes, pour répondre aux souhaits de la clientèle française, qui, par suite de l'augmentation des naissances, désirait une voiture plus spacieuse, plus familiale, mais aussi — vous l'ignorez peut-être — pour tenir compte du vœu encore indécis de quelques Américains. Le *lancement* de la « Dauphine » eut lieu en mars 1956. Les programmes de production prévus dès ce moment pour les années 1957 et suivantes nous assuraient de pouvoir servir le marché américain sans affaiblir pour autant nos positions traditionnelles dans les pays du *Marché commun.* De ce côté, il convenait même d'accentuer notre effort pour retrouver — et dépasser ! — les ventes que nous ferait perdre en France l'arrivée de modèles étrangers à des prix abordables.

Malgré notre angoisse, nos prévisions pour 1957 se révélèrent à peu près exactes, encore que timides : nous pensions exporter vingt-cinq mille « Dauphines », nous en exportâmes vingt-six mille, plus quatre mille 4 CV, sur lesquelles nous ne comptions guère. Bref, ayant assuré nos arrières [4] et acquis la conviction que nous ne manquerions pas de ventes par insuffisance d'*approvisionnement*, nous commençâmes à *implanter* notre réseau. Quand on veut se tailler une place [5] dans un marché nouveau, il faut savoir et pouvoir faire des sacrifices pendant un ou deux ans. Or, un importateur ordinaire, fût-il très à l'aise dans sa *trésorerie*, se montre toujours pressé de recueillir le fruit des *capitaux* qu'il a *investis*. Il nous apparut donc préférable d'adopter le système de la *filiale*. Ayant liquidé notre ancienne filiale datant de 1908, la Renault Selling Branch [6], nous l'avons remplacée par la Renault Incorporated [7], société de droit américain, ayant pour président un directeur de chez nous, mais dont le *conseil d'administration* est partie américain et partie français. D'année en année, cette société a accru ses effectifs et s'est, pour ainsi dire, américanisée. Tous les gens du service des ventes sont, bien entendu, des nationaux locaux. Nous avons créé cinq *directions* générales décentralisées (à New York, Jacksonville, Dallas, San Francisco, Chicago) pour suivre de plus près l'action des *distributeurs* et des *vendeurs*. Le distributeur a pour mission de *promouvoir la vente* et l'*après-vente* dans la zone qui lui est départie. Donc, d'une part, il joue un rôle financier, puisqu'il nous *achète ferme* les voitures et les pièces de rechange [8] ; d'autre part, il joue un rôle commercial, puisque, dans son secteur, il recrute et fait travailler un réseau secondaire de vendeurs. Parallèlement à cet effort pour l'organisation de la vente, notre filiale développe, pour l'organisation d'après-vente, un effort d'autant plus nécessaire que la *main-d'œuvre* américaine ignore tout de la conception technique des voitures européennes. Des collaborateurs français itinérants [9] se rendent d'un *agent* à l'autre pour éduquer le personnel, aménager les ateliers et veiller au bon emploi des pièces détachées [8]. Vous voyez d'ici la difficulté : tous ces hommes doivent être d'excellents mécaniciens et parler couramment l'anglais ! Outre ces instructeurs qui vont sur place, nous avons à New York une école de formation des *cadres supérieurs*, où nous recevons en *stage* soit de futurs moniteurs [10], soit les chefs d'atelier des agents importants. Grâce à cette politique de surveillance technique étroite et de large approvisionnement en pièces de rechange, les clients américains se sentent aussi bien protégés par nous dans l'après-vente qu'ils le seraient par une grande firme de leur pays.

Ajoutez à cela qu'habitués à la puissante voiture américaine, longue, lourde, surchargée de nickels[11] éblouissants, ils ont un élan de sympathie pour la petite voiture élégante, sobre, légère, économique que nous leur proposons.

HENRI TROYAT, *Naissance d'une « Dauphine »* ((c) Gallimard).

1. Nous : les directeurs des usines Renault qui font ce compte rendu. — **2. 4 CV** (4 chevaux) : petite auto Renault très économique. — **3. « Dauphine » :** 5 chevaux Renault, modèle un peu plus grand que la 4 CV. — **4. Assurer ses arrières** en temps de guerre : organiser, selon les besoins de l'armée, le territoire situé en arrière de la zone des combats ; ici, prendre des dispositions pour ne pas se trouver démuni. — **5. Se tailler une place :** se faire une place avec de grandes difficultés. — **6. Selling Branch :** mot anglais qui signifie « succursale de vente ». — **7. Incorporated :** mot anglais que les sociétés américaines ajoutent à leur raison sociale. — **8. Pièces de rechange :** pièces supplémentaires qu'on peut utiliser en cas de panne, pour remettre la voiture en marche. *Pièces détachées :* pièces qui seront montées pour fabriquer une machine. — **9. Itinérant** (ou **ambulant**) : qui se déplace sans cesse. (Contraire : *sédentaire.*) — **10. Moniteur :** personne chargée de guider, d'enseigner, de donner des avis. — **11. Nickels :** accessoires faits en nickel dans les autos de luxe.

Etude du texte

A. Faites le plan de ce texte. — **B.** Résumez-le en 200 mots. — **C.** Répondez aux questions suivantes : **1.** Quel est le rôle des concessionnaires ? — **2.** Pourquoi, au début, les Américains n'ont-ils pas très bien accueilli les petites autos Renault ? — **3.** Pourquoi Renault a-t-il remplacé sa filiale par une société de droit américain ? — **4.** Comment la maison Renault a-t-elle pu exercer une surveillance sur ses vendeurs aux Etats-Unis ? — **5.** Quelle est l'utilité des services après vente pour les autos ? — **6.** Comment appelle-t-on le personnel qui se déplace sans cesse ? — **7.** Comment appelle-t-on le personnel qui reste toujours à la même place ? — **8.** Comment appelle-t-on la partie du personnel chargée de la direction et du contrôle des autres employés ? — **9.** En quoi consiste le travail des moniteurs dans une usine ? — **10.** Quelles qualités doivent posséder les collaborateurs de la maison

Renault chargés d'organiser l'après-vente ? — **11.** Quels sont les caractères propres à la plupart des autos américaines ? — **12.** Les Américains ne fabriquent-ils pas de petites autos eux-mêmes maintenant ?

Sujets d'essai

1. Avez-vous déjà visité une usine d'autos ou d'un autre article ? Décrivez-la et expliquez-en l'organisation. — **2.** Qu'est-ce que la promotion des ventes ? Quels moyens emploie-t-elle pour atteindre son but ?

38. Le Marché commun

Avant même de faire l'histoire du Marché commun, il faut d'abord définir les termes et envisager ses formes possibles : zone de libre-échange et union douanière.

Un *marché commun* est l'inclusion, dans un large ensemble, des sources d'*approvisionnement* et des *débouchés* de plusieurs partenaires [1]. Au cours des siècles, les frontières communales ou provinciales disparaissant et les moyens de communication s'améliorant, les échanges se sont, parallèlement, développés.

Un marché peut être commun à plusieurs villages ou à une région (le marché lyonnais), à un pays (le marché français) ou à un groupe de pays (les Etats-Unis d'Amérique). Il peut ne s'appliquer qu'à un seul produit, comme c'est le cas pour le charbon, le fer et ses dérivés, dans les transactions entre la France et les pays membres de la *Communauté européenne du charbon et de l'acier*, ou, au contraire, s'appliquer à l'ensemble des produits industriels et agricoles, comme c'est le cas pour les trois pays du *Benelux*.

Sous réserve que les facilités de communication et de distribution des produits soient assez grandes pour permettre de toucher tous les consommateurs possibles, ce qui exclut pour l'instant l'Inde ou la Chine, on peut constater que plus un *marché* est vaste, plus l'équilibre régional est facilité par la répartition des tâches, mieux les entreprises productrices, même les plus petites, peuvent se spécialiser dans les fabrications les plus avantageuses à la fois pour elles et pour les consommateurs ; quant aux entreprises importantes, elles peuvent produire en plus grandes séries et à meilleur compte. Certaines, même, ne peuvent naître que dans un cadre très large (énergie atomique, aviation) ; les *stocks* sont immobilisés moins longtemps, leur *rotation* favorise aussi les commerçants ; enfin, le *pouvoir d'achat* amélioré facilite l'*épargne* et les *investissements.*

On notera ici, en passant, que si la suppression brutale des *barrières douanières* aussi bien que des restrictions quantitatives est possible, il est généralement préférable de les éliminer progressivement : en ce cas, il est procédé par réduction pour les droits de *douane* et, au contraire, par élargissement pour les *contingents.* C'est ce que l'on appelle la démobilisation [2] douanière et *contingentaire.*

Dans la constitution d'un marché commun à plusieurs pays, on doit noter la différence entre le processus [3] d'*association* et le processus d'*intégration.* Le premier maintient une large autonomie de décision pour chaque participant ; au contraire, le second implique un sérieux abandon de souveraineté [4] au profit d'une autorité commune, et il peut aboutir à la *fusion* totale des économies.

Or, il existe deux principales formules de rapprochement multilatéral [5] entre pays voisins, reconnues par l'« accord général sur les tarifs douaniers et le commerce » (G. A. T. T. [6]), qui régit *de facto* [7] les relations commerciales mondiales : l'une des formules est la *zone de libre-échange*, l'autre l'*union douanière*, qui, toutes deux, mettent en commun les marchés des partenaires, mais dont l'une n'est qu'une association, tandis que l'autre peut se développer jusqu'à l'intégration.

Dans la *zone de libre-échange*, les participants échangent librement leurs produits, mais traitent séparément avec les autres pays, appelés pays tiers [8], il n'y a donc plus de barrières douanières ni de restrictions quantitatives à l'intérieur de la zone (les productions sont échangées librement), mais autour de la zone les barrières extérieures sont de hauteurs différentes, chaque participant de la zone gardant son tarif propre à l'encontre des pays tiers. Et comme les différents pays membres se méfient des détournements [9] de trafic qui pourraient survenir, les contrôles doivent être renforcés aux frontières internes des participants ; sinon la Suisse, par exemple, pourrait inonder la France et l'Italie d'automobiles américaines, entrées ou montées en Suisse en payant les très faibles droits de douane du tarif helvétique.

Dans une *union douanière*, non seulement les productions sont échangées librement entre partenaires comme dans la zone de libre-échange (barrières douanières internes et restrictions quantitatives sont supprimées entre eux), mais, en plus, il est établi un tarif commun vis-à-vis des pays tiers (il y a une barrière extérieure commune), les contrôles internes deviennent inutiles, car toute marchandise venant d'un pays extérieur à l'union paie les mêmes droits quel que soit le port, la ville ou le pays par lequel elle est entrée, et les négociations commerciales avec les pays tiers se font en commun.

L. DE SAINTE-LORETTE, *le Marché commun* (A. Colin),

1. Partenaire (masc.) [de l'anglais *partner*] : personne avec laquelle on est associé dans un jeu, un sport, etc. On emploie le mot *associé* dans une société commerciale. — **2. Démobilisation :** au sens propre, renvoi dans leurs foyers des soldats ; ici, suppression de mesures douanières sévères. — **3. Processus :** mode de fonctionnement. — **4. Souveraineté** (fém.) : pouvoir ou autorité suprêmes. — **5. Multilatéral :** qui s'établit entre plusieurs parties. — **6. G.A.T.T. :** abréviation de l'anglais *General Agreement on Tariffs and Trade*, fondé en 1947. Son but est d'aider au développement des échanges internationaux par réduction des droits de douane. — **7. De facto :** expression latine signifiant « de fait ». S'oppose à *de jure*, « de droit ». — **8. Tiers :** ici, étranger à une affaire. — **9. Détournement :** action de *détourner* (changer la direction). Au sens figuré, *détourner une somme :* la dérober par des moyens difficiles à découvrir.

Etude du texte

A. Faites le plan de ce texte. — **B.** Résumez-le en 200 mots. — **C.** Répondez aux questions suivantes : **1.** Qu'est-ce qu'un marché au sens propre ? — **2.** Pourquoi les échanges se sont-ils développés au cours des siècles ? — **3.** Quel était le but de la C. E. C. A. ? — **4.** Quel est le but du Benelux ? — **5.** Quel avantage présente pour les entreprises productrices la constitution de vastes marchés mondiaux ? — **6.** Les commerçants tirent-ils aussi avantage de ces marchés ? — **7.** Que font de leur argent les particuliers lorsque leur pouvoir d'achat augmente ? — **8.** Comment peut-on procéder pour supprimer progressivement les barrières douanières ? — **9.** Quel est le but du G. A. T. T. ? — **10.** Quelles sont les deux formes de marché commun ? — **11.** Pourquoi les contrôles aux frontières internes doivent-ils être sévères dans les zones de libre-échange ? — **12.** Pourquoi les contrôles aux frontières internes sont-ils inutiles dans les unions douanières ?

Sujets d'essai

1. Pourquoi est-il devenu indispensable aux pays du monde entier de former entre eux des organisations internationales ? L'*isolationnisme* est-il possible de nos jours ? — **2.** Que savez-vous du développement du Marché commun ? Quelles en sont les conséquences ? Quelles sont, selon vous, ses perspectives d'avenir ? — **3.** Quels sont les produits que la France importe actuellement et d'où les importe-t-elle ? Quels sont ceux qu'elle exporte et où les exporte-t-elle ?

39. Les organisations européennes

L'idée de l'Europe unie remonte au début de ce siècle. Elle visait à instituer des Etats-Unis d'Europe, capables de faire face aux Etats-Unis d'Amérique. Mais c'est après la Seconde Guerre mondiale que nous avons vu un grand nombre d'organisations européennes apparaître, telles que l'O.E.C.E. (aujourd'hui O.C.D.E., voir Glossaire), la C.E.C.A., le Marché commun, etc. Dans le passage suivant, l'auteur explique la formation de ces organisations et le but qu'elles visent.

Après la Seconde Guerre mondiale, à Genève, les Nations unies concluent laborieusement un accord général sur les tarifs (General Agreement on Tariffs and Trade, G. A. T. T.), qui pose des principes d'honnêteté, condamne à terme les préférences et tend à modérer les excès les plus flagrants [1]. A La Havane, un ambitieux projet de charte [2] commerciale se heurte aux objections des fidèles du *protectionnisme*.

A l'échelle européenne; et en laissant faire le temps, les résultats sont meilleurs. L'Organisation européenne de coopération économique (O. E. C. E.), instituée pour répartir l'aide américaine, entreprend de favoriser la *libération des échanges*, qu'entravent alors les contrôles monétaires et les *contingents*. Par étapes, elle parvient à ses fins. En même temps, elle facilite les règlements entre ses membres par la création de l'Union européenne de paiements (U. E. P.), qui *compense* dans ses comptes les *soldes* positifs et négatifs, et *octroie* des crédits aux nations déficitaires. Neuf années durant, aussi longtemps que les grandes monnaies restent *inconvertibles* en dollars, O. E. C. E. et U. E. P. donnent à l'Europe des moyens d'échanges, autrement que dans le tête-à-tête des nations.

Ne saurait-on aller au-delà, et abattre vraiment les *barrières douanières* ? [...]. Les pays scandinaves projettent une union : échec [3] ; Grèce et Turquie s'y essaient à leur tour : échec ; France et Italie n'ont pas plus de bonheur. Seul se concrétise tant bien que mal un projet entre Belgique, Pays-Bas et Luxembourg (*Benelux*). Il apparaît clairement que les

Etats de l'Europe, séparés par leur passé ou leur présent, n'ont de chance de se souder que s'ils trouvent un fédérateur [4] (tel que fut la maison capétienne [5] pour la France, Bismarck [6] avec la Prusse pour l'Allemagne, Cavour [7] avec la maison de Savoie pour l'Italie), ou s'ils sont rapprochés par un péril pressant (comme le péril autrichien pour les cantons suisses, le péril anglais pour les colonies américaines). En l'absence du fédérateur ou de la menace extérieure, les Etats-Unis d'Europe relèvent de l'utopie [8]. [...]

A la suggestion de Jean Monnet, le ministre français des Affaires étrangères Robert Schumann propose de créer entre la France et l'Allemagne fédérale une communauté du charbon et de l'acier, ouverte aux autres pays d'Europe : première assise d'une Fédération européenne, jugée indispensable à la sauvegarde de la paix. A la France et à l'Allemagne se joignent Italie, Pays-Bas, Belgique et Luxembourg; ces six Etats concluent le traité de Paris, grâce auquel, entre eux, sont abolies les frontières pour le charbon, le minerai de fer, la ferraille et l'acier. C. E. C. A., chef-lieu Luxembourg. La preuve est faite qu'un *marché commun* est possible.

Les Six [9] en discutent... et, en 1957, dans l'année même où les Soviets étonnent le monde en lançant dans l'espace un premier satellite autour de la Terre, la *Communauté économique européenne* (*C. E. E.*) est scellée [10] à Rome : six nations s'engagent à réduire progressivement droits de *douane* et *contingents*, jusqu'à élimination complète, et à adopter par étapes un tarif extérieur commun, calculé sur la moyenne des tarifs alors en vigueur. Leur objectif est de faire de leurs marchés internationaux un marché unique, où les hommes, les marchandises et les capitaux circuleront librement.

Le traité de Rome entre dans les réalités, sans que soient résolus tous les problèmes qu'il pose. Faute de choisir entre quatre langues, la Communauté reste polyglotte [11]. Faute de désigner une capitale, elle bivouaque [12] à Bruxelles. Mais les contingents douaniers disparaissent, les tarifs s'abaissent, les administrations européennes s'installent. Désormais, l'organe crée la fonction. L'Europe nourrit trop de fonctionnaires pour que ceux-ci ne tiennent pas à sa survie.

Dans le reste de l'Europe, le Marché commun suscite

l'envie. Grèce et Turquie s'y associent. La Grande-Bretagne a refusé d'y entrer[13], comme elle a refusé d'entrer dans la Communauté européenne du charbon et de l'acier, parce qu'elle commerce plus avec le Commonwealth [14] qu'avec le continent européen. En guise de consolation, elle suscite la naissance d'une *zone de libre-échange*, qui la liera à quelques absents du Marché commun : Suisse, Autriche, Portugal, pays scandinaves. Au sein de cette zone, les droits sont progressivement réduits ; mais aucun tarif extérieur unifié n'est prévu, et aucune institution communautaire ne risque d'amoindrir la souveraineté de chaque Etat. [...]

René Sédillot, *Histoire des marchands et des marchés* (Fayard).

1. Flagrant : évident, incontestable. — **2. Charte** (fém.) [du latin *carta*, papier] : ancien texte accordant des privilèges ; ici, accord conclu entre plusieurs pays. — **3. Echec :** voir p. 104. — **4. Fédérateur :** chef d'Etat qui opère un groupement de plusieurs Etats sous son autorité. — **5. Maison capétienne :** famille française issue de Robert le Fort (IXe siècle) ; elle a donné un grand nombre de souverains qui ont peu à peu constitué l'unité française. Le premier à avoir porté le nom est Hugues *Capet*. — **6. Bismarck :** chancelier de Prusse et fondateur de l'unité allemande (1815-1898). — **7. Cavour :** homme d'Etat italien, promoteur de l'unité italienne (1810-1861). — **8. Utopie** (fém.) : système ou projet qui paraît irréalisable. — **9. Les Six :** les six pays du Marché commun : la France, l'Allemagne, l'Italie et les trois pays du Benelux (Belgique, Pays-Bas et Luxembourg). — **10. Scellé :** conclu, confirmé (comme avec un *sceau*). — **11. Polyglotte** (du grec *polus*, plusieurs, et *glôtta*, langue) : qui parle plusieurs langues. — **12. Bivouaquer :** camper en plein air (c'est-à-dire, ici, provisoirement), comme les militaires. *Bivouac :* campement en plein air. — **13.** Elle y est entrée en 1973. — **14. Commonwealth :** ensemble des territoires issus de l'ancien Empire britannique.

Le texte précédent date de 1964. Depuis lors, il s'est produit de grands changements en Europe. En janvier 1973, le Royaume-Uni, le Danemark et la république d'Irlande sont entrés dans le Marché commun.

Nous avons donc jugé indispensable d'y adjoindre un texte plus récent qui donne un aperçu de la situation actuelle du Marché commun, avec toutes les difficultés qu'il rencontre et les discussions qu'il suscite.

Le Marché commun, depuis sa création, porte en lui ses espérances et ses contradictions. Pendant dix ans, de 1958 à 1968, il a vécu, au fil des étapes qu'il s'était fixées, une expérience réussie dans un certain sens : il est parvenu à imposer, par l'abaissement progressif des droits de douane et par la suppression des *contingents*, le libre-échange et un développement extraordinaire du commerce extérieur. Pour ce faire, il a dû lutter contre la doctrine vieillie du *protectionnisme* qu'on avait vu « refleurir » à maintes reprises au cours du XXe siècle, chaque fois qu'une amorce de crise menaçait la dynamique d'une économie jeune et en pleine expansion.

Le Marché commun est devenu adulte, à la fin de la réalisation de l'union douanière (1968-1970). En même temps que le niveau de vie s'élevait et que les besoins s'accroissaient, il a accru ses ambitions en énonçant les principes de conduites nouvelles sur le plan politique, social, régional, agricole, écologique [1]..., qui furent élaborées vers les années 1970 et mises en application vers 1973 pour la plupart. Le Marché commun, soucieux de ses futures réalisations, négligea alors les contradictions, les décalages, les différences qui se développaient et se nourrissaient en son sein, entre pays riches et moins riches, régions développées et moins développées [2], entre secteurs de pointe [3] et secteurs retardataires.

Sous le jeu conjugué de la libre concurrence et d'une politique plus ou moins contrôlée de ces divergences, la quasi-égalité [4] des forces en présence au départ a produit des inégalités et distorsions s'amplifiant au cours du temps.

L'échec de la politique régionale et des politiques communes [5] est imputable à l'absence de l'esprit et de la foi dont le Marché commun était animé à sa création, au nationalisme des différents pays concernés [6], à l'appât d'un profit immédiat pour quelques firmes dominatrices et, enfin, aux tracasseries [7] de mise en place des différentes politiques proposées.

Au total, le bilan de l'Europe aujourd'hui est une réussite de l'argent au profit de certaines firmes européennes et américaines, et celle-ci est d'autant plus inquiétante qu'elle asservit les Etats à la stratégie de ces firmes. En outre, le Marché commun s'est fixé des objectifs sans s'en donner les moyens. Un faisceau de politiques [8] dispersées ne peut se réaliser que replacé dans le cadre d'une politique commune supranationale ayant pour base un parlement européen légiférant [9] et exécutant [10], et ce dernier pouvoir est fondamental.

Faute d'un pouvoir supranational (confédération), l'Europe ne sortira pas de ses contradictions actuelles, restera éternellement légiférante et velléitaire[11], chaque pays pratiquant une politique bilatérale à l'égard des pays tiers (par exemple il ne s'est institué aucune politique commune aérospatiale). Seul un parlement européen, une langue nouvelle, un échange au niveau des jeunes générations, un effacement progressif des nationalités et une réelle bonne volonté permettraient à l'Europe de se construire et de s'imposer. Or, actuellement, ses hésitations, ses déceptions, ses contradictions laissent le champ libre à une emprise étrangère sous forme de capitaux en *portefeuille* ou de capitaux directs, insinuants, sournois, et qui fait de plus en plus reculer le moment de la véritable construction de l'Europe.

MICHÈLE SIMONIN.

1. **Ecologique :** qui a trait à l'écologie (étude des êtres vivants en fonction du milieu naturel où ils vivent). — 2. **Régions développées et moins développées :** par exemple, le Mezzogiorno (ensemble des régions méridionales de l'Italie, qui sont encore très pauvres) et l'Italie du Nord, qui est très riche et industrialisée. — 3. **Secteur de pointe :** v. tome II, p. 68, note 9. — 4. **Quasi-égalité** (fém.) : égalité presque totale. — 5. **Les politiques communes,** conçues en 1973 et 1974, sont : la politique agricole ou Marché commun vert, le Fonds européen de coopération monétaire, la politique sociale, la politique régionale, la politique de l'environnement, la politique concernant les pays en voie de développement, la politique des échanges mondiaux, la politique technologique et industrielle. — 6. **Le nationalisme des différents pays concernés :** en effet, en cas de crise, chaque pays réagit, dans les vingt-quatre heures, individuellement, sans concertation au sommet à Bruxelles. Exemples : relèvement du taux d'escompte des banques centrales; contingents sur certains produits (réfrigérateurs, vins italiens, etc.). — 7. **Tracasseries** (fém.) : difficultés d'ordre pratique ou administratif. — 8. **Faisceau** (masc.) **de politique :** des politiques diverses dont la réunion compose un ensemble solide et puissant. — 9. **Légiférant** (vient du verbe *légiférer*, établir des lois). Le *pouvoir législatif* est celui qui a pour mission de faire les lois dans l'Etat. — 10. **Exécutant :** qui exécute un ordre, une besogne. Le *pouvoir exécutif* est chargé de l'exécution des lois et de l'administration de l'Etat. — 11. **Velléitaire :** qui est incapable de réaliser ce qu'il *veut* faire.

Faites le plan de ces deux textes et résumez-les en 300 mots.

Les banques

40. Origine et rôle des banques

Les pratiques bancaires étaient déjà en usage parmi les Phéniciens, les Grecs et les Romains. Elles se sont ensuite développées au Moyen Age et pendant la Renaissance. Mais les banques n'ont fait réellement leur apparition en Europe qu'au XVIIIe siècle. Avec l'évolution du monde économique, elles ont été appelées à remplir différentes fonctions qu'étudie successivement le texte suivant.

Au XVIIIe siècle, de nombreuses *banques* privées se créent en Europe, sauf en France, où le désastre de l'Ecossais Law[1] en retarde le développement. Par contre, les maisons de commerce françaises prennent une importance grandissante non seulement en Europe, mais dans le monde, où s'imposent leur crédit, leur esprit d'entreprise et leurs créations. Plusieurs d'entre elles fondèrent dans la seconde moitié du siècle la Caisse d'*escompte*, la Caisse des *comptes courants*, la *Banque de France*.

Dans le monde moderne, les *banques de dépôt* font apparaître des banquiers qui ne cherchent pas à accroître démesurément les capitaux qu'ils possèdent, mais à sauvegarder[2] les capitaux qu'on leur confie. Leur tâche n'est pas de préparer l'avenir économique du monde, mais bien d'assurer, à la satisfaction des *épargnants* et des chefs d'entreprise, la conservation des capitaux *disponibles* en même temps que leur utilisation rationnelle[3].

Cette banque nouvelle accorde infiniment moins de place à la *spéculation*, aux combinaisons[4] financières hardies, savantes et secrètes. Ce qui l'occupe, ce n'est plus de réaliser sur l'accidentel[5] des profits qui tiennent plus à l'habitude du joueur qu'à l'importance et à la nature de la mise[6], mais bien de collecter, par une organisation aussi parfaite qu'il se peut, tous les dépôts que l'économie nationale accumule et de les faire servir aux besoins de *trésorerie* que la marche du commerce et de l'industrie suscite.

Le personnage du banquier tend, d'autre part, à se transformer, non seulement parce que l'Etat, se faisant banquier en instaurant [7] des établissements privilégiés et rattachés d'une manière plus ou moins directe à ses administrations, crée des banquiers *fonctionnaires*, mais encore parce que l'Etat, en prenant en main le contrôle des banques et la direction du *crédit*, substitue en ce domaine le pouvoir politique à la puissance économique.

L'une des premières fonctions des banques consista à traiter des opérations de *change*. Elles imaginèrent de très bonne heure des procédés qui permissent de telles opérations sans qu'il fût besoin de faire effectivement voyager des *espèces* matérielles.

Assurant le transport ou, mieux, le *transfert* des capitaux mobiliers, les banquiers ne tardèrent pas à s'en faire les conservateurs. Cette seconde fonction des banques a pris de nos jours un développement tel qu'il n'est pas jusqu'aux plus modestes épargnants qui n'utilisent les *comptes de dépôt* dans les banques.

Les banques modernes reçoivent des *dépôts à vue* et paient les *chèques* tirés sur ces dépôts. Elles assurent des mouvements de *fonds*. Elles mettent en circulation des moyens de paiement. Elles créent de la *monnaie* bancaire.

Mais le dépôt entraîne par la force des choses le remploi, par le banquier, des fonds qui lui sont confiés. Dans ce domaine, le succès des banques a été tel qu'aujourd'hui la majeure partie des fonds immédiatement disponibles dans un pays donné permet de satisfaire les besoins élémentaires de crédit à *court terme* qu'éprouvent les commerçants et les industriels de ce pays, et qui sont satisfaits sous deux formes essentielles :

— l'*escompte*, c'est-à-dire l'achat par le banquier des *traites* tirées par des vendeurs sur des acheteurs auxquels ils ont consenti des délais de paiement [8] ;

— le « *découvert* », c'est-à-dire l'avance pure et simple

par le banquier pour une durée qui ne saurait excéder quelques mois, avance destinée à compléter le *fonds de roulement* de l'entreprise.

Ces quatre rôles essentiels : change, conservation, monnaie, crédit, sont complétés par un cinquième, rendu possible par les premiers, celui qui consiste à mobiliser les capitaux et à les centraliser, en rendant ainsi possibles des *investissements* dépassant le cadre des fortunes personnelles.

HENRI ARDANT, *Introduction à l'étude des banques et des opérations de banque* (Dunod).

1. Law, voir *le système financier de Law*, p. 129. — **2. Sauvegarder** (de *sauver* et *garder*) : protéger, défendre. *Avoir la vie sauve :* être sauvé de la mort. — **3. Rationnel :** qui est conforme à la *raison*. — **4. Combinaison** (fém.) : ensemble de mesures prises pour mener à bien une entreprise. Ce mot désigne aussi un vêtement de travail *combinant* la blouse et le pantalon. — **5. Accidentel** (masc.) : tout ce qui est soumis à des *accidents*, à des variations. (Contraire : *stable*, *immuable*.) — **6. Mise** (fém.) : somme que l'on *met* (place) dans des affaires, dans un jeu. — **7. Instaurer** : établir, fonder. — **8. Délai de paiement** : prolongation de temps accordée pour le paiement.

Etude du texte

A. Faites le plan détaillé de ce texte en dégageant l'idée principale de chaque paragraphe. — **B.** Résumez ce texte en 200 mots. — **C.** Répondez par de courtes phrases aux questions suivantes : **1.** Pourquoi les banques n'ont-elles été créées en France qu'à la fin du XVIIIe siècle ? — **2.** Par qui les premières banques françaises ont-elles été fondées? — 3. Quel est le rôle des banques de dépôt? — **4.** Quel rôle l'Etat joue-t-il maintenant dans l'organisation des banques ? — **5.** Quelle fut la première fonction de la banque ? — **6.** Qu'appelle-t-on un *dépôt à vue* ? — **7.** Qu'entend-on par *crédit à court terme* ? — **8.** Quand la banque accorde-t-elle un *découvert* à un client ? — **9.** De quelle durée est généralement ce *découvert* ? — **10.** A quoi est-il destiné ? — **11.** Comment s'appellent les banques modernes qui centralisent les capitaux et les emploient dans des investissements ? — **12.** Quels sont maintenant les rôles essentiels des banques ?

Sujets d'essai

1. Quelles sont les différentes fonctions des banques ? Donnez des détails sur chacune d'elles. — **2.** Quel est le rôle des banques d'affaires dans le monde moderne ? — **3.** Quels sont les avantages d'un compte de dépôt ? d'un compte courant bancaire ? — **4.** Quels sont les différents moyens dont dispose la banque pour ouvrir un crédit à court terme à un commerçant ?

41. Les banques d'émission

Le passage suivant traite des fonctions des banques d'émission et de leur organisation dans différents pays. Ces banques jouent un rôle capital dans l'économie moderne. Leurs fonctions se sont trouvées modifiées par suite du développement des affaires. Il suffit de comparer la Banque de France telle qu'elle fut fondée en 1800 avec la Banque de France actuelle, pour juger de cette évolution.

Les *banques d'émission* contemporaines sont le produit d'une lente évolution.

A l'origine, elle ont eu pour objet de remédier aux désordres et à l'insécurité qu'engendrait [1] la multiplicité des monnaies, de poids et de *titres* divers, circulant au même moment dans le pays.

Plus tard, leur fonction proprement monétaire s'est précisée ; elles ont veillé à maintenir la stabilité externe et la stabilité interne de l'unité monétaire nationale, stabilité par rapport à l'or ou à l'argent et stabilité par rapport au niveau des prix intérieurs. L'Etat est alors intervenu pour les protéger par un privilège plus ou moins exclusif d'émission. Les banques d'émission sont devenues des banques centrales.

Enfin, dans la dernière phase de leur histoire, celle même que nous vivons aujourd'hui, les banques centrales d'émission ont développé, parallèlement à leur fonction monétaire, leur fonction de crédit. Elles viennent en aide aux banques commerciales et à l'Etat quand se manifestent des difficultés de *trésorerie* plus ou moins accentuées ; elles jouent alors le rôle de réservoir de facilités [2]. En contrepartie [3], elles exercent un contrôle d'une souplesse, d'une continuité et d'une efficacité variables suivant les pays, mais dont le principe n'est, en aucun cas, contesté [4]. Les banques d'émission apparaissent alors comme des *banques centrales de réserve*, et c'est sous ce nouveau nom qu'elles sont aujourd'hui le plus communément désignées.

1º Banque de réserve, la banque d'émission doit aide aux banques commerciales secondaires ; elle doit leur consentir, en cas de besoin, le crédit grâce auquel celles-ci pourront obtenir de l'or ou des billets *convertibles* en or dans un régime d'*étalon-or*, ou du papier-monnaie dans un régime d'inconvertibilité. La pratique du *réescompte* est indissolublement [5] liée à son activité.

2º La banque d'émission ne doit pas se contenter d'un rôle passif sur le marché monétaire. Elle n'a pas à attendre que les banques soient en difficultés et réclament son appui. Il lui faut prévoir, agir d'elle-même. Elle intervient donc chaque fois qu'il lui semble nécessaire, pour accroître ou restreindre les *disponibilités* du marché. Elle contrôle le crédit.

Ce contrôle aura pour effet de modifier le caractère de la banque d'émission, promue [6] élément majeur de la politique économique ; et, au terme d'un processus dialectique [7], on notera une véritable révolution : la dématérialisation de la monnaie [8].

Monopole et réglementation de l'émission

Le *monopole* de l'émission peut se présenter de diverses manières :

1º Le plus souvent, la banque dispose d'un monopole complet, qu'elle soit une banque d'Etat, placée sous les ordres directs du ministre des Finances et ne disposant d'aucune autonomie réelle, ou qu'elle demeure une banque privée plus ou moins contrôlée par l'Etat. A côté d'elle ne subsiste aucune banque ayant la faculté d'émission. En contrepartie de ce privilège, elle est assujettie à certaines obligations (acquittement de *redevances* à l'Etat ; gratuité des mouvements de *fonds* intéressant le *Trésor public ;* réglementation de ses opérations proprement commerciales).

2° Parfois, le monopole est confié à un organisme de coordination. C'est ce qui existe aux Etats-Unis avec le système fédéral de réserve. Avant la crise de 1907, on comptait aux Etats-Unis environ sept mille cinq cents banques d'émission. On envisagea un instant de les priver toutes du droit d'émettre de la monnaie de papier et, à l'exemple de ce qui existait dans la plupart des pays d'Europe, de confier à une banque unique le monopole de l'émission sur tout le territoire américain. On renonça à ce projet. On redoutait en effet qu'un tel organisme n'eût une trop grande emprise [9] sur l'économie nationale et n'acquît, par là, une puissance politique considérable ; on observait encore que la diversité des activités économiques des diverses régions du continent américain s'accommodait mal d'une stricte unification monétaire. La loi du 23 décembre 1913 décida donc la création de douze banques nationales d'émission, les banques fédérales de réserve, mais si étroitement subordonnées à un organisme de coordination, le Conseil fédéral de réserve, qu'on a pu écrire qu'elles n'étaient en réalité que ses *succursales.* [...]

En Allemagne fédérale, chacun des onze Länder de la République dispose d'une banque de réserve subordonnée, pour le contrôle du crédit, à la Bank Deutscher Länder.

A. Dauphin-Meunier, *Histoire de la Banque* (P. U. F.).

1. Engendrer : produire. — **2. Réservoir de facilités :** ici, organisme destiné à soutenir la trésorerie de l'Etat ou des banques. — **3. En contrepartie:** en compensation, en échange. — **4. Contester :** discuter l'existence ou la valeur de quelque chose. — **5. Indissolublement lié** (vient de *dissoudre*) : lié, sans qu'aucune séparation puisse se produire. — **6. Promu :** élevé à quelque place importante (voir Glossaire, *promotion*). — **7. Processus dialectique :** enchaînement de faits qui s'impliquent mutuellement. Voir aussi p. 131. — **8. Dématérialisation de la monnaie :** fait de ne plus considérer la monnaie comme seul moyen de paiement. — **9. Emprise** (fém.) : grande influence.

Etude du texte

A. Faites le plan de ce texte. — **B.** Résumez-le en 200 mots. — **C.** Répondez aux questions suivantes : **1.** Quel était le rôle des banques d'émission à l'origine ? — **2.** Pourquoi l'Etat est-il intervenu dans l'organisation des banques d'émission ? — **3.** Quelles sont actuellement les différentes fonctions des banques d'émission ? — **4.** A quoi les banques d'émission viennent-elles en aide maintenant ? — **5.** Qu'appelle-t-on la monnaie convertible ? — **6.** Que signifie *réescompter une traite ?* — **7.** Quel est le résultat du contrôle du crédit par les banques d'émission ? — **8.** Quelle est la banque qui a le monopole de l'émission en France ? — **9.** A quelles obligations est assujettie la banque qui a le monopole complet de l'émission ? — **10.** A qui était confiée l'émission de la monnaie autrefois aux Etats-Unis ? — **11.** Pourquoi a-t-on redouté de confier le monopole de l'émission à une seule banque aux Etats-Unis ? — **12.** Comment s'appelle l'organisme de coordination entre les banques d'émission aux Etats-Unis ?

Sujets d'essai

1. Quelles sont les différentes fonctions des banques ? Que savez-vous de chacune d'elles ? — **2.** Qu'est-ce qu'une banque d'émission ? Quel rôle joue-t-elle dans la vie économique d'un pays ? — **3.** Qu'est-ce qu'une banque de crédit et quel est son rôle ? Quelles sont les différentes sortes de banques de crédit ?

42. Evaluation d'une fortune

Le financier Joseph Pasquier a parfaitement réussi dans la vie et acquis une fortune considérable. Mais il vient de subir un échec pour ses pétroles de Michoacan, région imaginaire du Mexique. A la suite d'un incendie survenu dans un puits, Joseph s'est affolé et a décidé de vendre l'affaire, mais il n'en a obtenu qu'un prix très bas. La promesse est déjà signée, mais il est inquiet. Pour se rassurer, il essaie, avant de s'endormir, de faire le compte de sa fortune.

Joseph but du café, renvoya les domestiques et sortit de sa poche un bloc de papier. Il commença tout aussitôt de faire, à la pointe du crayon [1], ce qu'il faisait parfois dans ses moments de trouble et d'angoisse, une sorte de *relevé* sommaire de ce qu'il lui fallait appeler « sa fortune ». C'était un travail très hasardeux [2]. Il avait fait dresser, la veille, par le plus vieux de ses collaborateurs, le très dévoué Mairesse-Miral, ce qu'on appelle : une position de *titres*. Cela ne concernait qu'une part des valeurs, car, même à Mairesse-Miral, Joseph ne confiait pas tout. Et, outre les valeurs *cotées*, les papiers déposés dans les banques et chez les *agents de change*, il y avait encore toutes sortes de choses que Joseph gardait, par-devers soi [3], dans ses coffres et ses armoires. Et il fallait ajouter les *espèces*, les *comptes en banque*, les *dépôts à l'étranger*, les *intérêts* de toutes sortes d'affaires dont Joseph ne parlait jamais à personne ; et quand on avait fait au mieux pour additionner tout cela, on avait oublié sans doute un bon tiers de cette partie du trésor. Cela faisait beaucoup de millions, mais ce n'était en effet qu'une partie du trésor, ce n'était que la partie non concrète du trésor. Ensuite commençait l'autre chapitre du calcul : les *immeubles*, les terres, les collections [4], les cachettes [5], tout ce qu'il y avait dans les cachettes... Alors, au milieu de cette fortune considérable, imposante, trop embrouillée [6], trop variée pour être vraiment vulnérable [7], de quelle importance réelle était cette histoire du Michoacan [8] ? Si, tous les comptes réglés, la perte allait même au million — avec les *frais généraux*, la part des frais généraux —, qu'est-ce que ça pouvait bien faire ? Joseph était de taille [9] à perdre un million, et avec le sourire encore.

Joseph fit donc un sourire qui se termina par une horrible grimace. Non ! l'affaire du Michoacan n'avait aucune importance du point de vue temporel [10] ; mais, du point de vue moral, elle demeurait effrayante. Elle prenait d'heure en heure une signification symbolique [11]. Et il n'y avait pas à reculer, avec cette bande de rapaces [12]. D'ailleurs, impossible de reculer. Les premières signatures étaient données et, dès le mercredi suivant, tout allait être terminé, réglé par-devant notaire. Et enfin, et surtout, Joseph ne cherchait pas à se ressaisir [13] de cet horrible Michoacan. Il voulait seulement l'oubli. Ce n'était pas facile. D'abord, il fallait dormir.

GEORGES DUHAMEL, *la Passion de Joseph Pasquier* (Mercure de France).

1. A la pointe du crayon : non à l'encre, mais simplement au crayon, puisqu'il ne s'agit pas de calculs définitifs. — **2. Hasardeux :** qui comporte des risques. Il était très difficile à Joseph de calculer sa fortune sans commettre d'erreurs. — **3. Par-devers soi :** secrètement. — **4. Collections** (fém.) : ici, collections de tableaux, de livres, d'objets de valeur. — **5. Cachettes** (fém.) : lieux où l'on cache des objets précieux. Joseph a peur des voleurs et n'a confiance en personne. Aussi cache-t-il une partie de sa fortune. — **6. Fortune embrouillée :** fortune très compliquée à calculer parce qu'elle est composée de trop d'éléments. *Embrouiller une question :* la rendre obscure. — **7. Vulnérable :** qui peut être blessé, atteint. Une fortune vulnérable est exposée à des variations imprévisibles. — **8. Le Michoacan :** voir l'introduction qui précède le texte. — **9. Etre de taille :** être assez fort. — **10. Du point de vue temporel :** du point de vue matériel. Au sens religieux, les biens *temporels* sont les biens terrestres, par opposition aux biens *spirituels* (c'est-à-dire voués à l'éternité). — **11. Prendre une signification symbolique :** prendre la valeur d'un avertissement pour l'avenir. La perte d'argent que vient de subir Joseph n'est pas très importante, mais elle peut marquer le début d'une catastrophe financière. — **12. Rapace** (masc.) : oiseau de proie ; ici, homme avide de gain. — **13. Se ressaisir :** reprendre possession.

Etude du texte

A. Faites le plan de ce texte en dégageant l'idée principale de chaque paragraphe. — **B.** Résumez ce texte en 100 mots. — **C.** Répondez par de courtes phrases aux questions suivantes : **1.** Pourquoi Joseph commence-t-il à faire un relevé de sa fortune ? — **2.** Pourquoi est-ce un travail hasardeux ? — **3.** Où dépose-t-on ses titres si on ne veut pas les garder chez soi ? — **4.** Comment appelle-t-on les biens d'une fortune qui ne peuvent pas être déplacés (terres, maisons) ? — **5.** Comment appelle-t-on ceux qui peuvent être déplacés (bijoux, titres, argent, etc.) ? — **6.** Pourquoi Joseph ne parle-t-il à personne de certaines affaires ? — **7.** A combien s'élève environ la perte du Michoacan ? — **8.** Pourquoi la fortune de Joseph n'est-elle pas vulnérable ? — **9.** En quoi consiste la partie concrète de la fortune de Joseph ? la partie non concrète ? — **10.** Pourquoi Joseph est-il si inquiet ? — **11.** Est-il contrarié d'être obligé de vendre l'affaire du Michoacan ? — **12.** Comment appelle-t-on un homme qui aime accumuler de l'argent ? Connaissez-vous une comédie du XVIIe siècle et un roman du XIXe siècle qui traitent de ce sujet ?

Sujets d'essai

1. Que savez-vous du caractère de Joseph d'après ce passage ? Pouvez-vous imaginer le personnage ? — **2.** Connaissez-vous dans l'œuvre de Balzac, ou dans celle de Molière, un personnage que l'on pourrait comparer à Joseph Pasquier ? — **3.** Quels sont les différents éléments dont peut se composer la fortune d'un homme d'affaires ?

43. Le service des traites dans une banque

Un jeune homme d'une famille modeste de Paris entre sans enthousiasme dans une banque et constate aussitôt que ce travail ne lui convient pas.

Dans l'été 1933, mes études achevées, j'entrai comme employé dans une *banque* de Versailles. [...] Le service dans lequel je débutais s'appelait le service des *acceptations*. Je classais les *traites* acceptées et celles qui ne l'étaient pas, en me référant, pour les premières, à un *fichier* jaune où l'on trouvait des indications parfois infamantes [1] sur la *solvabilité* des clients.

Les traites étaient de couleurs différentes, mais les signes abstraits de l'*escompte*, les cachets de l'*aval* ou ceux qui venaient sous les signatures contraintes de l'acceptation obscurcissaient bientôt ces couleurs et noircissaient mes doigts. De l'encrier montait l'odeur d'un marais [2] d'encre, des mouches cherchaient mes mains. Je n'aimais pas la banque.

On ne m'y aimait guère, en retour. Dans le bureau, [...] sept ou huit personnes classaient des *effets de commerce* identiques à ceux que j'avais examinés : les mêmes, sans doute, puisque quelqu'un était venu prendre les miens sur un coin de table un peu plus tôt.

J'imaginais mal que d'autres opérations pussent suivre l'*acceptation* et l'*aval*, et, observant cependant que les stades [3] de cet interminable processus [4] bancaire courbaient, dans le bureau, sept ou huit têtes tout le jour, je me disais qu'il était inconsidéré de vouloir me faire passer de service en service : à parcourir professionnellement le chemin des traites, j'occuperais déjà toute ma vie.

Les traites passaient de main en main, distribuées en tas, puis réunies et, de nouveau, séparées. On ne m'informait pas de leur destin. Personne ne me parlait, sauf le chef de bureau qui était assis sous la pendule. C'était un assez vieil homme replet [5] et gris. Il m'injuriait comme on injurie un homme : l'injure devenait pour moi une consécration [6]. Il me restait à répondre, mais il était trop tôt pour répondre. Une traite perdue ? Après tout, il y en avait tant...

Pendant l'algarade [7], les autres employés courbaient un peu leurs têtes sur les traites : leur zèle se faisait myopie [8]. Parfois, deux ou trois d'entre eux se mettaient à parler d'une traite que l'un tenait entre ses doigts, et la paisible gravité à laquelle ils s'appliquaient dans leurs propos révélait qu'ils cherchaient à se fortifier mutuellement de leur immunité [9] et que, sourds à notre débat, ils échappaient même à la contamination [10] du témoignage. La nuit, dans mon lit, avant de m'endormir, j'imaginais que je cambriolais la banque. C'était un rêve de sacrilège [11] plutôt qu'un rêve de profit.

L'argent que je voyais entassé dans des caisses de fer vert foncé, semblables à des cantines [12] de militaires, lorsque, en compagnie d'un préposé, je descendais au sous-sol placer dans les coffres [13] certaines traites que le chef de bureau m'avait désignées, noyait sa réalité dans sa propre masse.

Il trouvait dans l'infini sa meilleure défense, abolissait le miracle rêvé en le distendant hors des limites de l'esprit et, quand la lourde porte se refermait sur un claquement huilé [14], je reprenais pied avec soulagement dans un monde où chaque fin de mois restituait à l'argent sa vaillante vertu chétive [15].

PIERRE GASCAR, *l'Herbe des rues* ((c) Gallimard).

Un jour, n'en pouvant plus, le jeune homme s'évadera de la banque pour n'y plus revenir. Il découvrira alors Paris avec des camarades. Ils chercheront le moyen de gagner de l'argent en conservant leur liberté. Ils échoueront, et la guerre viendra interrompre leur jeunesse.

1. **Infamant** (du latin *fama*, renommée) : qui nuit à la réputation, déshonorant. — 2. **Marais** (masc.) : région basse où sont accumulées des eaux stagnantes. Il reste un peu d'encre épaisse au fond de l'encrier ; cette encre sent mauvais comme les eaux d'un marais. — 3. **Stade,** voir p. 22. — 4. **Processus** (masc.), voir p. 146. — 5. **Replet :** gras. — 6. **Consécration** (fém.) : au sens propre, action de *consacrer* (dédier à Dieu) [*consacrer une église*]. Ici, le jeune garçon est consacré « homme » par le fait qu'on l'injurie comme un homme. — 7. **Algarade** (fém.) : insulte brusque et bruyante contre quelqu'un. — 8. **Myopie** (fém.) : anomalie de la vision. Les personnes *myopes* ne voient pas nettement les

objets éloignés. Ici, les employés baissaient la tête sur leur travail, comme s'ils étaient myopes, pour ne pas être mêlés à l' « algarade ». — **9. Immunité** (fém.) : résistance d'un organisme vivant à des microbes, à des champignons, etc. Ici, les employés se sentent *immunisés* contre les injures du chef de bureau parce qu'elles ne peuvent les atteindre. — **10. Contamination** (fém.) : transmission d'une maladie contagieuse. (Contraire : *immunité.*) Les employés ne veulent pas être *contaminés* (obligés de prendre position dans la discussion). — **11. Sacrilège** (masc.) : action de traiter une personne ou une chose sacrée avec mépris. — **12. Cantine** (fém.) : malle dans laquelle les officiers rangent leurs affaires. C'est aussi le lieu où l'on sert à boire et à manger aux militaires, aux écoliers, aux ouvriers d'une usine. — **13. Coffre** (ou **coffre-fort**) : caisse de métal où l'on dépose des objets précieux, de l'argent, etc. (I, 243). — **14. Claquement huilé.** La porte, qui est souvent huilée, claque sans grincer. — **15. Chétif** : de faible constitution, maigre.

Etude du texte

A. Faites le plan de ce texte. — **B.** Résumez-le en 150 mots. — **C.** Répondez aux questions suivantes : **1.** A quoi sert une traite ? — **2.** Quel est le rôle du service des acceptations ? — **3.** Une traite doit-elle être toujours acceptée ? — **4.** Qui peut avaliser une traite ? — **5.** Où trouvait-on des indications sur la solvabilité des clients dans ce service ? — **6.** Pourquoi un employé de banque passe-t-il généralement d'un service à l'autre quand il débute dans la maison ? — **7.** Que savez-vous du chef de bureau de ce service ? — **8.** Pourquoi injuriait-il souvent ses employés ? — **9.** Les autres employés essayaient-ils de défendre l'employé que le patron injuriait ? — **10.** Pourquoi le jeune homme rêvait-il, la nuit, qu'il cambriolait la banque ? — **11.** Où dépose-t-on les traites lorsqu'elles ont été avalisées ou acceptées ? — **12.** Les employés de banque sont-ils généralement très bien payés ?

Sujets d'essai

1. Quels sont les différents effets de commerce ? Donnez quelques détails sur chacun d'eux. Indiquez leurs analogies et leurs différences. — **2.** Expliquez le rôle que jouent le tireur, le tiré, le bénéficiaire d'une traite. Entre quelles mains peut passer la traite depuis sa création jusqu'à son échéance ? — **3.** Dans quels cas une traite est-elle acceptée ? endossée ? avalisée ? escomptée ? protestée ? Donnez des exemples.

La Bourse

44. Le marché financier et la machine économique

Nous avons jugé utile de présenter dans ce livre un compte rendu de la Bourse. Les informations qu'il donne ne présentent qu'un intérêt immédiat pour ceux qui s'intéressent aux questions financières. Mais les boursiers emploient un langage assez particulier. Le nombre de notes à la fin du texte en témoigne.

Une fois de plus, comme en témoignent les divers *bilans* de fin d'année, la Bourse aura évolué à contre-courant [1] de la machine économique. Ce n'est pas une surprise, mais simple confirmation de son rôle d'anticipation [2] des événements. La forte chute des *cours* en 1974, légèrement corrigée en fin d'année, annonçait la crise économique qui a frappé de plein fouet [3] les entreprises cette année (1975). Bon nombre d'observateurs trouvaient alors que les financiers faisaient preuve d'un pessimisme exagéré. Le déroulement de la *conjoncture* montre *a posteriori* [4] que l'attitude de la Bourse avait une valeur prémonitoire [5].

Et aujourd'hui où presque toutes les sociétés s'attendent à une réduction sensible de leurs *marges* bénéficiaires ou même à des diminutions de profits, voire à des pertes, et certaines même à de lourdes notes approchant ou dépassant le milliard de francs, les cours ont remonté. La logique du profane [6] ne s'y retrouve pas. Mais l'esprit du financier lucide est satisfait.

La hausse moyenne de l'indice général de la chambre syndicale aura donc dépassé cette année un peu plus de 30 p. 100, rattrapant ainsi la perte de l'an dernier. Ce qui solde sur deux ans le bilan sans bénéfice ni perte.

... A l'intérieur de la moyenne, les divers secteurs ont évolué de façon assez différente avec une fourchette [7] plus large. On peut remarquer que les secteurs les plus affectés l'an dernier, comme l'automobile, l'équipement ménager, les biens de consommation durables, les hôtels, spectacles, loisirs, se retrouvent cette année les plus favorisés. Il semblerait qu'il y ait presque un retournement de la tendance et que cette année fournit l'image en relief du masque en creux [8] de l'an dernier. Le parallélisme est assez frappant. Comme si les investisseurs s'étaient servis de l'ordinateur pour passer leurs ordres et qu'à la date du bilan on s'apercevait que les machines ont bien su compter.

Il est vrai aussi que l'automobile semble être le secteur le premier à repartir, de même que la reprise de la consommation favorisera l'équipement ménager, le tourisme, les loisirs et les biens de consommation durables.

... Le comportement satisfaisant de la *cote* s'est accompagné d'un gonflement du volume d'échanges qui ne se perçoit pas à première vue si l'on s'en tient aux statistiques globales, qui n'enregistrent qu'une augmentation d'un peu plus de 6 p. 100. La ventilation [9] des transactions en valeurs à revenu variable (+ 22 p. 100) et à revenu fixe (— 7 p. 100) donne une approche plus exacte de la réalité. Inversement, l'an dernier, les transactions sur les actions marquaient un recul de — 43,6 et les obligations un accroissement de + 21,2 p. 100. Ces différences importantes entre les deux catégories de valeurs d'une année sur l'autre proviennent surtout du délestement [10] cette année de la rente 4,5 p. 100 au profit des actions, alors que l'an dernier la rente avait été activement recherchée. En 1974, la fuite en avant de cette rente avait été l'ultime refuge des opérateurs qui voulaient se prémunir [11] contre la crise boursière, prélude à la crise économique actuelle. Cette année, par un juste retour des choses, les actions ont drainé [12] davantage d'ordres [13]. Finalement, ce dernier comportement est beaucoup plus sain.

Et pourtant, malgré cette amélioration de la tendance, l'évolution de l'ensemble du marché n'est pas entièrement satisfaisante. La variation des cours n'est tout de même pas la Bourse. Elle n'en serait même qu'un épiphénomène [14]. La hausse n'est là que pour sous-tendre le marché du neuf des capitaux.

Les industriels semblent juger la hausse un peu factice. En tout cas pas assez solide pour se lancer les yeux fermés dans la consolidation des fonds [15] propres des entreprises.

La réticence[16] qu'ils manifestent à lancer des *émissions d'actions* montre qu'ils jugent la hausse encore fragile, tout comme la reprise de l'économie d'aujourd'hui.

Les appels de fonds sont un critère[17] infaillible de la solidité d'un marché. Les gérants de Sicav[18] et organismes institutionnels, maîtres du marché parisien lorsqu'il évolue en vase clos[19] sans l'intervention des investisseurs venus d'au-delà les frontières, sont disposés à faire monter les cours à moindres frais. Ils sont beaucoup moins chauds[20] dès la moindre perspective de *souscription.*

Les *statistiques* montrent que les *émissions d'actions* sont en régression de près de 15 p. 100, alors que les émissions d'emprunts sont plus de trois fois supérieures à celles de l'année précédente.

La Bourse a besoin d'une nouvelle étape de hausse et d'un regain[21] d'optimisme pour renverser cette tendance à l'accroissement de l'endettement au détriment de l'équilibre financier des entreprises.

ROBERT MAROUT,
extrait de « Bourses-Finances » (*les Echos*, 15 décembre 1975).

1. A contre-courant : en sens contraire du courant principal. — **2. Anticipation** (fém.) [vient de *anticiper*, faire avant le moment prévu] : ici, la Bourse pressent les événements. — **3. Frapper de plein fouet :** affecter fortement. — **4. A posteriori :** v. *a priori*, tome II, p. 68, note 4. — **5. Prémonitoire :** qui avertit d'avance. Ici, la Bourse a adopté d'avance l'attitude qui convenait à la conjoncture future. — **6. Profane** (masc.) : personne qui n'est pas initiée à une religion, à un art, à un métier. — **7. Fourchette** (fém.) : ici, dans une série de chiffres, écart entre le maximum et le minimum. — **8. Masque** (masc.) : empreinte prise sur le visage d'une personne. L'« image en relief du masque en creux » représente exactement l'inverse du modèle, comme le moule en plâtre d'un visage. — **9. Ventilation** (fém.) : répartition de différentes catégories statistiques (budget, salaires, bénéfices). — **10. Délestement** (masc.) [vient de *lest*, ensemble des poids placés dans la cale d'un navire, d'un avion, pour en assurer la stabilité] : action d'alléger. Ici, les boursiers se débarrassent de la rente pour acheter des actions. — **11. Se prémunir :** se protéger. — **12. Drainer :** débarrasser un sol trop humide de son eau. Ici, attirer à soi. — **13. Ordre** (masc.) : il s'agit ici d'ordres d'achat ou de vente passés à la Bourse. — **14. Epiphénomène** (masc.) : ce qui se surajoute à un phénomène sans exercer sur lui aucune influence.

— **15. Consolidation des fonds :** ici, augmentation du capital social par l'émission d'actions. — **16. Réticence** (fém.) : hésitation. — **17. Critère** (masc.) : principe auquel on se réfère avant de porter un jugement. — **18. Sicav :** sigle de « société d'investissement à capital variable ». — **19. En vase clos :** en milieu fermé, sans intervention de l'extérieur. — **20. Chaud :** ici, enthousiaste. — **21. Regain** (masc.) : v. tome II, p. 90, note 1.

Etude du texte

Répondez aux questions suivantes : **1.** Pourquoi la Bourse ne suit-elle pas toujours les tendances de la conjoncture économique ? — **2.** Comment peut-elle prévoir les événements économiques qui vont survenir ? — **3.** Les particuliers peuvent-ils acheter et vendre directement à la Bourse ? — **4.** Que se passe-t-il lorsque les boursiers vendent tout à coup un grand nombre de certains titres ? — **5.** Que se passe-t-il lorsqu'ils achètent tout à coup un grand nombre de certains titres ? — **6.** Quels sont les secteurs qui ont été le plus touchés par la crise de 1974 ? — **7.** Quel a été le premier secteur à repartir et pourquoi ? — **8.** Pourquoi les industriels jugeaient-ils à cette date que la hausse des valeurs était factice ? — **9.** Quel est le critère infaillible de la solidité d'une reprise ? — **10.** Que fait une société lorsqu'elle a besoin de capitaux neufs ? — **11.** Dans quelles circonstances les émissions d'obligations sont-elles plus recherchées que les émissions d'actions ? — **12.** Quelle a été, dans la première moitié du xxᵉ siècle, la grande crise économique qui a ébranlé le monde ?

Sujets d'essai

1. Quels sont les différents sens du mot *marché ?* Qu'entend-on par marché monétaire ? Donnez des exemples précis pour chacun d'eux. — **2.** Quelles ont été les causes de la crise économique de 1974 ? A-t-elle les mêmes origines que celle de 1929 ? Quelles en sont les conséquences au point de vue économique, social et politique ?

45. Effets de commerce et valeurs mobilières

Les « effets de commerce » sont les instruments typiques du marché monétaire ; les « valeurs mobilières » sont les instruments typiques du marché financier. Dans le passage ci-dessous, l'auteur étudie les différences qui opposent ces deux instruments, et le rôle qu'ils jouent dans la vie économique moderne.

En quoi diffèrent donc les instruments que marché monétaire et marché financier mettent respectivement en œuvre ? L'instrument typique du marché monétaire est l'*effet de commerce* (*lettre de change*, *billet à ordre* ou leurs succédanés [1]), tandis que l'instrument typique du marché financier est la *valeur mobilière*. La valeur mobilière comporte diverses variétés, créées par la pratique et sanctionnées par la *législation* : *rentes* émises par l'Etat, *obligations* émises par d'autres collectivités publiques [2] (départements, communes, sociétés nationalisées de chemin de fer, d'électricité, de charbonnages), les entreprises privées ayant le choix d'émettre des *emprunts*, comme les collectivités publiques, ou d'offrir au public des titres d'*actions*, qui feront de lui, non plus un créancier, mais un associé de l'entreprise.

[...] Les effets de commerce sont, par essence, des titres de *mobilisation* des capitaux, entraînés dans un circuit à circulation rapide et à terminaison prompte, puisque l'effet de commerce meurt normalement à l'*échéance* de trois mois et disparaît alors par règlement de son montant. Les valeurs mobilières peuvent, au contraire, apparaître comme des titres d'*immobilisation* des capitaux, soit pour quinze ou trente ans s'il s'agit d'obligations, soit sans nul délai de remboursement s'il s'agit de rentes du type dit « permanent », ou encore d'actions destinées à vivre aussi longtemps que la société qui les a émises.

Il suit, de là, que les deux marchés fonctionnent de façon tout à fait différente.

Le marché monétaire comporte, en raison de la consistance [3] même des effets qui s'y négocient, la mise en œuvre automatique d'un double mécanisme d'absorption et de restitution des capitaux qui l'alimentent.

Cet automatisme [4] ne joue pas sur le marché financier. Parmi les titres qu'il émet, certains, nous venons de le dire, ont vocation [5] à une durée perpétuelle. Pour ceux qui sont remboursables, c'est sur des périodes mesurées en années et en décades [6] que s'étend le processus [7] de restitution des capitaux investis. Le marché des émissions de valeurs mobilières exerce donc une fonction d'absorption des capitaux.

Mais les capitaux susceptibles d'investissement inconditionnel [8] à long terme sont relativement rares. Et cet investissement peut être freiné par la considération des aléas [9] dont tout placement à long terme est nécessairement grevé. Abstraction faite de ces aléas intrinsèques [10] et en supposant les capitaux employés dans des conditions de parfaite sécurité, il est d'autres incertitudes qui se réfèrent à la situation propre de l'auteur du placement : chacun peut voir surgir telle circonstance qui nécessite la *récupération* rapide des capitaux antérieurement placés.

Pour compléter le mécanisme du marché des émissions, il convient donc que soit mis en œuvre un mécanisme de *mobilisation* des valeurs émises. Sans doute demeureront-elles « dans le public » jusqu'à l'expiration de la période précisée par les contrats d'émission, et les capitaux, dont ces valeurs sont la représentation, resteront-ils à la disposition des industriels et maîtres d'œuvre qui les ont empruntés. Mais les premiers prêteurs doivent pouvoir se faire relayer [11] par d'autres. Pour que les appels de capitaux soient réalisables — et ils sont à la base de toute l'économie industrielle — il est de nécessité absolue que le marché financier soit mis à même de remplir, symétriquement à sa fonction première d'*absorption* de capitaux, une fonction seconde et complémentaire de libération des capitaux *investis*. L'apporteur de capitaux se refuserait à les engager à *long terme* s'il n'avait pas la faculté de les libérer quand ce sera nécessaire ou opportun.

P. Haour, *la Bourse* (A. Colin).

1. Succédané (masc.) : tout produit qui peut se substituer à un autre, parce qu'il a à peu près les mêmes propriétés. — **2. Collectivité,** voir p. 14. Une *collectivité publique* représente un organisme, un groupement dépendant de l'Etat. — **3. Consistance** : ici, la composition. — **4. Automatisme** (masc.) [de *automate*, qui se meut par lui-même] : caractère de ce qui s'exécute sous le contrôle de la volonté ou à l'aide de machines. *Automation :* ensemble des opérations automatiques qui se coordonnent pour réaliser automatiquement un certain travail en usine. — **5. Avoir vocation à** : être appelé à. — **6. Décade** (fém.) [vient d'un mot grec signifiant « groupe de dix »] : une durée de dix jours. Mais, dans le sens courant, décade s'emploie, à tort d'ailleurs, pour *décennie* (durée de dix ans). — **7. Processus** (masc.), voir p. 146. — **8. Inconditionnel** : absolu, sans restriction. — **9. Aléa,** voir p. 140 — **10. Intrinsèque : qui est propre à la chose elle-même, à sa nature. — 11. Relayer : remplacer dans un travail, une épreuve sportive.** *Relais* : lieu où l'on trouvait des chevaux frais pour remplacer les chevaux fatigués dans les voyages en diligence.

Etude du texte

A. Faites le plan de ce texte ? — **B.** Résumez-le en 200 mots. — **C.** Répondez aux questions suivantes : **1.** Quels sont les instruments typiques du marché monétaire ? — **2.** Quels sont les instruments typiques du marché financier ? — **3.** Quelle différence y a-t-il entre une action et une obligation ? — **4.** Quels sont les organismes qui émettent des actions ? — **5.** Quels sont ceux qui émettent des obligations ? — **6.** Pourquoi les effets de commerce sont-ils des titres de mobilisation de capitaux ? — **7.** Pourquoi les valeurs mobilières sont-elles des titres d'immobilisation de capitaux ? — **8.** Quels sont les différents types de rentes que vous connaissez ? — **9.** Quelle est la durée maximale de l'échéance d'un effet de commerce ? — **10.** Quelle est la durée de remboursement des obligations ? — **11.** Le capital d'une action est-il remboursable ? — **12.** Pourquoi le public hésite-t-il à placer des capitaux à long terme ?

Sujets d'essai

1. Quelles sont les analogies et les différences entre les effets de commerce et les valeurs mobilières ? — **2.** Quels sont les différents *titres* émis par une société de capitaux ? Donnez quelques détails sur chacun d'eux. — **3.** Comment peut-on régler des *achats à terme ?* Donnez quelques détails sur chacun de ces moyens.

46. Un jour d'agitation à la Bourse

François, le fils du banquier Noël Schoudler, commence à travailler avec son père. Mais Noël, bientôt jaloux de l'autorité et du prestige dont son fils jouit dans la maison, le fait nommer administrateur général des Sucreries de Sonchelles, dont il est actionnaire majoritaire. Alors que l'affaire prospère, il provoque une baisse massive des actions dans l'intention de racheter lui-même en bloc toutes les actions à bas prix. Mais François, convaincu par son père qu'il a commis de grandes imprudences et mis sa famille dans une situation tragique, se suicide.

Nous assistons, dans ce passage, à la panique qui s'empare des boursiers à l'annonce de cette nouvelle. Mais Noël Schoudler saura redresser la situation.

La panique [1] avait également gagné les milieux d'affaires. Les métallurgistes [2], qui formaient la principale clientèle de la banque Schoudler, faisaient effectuer aux *guichets* de la rue des Petits-Champs des *retraits* massifs, qui commençaient à gêner la *trésorerie* de la *banque*.

C'est alors, quelques instants avant midi, que, sur le grand escalier de la Bourse, on vit apparaître Noël Schoudler. Il gravissait les marches, immense, un peu courbé, s'appuyant d'une main sur sa canne et de l'autre sur le bras de son *agent de change*, Albéric Canet, petit homme mince et sec, qui avait l'air découpé dans une feuille de papier [3]. Du péristyle [4] grouillant [5], où se tenait le marché de la *coulisse*, montait déjà, dans l'attente énervée du coup de cloche, un brouhaha [6] d'émeute qui, tout à l'heure, allait grandir, se gonfler, retentir à travers tout le quartier.

Un chuchotement courut à travers ce vacarme. Les boursiers se poussaient du coude. « C'est Schoudler ! Voilà Schoudler ! Schoudler ! »

Il était blême, ses grosses paupières rougies par une nuit de chagrin et d'insomnie ; sa cravate noire s'enfonçait dans l'échancrure [7] d'un gilet à dépassant blanc. Il n'eut pas de peine à fendre la presse ; on s'écarta devant lui avec le respect qu'inspirent les grandes catastrophes. Il pénétra dans le grand hall qui, avec ses écussons [8] des capitales boursières [9], pareils à des réclames de tourisme, ses colonnes carrées, ses barrières séparant les groupes, ses pupitres érigés en autels [10], ses tableaux de renseignements pendus comme des horaires, sa lumière terne tombant des vitrages [11] sur cette foule en veston noir, semblait une ancienne gare affectée à un culte triste.

On n'avait pas vu Noël à la Bourse depuis quinze ans. A beaucoup, il apparut comme un revenant [12] ; à d'autres, plus jeunes, il faisait figure de mythe [13] devenu soudain palpable. Ce vieux géant portant tous les signes de la richesse et du malheur, qui venait se défendre lui-même et tenir tête, provoquait malgré tout l'admiration.

Noël avançait toujours lentement. Il leva les yeux vers les tableaux : « Sonchelles [14]... *cours* précédent 1 840. » A combien allait-on ouvrir ? [...]

Il laissa tomber quelques paroles brèves, à droite, à gauche, dans lesquelles chacun cherchait à discerner un sens caché, une menace ou un aveu de défaite.

Au milieu de tous les sentiments, de tous les calculs qui occupaient son esprit, Noël trouvait encore le moyen d'être ému par ce spectacle et ce lieu, qui réveillaient en lui un temps lointain de sa vie. Et il commençait à se redresser, à reprendre un peu de couleur aux joues.

Comme Albéric Canet allait pénétrer dans la *corbeille*, cette enceinte [15] circulaire au centre du hall, réservée aux seuls agents de change et où se discutait le *marché à terme*, Noël le prit par la manche.

« Vous me soutenez vraiment jusqu'au bout, Albéric ? » demanda-t-il.

Le petit garda le front ferme sous le filet de regard noir du géant.

« Je vous dois tout, Noël, à vous et à votre père, répondit-il. J'irai jusqu'où je pourrai. »

Puis il alla prendre place, le plus petit d'entre ses confrères, contre la balustrade rembourrée de velours rouge, où les agents de change, vêtus de belles étoffes bien repassées, avec leurs chaînes d'or courant sur les gilets, étaient accoudés comme au bord d'un puits. Albéric Canet jeta sa cigarette à demi consumée sur le tas conique de sable clair, chaque jour rafraîchi, qui emplissait le fond de la corbeille et qu'un agent de change appelait en plaisantant le « tombeau des *syndics* », et regarda la pendule, dont les deux aiguilles étaient presque superposées... Le coup de cloche retentit.

« J'ai du Sonchelles ! ... J'ai du Sonchelles ! ... » lança aussitôt l'agent de change de Maublanc, le buste penché, le bras tendu, la paume [16] ouverte.

Une énorme clameur monta au même instant de tous les points du hall, comme une marée se précipitant dans une grotte profonde. La frénésie quotidienne s'emparait des adeptes [17] du culte triste, répartis à leurs différents autels, et la coulisse, à l'extérieur, faisait autant de bruit à elle seule que tout le reste de la Bourse. Partout des bouches ouvertes, violentes, voraces, des poings brandis, des doigts qui suppléaient aux cordes vocales devenues impuissantes, une télégraphie de sourds-muets... Les marqueurs [18], en blouse, au-dessus de cette hystérie [19], épongeaient leurs tableaux noirs, traçaient les chiffres à la craie, les effaçaient immédiatement.

Séparés de la plèbe [20] des officiants [21] et paraissant plus calmes d'être moins nombreux, les grands prêtres [22], le ventre collé à leur margelle [23] de velours rouge, débattaient les chiffres qui allaient se transmettre aux *coteurs*, se crier dans les téléphones, s'inscrire sur les tableaux à commande électrique. [...]

L'offre était écrasante, la demande s'amenuisait. Au tableau électrique, les chiffres viraient dans leurs cases. Certains agents ne s'exprimaient plus que par gestes, paume ouverte, paume rentrée.

« Conduis-moi au box de M. Canet », dit Noël à un grouillot [24].

Dans la salle carrée attenante au grand hall, une quarantaine de cages minuscules et identiques, le long des murs, contenaient des hommes de tous âges qui s'égosillaient [25] dans leurs téléphones avec, tous, le même front barré, les mêmes yeux exorbités [26] et mouvants d'insectes affolés dans leurs alvéoles [27]. Au-dessus d'une des cages était gravé dans le cuivre le nom de l'agent de change. Le géant s'y enferma, devint l'un des insectes noirs, mais plus gros que les autres et comme vu à travers une loupe [28].

MAURICE DRUON, *les Grandes Familles* (Julliard).

1. Panique (fém.), voir p. 132. — **2. Métallurgiste :** personne qui travaille dans la métallurgie ; ici, industriel de la métallurgie. — **3. Découpé dans une feuille de papier.** Il était si mince qu'il ne semblait pas avoir plus d'épaisseur qu'une feuille de papier. — **4. Péristyle** (masc.) : galerie délimitée d'un côté par des colonnes isolées, et de l'autre par le mur de l'édifice. La Bourse des valeurs de Paris est entourée d'un péristyle. Autrefois, le marché de la coulisse se tenait sous le péristyle. — **5. Grouillant :** rempli de personnes qui s'agitent (voir *grouillot*, note 24). — **6. Brouhaha** (masc.) : bruit de voix confus et tumultueux. — **7. Echancrure** (fém.) : partie découpée dans un tout. Le gilet n'est pas fermé autour du cou, mais il laisse dépasser un gilet blanc. — **8. Ecusson** (masc.) : petit écu. Un *écu* est une figure en forme de bouclier où l'on dessine les *armes* d'une ville, d'une famille noble. — **9. Capitale boursière :** ville où il existe une Bourse des valeurs (il y en a neuf en France). — **10. Autel** (masc.) : table où l'on célèbre la messe. Les pupitres sur lesquels les employés écrivent se dressent comme des autels dans une église. — **11. Vitrage** (masc.) : ensemble de vitres. La Bourse de Paris est éclairée par le plafond, qui est fait de vitres. — **12. Revenant :** personne que l'on suppose *revenir* de l'autre monde. — **13. Mythe** (masc.) : personne ou chose qui symbolise une idée et qui, souvent, est censée n'avoir aucune existence réelle. Noël Schoudler symbolise la puissance et la réussite financière. — **14. Sonchelles :** les Sucreries de Sonchelles, affaire importante qui a provoqué la catastrophe financière. — **15. Enceinte** (fém.) : espace fermé (*ceindre*, entourer). La *ceinture* entoure la taille. — **16. Paume** (fém.) : creux de la main. — **17. Adepte** (masc.) : personne initiée à une doctrine, à une religion. — **18. Marqueur :** celui qui est chargé de *marquer* les cours sur un tableau noir. — **19. Hystérie** (fém.) : maladie nerveuse qui rend le malade très agité ; ici, folie collective. — **20. La plèbe** (fém.) : à Rome, l'ensemble des citoyens de droit inférieur ; ici, au sens péjoratif, la foule. — **21. Officiant** (masc.) : celui qui *officie* (célèbre un office religieux). — **22. Grand prêtre :** chez les Hébreux, nom donné au chef de la religion hébraïque ; ici, les personnages importants, les agents de change. — **23. Margelle** (fém.) : ensemble des pierres qui forment le rebord d'un puits ; ici, balustrade qui entoure la corbeille. — **24. Grouillot** (masc.) : nom donné aux jeunes commis de Bourse chargés de faire les courses. — **25. S'égosiller** (vient de *gosier*, l'organe de la voix) : crier jusqu'à en perdre la voix. — **26. Yeux exorbités :** yeux sortis de leur *orbite ;* ici, yeux si grand ouverts par l'émotion qu'ils font penser aux yeux des insectes. — **27. Alvéole** (masc.) : cavité dans les rayons de miel que font les abeilles. — **28. Loupe** (fém.) : verre qui grossit les objets, employé spécialement dans les laboratoires.

Etude du texte

A. Faites le plan de ce texte. — **B.** Résumez-le en 200 mots. — **C.** Répondez aux questions suivantes : **1.** Quels étaient les principaux clients de la banque Schoudler ? — **2.** Pourquoi retiraient-ils tous ce même jour leur argent de la banque ? — **3.** Où se tenait autrefois le marché de la coulisse ? — **4.** En quoi la Bourse ressemble-t-elle à une gare ? — **5.** Où se tiennent les agents de change à la Bourse ? — **6.** Pourquoi l'apparition de Schoudler provoque-t-elle un grand émoi ? — **7.** Quelles sont les différentes sortes de marchés à la Bourse ? — **8.** Pourquoi y a-t-il du sable au milieu de la corbeille ? — **9.** A quelle heure la Bourse commençait-elle à cette époque ? — **10.** Pourquoi les boursiers étaient-ils si agités ? — **11.** Comment peut-on connaître les cours à la Bourse ? — **12.** Que se passe-t-il lorsque l'offre augmente et que la demande diminue ?

Sujets d'essai

1. Que savez-vous de Noël Schoudler d'après ce texte ? Comment imaginez-vous le personnage du point de vue physique et moral ? — **2.** Dans ce texte, M. Druon compare la Bourse à une église. Quels sont les termes de comparaison que vous pouvez relever dans ce texte ? Vous semblent-ils justifiés ? — **3.** Quelles sont les différentes fonctions d'un *agent de change ?* Comment l'organisation de la Bourse s'est-elle modifiée depuis quelques années ? — **4.** Avez-vous déjà visité une Bourse des valeurs ou des marchandises ? Si oui, décrivez-la et racontez votre visite. Sinon, comment pouvez-vous imaginer la Bourse des valeurs de Paris d'après les détails qui vous sont donnés dans ce texte ?

47. Mécanisme de la Bourse

Le profane qui pénètre dans la Bourse peut s'étonner du ballet apparemment désordonné auquel il lui est donné d'assister. Qu'y a-t-il derrière cette agitation fébrile, ces cris inintelligibles pour le non-initié ? C'est ce que l'auteur de ce texte essaie de nous faire comprendre.

Ce qui s'échange à la Bourse, ce sont des *actions* et des *obligations*, c'est-à-dire des *titres* que des sociétés commerciales ou industrielles ont émis et que des particuliers ou d'autres sociétés ont achetés. Ces acquéreurs peuvent, pour une raison quelconque, vouloir s'en débarrasser. Il leur faut donc trouver acheteur. Si la Bourse n'existait pas, ce serait difficile et, l'acheteur trouvé, il resterait à fixer le prix. Or, à tout moment il y a des gens qui ont besoin d'argent et désirent vendre leurs titres, tandis que d'autres ont, au contraire, des *disponibilités* à placer. La Bourse les met en contact par l'intermédiaire des *agents de change*.

Ces agents centralisent les ordres des vendeurs et ceux des acheteurs. Puis, réunis à la Bourse, ils confrontent [1] les ordres qu'ils ont reçus. Leurs gestes apparemment désordonnés [...] ont une signification réelle : le bras poussé du dedans vers le dehors signifie qu'ils veulent vendre l'action que l'on est en train de *coter* ; le bras agité du dehors vers le dedans signifie qu'ils veulent acheter.

En même temps, à pleine voix, ils annoncent la quantité qu'ils veulent céder ou acquérir et le prix auquel ils sont disposés à le faire. Ainsi, de proche en proche, le prix qui égalise l'*offre* et la *demande* est fixé. C'est le *cours*, c'est-à-dire le prix auquel certains acceptent de vendre et auquel certains acceptent d'acheter. Les fiches blanches servent à noter les ordres d'achat ou de vente des clients, puis, une fois le cours fixé, le nom de l'agent de change auquel on a acheté ou vendu. Un employé de la Chambre syndicale [2] suit la discussion et transmet les ordres obtenus à son collègue juché [3] sur sa passerelle métallique, qui les inscrit au tableau.

Mais, comme de nombreuses sociétés ont émis des titres, les agents de change, groupés autour de la *corbeille*, ne pouvaient plus tous les coter. Ils ont donc délégué à certains de leurs employés, *commis* ou fondés de pouvoir [4], le droit de coter à leur place. Ce sont ces commis qui, groupés sur les gradins autour du tableau noir, accomplissent le même travail.

Cette *cotation* à la criée, sorte de vente aux enchères [5] où plusieurs vendeurs sont confrontés à plusieurs acheteurs, est très spectaculaire [6]. Mais [...] c'est un système très lent et peu satisfaisant. Il a fallu trouver d'autres méthodes : la cotation par opposition et la cotation par casier. Le principe en est simple et consiste à confronter par écrit les ordres d'achat et de vente. Dans le premier cas, les ordres sont inscrits en regard sur un grand registre ; dans le second, ils sont déposés dans une boîte et dépouillés [7] par un commis. La criée n'est plus utilisée que pour des actions cotées à terme et pour certains titres publics, c'est-à-dire pour les titres les plus importants.

Ainsi toute l'agitation a pour seul objet de fixer les prix auxquels les titres seront échangés. Que ces prix se modifient continuellement n'a donc plus rien qui doive étonner : ils dépendent de l'importance variable des ordres d'achat et de vente. Mais ces ordres, à leur tour, dépendent d'une quantité énorme de facteurs, et il importe de savoir quels sont ces facteurs et ce qui les modifie. Pourquoi à certains moments les cours montent-ils (ou s'effondrent-ils [8]) si rapidement ? Quels sont les événements qui incitent la foule tantôt à se ruer vers la Bourse, tantôt à la fuir ? Sur une longue période de temps, le prix d'une action évolue-t-il toujours dans un sens favorable ? Le titulaire d'une action est propriétaire d'une partie de tout ce que la société possède : terrains, machines, immeubles,... Si les affaires de cette société sont bonnes, la valeur de tous ces biens augmente et le prix de l'action doit donc normalement augmenter ; son cours, tel qu'il résulte du jeu boursier, augmente-t-il dans une même proportion ?

Ces questions mettent en jeu des facteurs complexes [9], soit. Mais, chaque jour, une dizaine de journaux spécialisés, sans parler de la grande presse, de la radio et même de la télévision, traitent des problèmes boursiers. Pourquoi, dès lors, le mystère demeure-t-il aussi épais, comme s'il était de la nature profonde de la Bourse d'être ou de paraître mystérieuse ? N'est-ce pas, pour une bonne part, en raison de l'excessive discrétion dont s'entourent les professionnels de la Bourse ?

JEAN VALEURS, *A quoi sert la Bourse ?* (Seuil).

1. **Confronter** : comparer. — 2. **La Chambre syndicale** (des agents de change) : organisme dont les membres sont élus par les agents de change. Elle représente collectivement la corporation pour défendre ses droits ; elle a aussi pour mission de résoudre les différends que peuvent avoir les agents de change soit entre eux, soit avec des tiers. — 3. **Juché** : installé très haut, perché. Afin de pouvoir écrire sur le grand tableau de la Bourse, l'employé monte sur une passerelle métallique. — 4. **Fondé de pouvoir** : employé supérieur qui a le *pouvoir* d'engager l'entreprise sur sa signature. — 5. **Vente aux enchères** : vente d'objets (généralement d'objets d'art) au cours de laquelle celui qui veut acheter doit proposer un prix supérieur à ceux qui ont été proposés auparavant ; l'objet à vendre revient à celui qui en a offert le prix le plus élevé. — 6. **Spectaculaire** : qui produit une forte impression, comme peut le faire un *spectacle* (théâtre, cinéma). — 7. **Dépouiller** : examiner dans le détail (un compte, des commandes). — 8. **S'effondrer** : baisser très rapidement ; *effondrement* (masc.) : chute brutale. — 9. **Complexe** : qui contient plusieurs éléments différents, qui est difficile à analyser.

Etude du texte

A. Faites le plan de ce texte. — **B.** Résumez-le en 200 mots. — **C.** Répondez aux questions suivantes : **1.** A qui les personnes qui désirent acheter des titres doivent-elles s'adresser ? — **2.** Pourquoi certaines personnes désirent-elles acheter des titres ? — **3.** Pourquoi certaines personnes désirent-elles vendre des titres ? — **4.** Comment s'appelle la liste des cours à la Bourse ? — **5.** Par qui les titres sont-ils cotés ? — **6.** Comment fait-on la cotation à la criée ? — **7.** Pour quels titres utilise-t-on la cotation à la criée ? — **8.** Comment se fait la cotation des titres au comptant ? — **9.** Pourquoi règne-t-il généralement une grande agitation à la Bourse ? — **10.** Est-il facile de prévoir les réactions de la Bourse ? — **11.** Comment peut-on essayer de connaître les tendances de la Bourse ?

Sujets d'essai

1. Imaginez que vous vouliez acheter des titres. Que feriez-vous ? Comment les titres vous parviendraient-ils ? Expliquez le processus de l'achat et de la vente. — **2.** Quelle influence la Bourse exerce-t-elle actuellement sur l'économie d'un pays ? Cette influence est-elle aussi forte qu'auparavant ?

48. Le marché des capitaux

Jusqu'au début du siècle dernier, les richesses des individus se composaient d'immeubles et de meubles. Peu à peu est apparue une nouvelle forme de richesses : les valeurs mobilières. *La petite entreprise individuelle a été remplacée par la grande entreprise collective. Il est alors devenu indispensable aux sociétés de disposer de capitaux importants. Elles ont été amenées à émettre des valeurs mobilières : actions, obligations, parts de fondateur. Le développement de ces valeurs et les négociations auxquelles elles donnent lieu ont nécessité l'organisation de marchés spéciaux, appelés « Bourses des valeurs ».*

Le texte ci-dessous est une étude du mouvement des capitaux à la Bourse, des diverses causes et des effets de ces fluctuations, et du rôle important qu'y joue l'épargne.

Dans le marché des *valeurs mobilières*, la *loi de l'offre et de la demande* s'applique de façon parfaite. L'ensemble des *cours cotés* va d'abord dépendre de la masse [1] des capitaux qui sont prêts à *s'investir* en valeurs mobilières et de la masse des titres à *réaliser*. Cette confrontation [2] permanente donne ce qu'on appelle la « tendance du marché ». S'il y a afflux [3] de capitaux vers la Bourse, si les acheteurs se pressent nombreux aux *guichets* des banques et dans les *charges d'agents de change*, si la demande exige une hausse des cours pour équilibrer la valeur des titres offerts en contrepartie [4], on dit que la Bourse est « ferme ». Si, au contraire, la masse des titres à vendre dépasse les *disponibilités monétaires*, si les capitaux se détournent [5] de la Bourse, les propriétaires de valeurs mobilières ne pourront réaliser leurs titres que s'ils consentent à faire des sacrifices suffisants sur le prix de vente. Les cours baissent, le marché est « lourd ».

On conçoit, dès lors, que la Bourse soit attentive à tous les événements économiques, politiques, financiers, sociaux, nationaux et internationaux qui peuvent avoir pour effet un afflux ou un reflux des capitaux, une amélioration ou une diminution de l'attrait que comporte la possession de valeurs mobilières.

Les mouvements de capitaux ont des causes diverses, mais l'*épargne* est la cause la plus classique, la plus normale et la plus saine. Le montant des revenus qui n'est pas absorbé par les achats de *biens de consommation* peut s'investir en *biens de production*. Un emploi, parmi d'autres, consiste à acheter des valeurs mobilières qui donnent à leurs détenteurs [6] une part de propriété dans les biens appartenant aux sociétés dont ils se procurent les actions. Dans la mesure où le *revenu* de certaines classes de la population dépasse leurs besoins, des capitaux se trouvent disponibles, et certains prendront le chemin de la Bourse. Ainsi la reconstitution des biens détruits par la guerre (construction, mobilier, équipement ménager [7]), a absorbé pendant un temps le revenu de nombreux particuliers. Ces dépenses faites, un excédent est apparu qui a contribué à alimenter la Bourse. De même, l'ouverture de l'éventail [8] des salaires, l'allégement [9] de la surtaxe progressive [10] sont des éléments de nature à favoriser l'afflux de capitaux vers le marché des valeurs mobilières.

En sens inverse, tout événement qui a pour effet de diminuer la part des revenus excédant les besoins de consommation (écrasement de la *hiérarchie* des salaires, augmentation de l'impôt, hausse des prix non accompagnée d'un accroissement des revenus) est de nature à réduire l'épargne individuelle, donc la masse des capitaux prêts à s'investir en valeurs mobilières. Il en est de même des initiatives [11] qui tendent à diminuer l'épargne collective. Sans discuter le progrès social indéniable [12] que représente l'institution de la Sécurité sociale, il faut reconnaître que, dans la mesure où elle assume des risques antérieurement couverts par la constitution de réserves, elle provoque une réduction des capitaux employés à cet effet et dont une partie importante donnait lieu à l'achat de valeurs mobilières. Il en est de même, dans d'autres cas, de la substitution du système de la répartition au système de capitalisation.

Tous les événements qui sont de nature à agir sur ce qu'on pourrait appeler l'« épargne naissante » doivent être suivis avec attention. Ils libèrent des capitaux, qui, certes, sont souvent d'importance modeste à l'*échelle individuelle*, mais qui, multipliés par le nombre des personnes intéressées, forment une masse appréciable, dont la stabilité est d'autant mieux assurée qu'elle est très divisée. Ainsi, est-il d'observation courante que la fin d'une année et le début de l'année suivante, avec les *gratifications* et étrennes qui sont généralement distribuées à cette époque, de même que les mois de juin, de juillet et août, pendant lesquels de nombreuses sociétés payent leurs *dividendes*, sont des périodes où un afflux de capitaux vers la Bourse est souvent constaté.

GASTON DEFOSSÉ, *la Bourse des valeurs* (P. U. F.).

1. Masse (fém.) : ensemble. — **2. Confrontation** (fém.) [vient de *front*] : action de *confronter* (mettre des personnes en présence pour comparer leurs paroles) ; ici, présence simultanée de capitaux et de titres. — **3. Afflux** : arrivée (*affluer*, couler vers). *Reflux* : retour en arrière. Le *flux* et le *reflux* désignent le mouvement d'avance et de recul de la marée. — **4. En contrepartie** : en échange. — **5. Se détourner** : tourner les yeux d'un autre côté. Ici, les capitaux servent à acheter non pas des titres de Bourse, mais de l'or, des immeubles, etc. — **6. Détenteur** (masc.) (de *détenir*), voir p. 136. — **7. Equipement ménager** : tout ce qui sert à équiper le ménage, la maison (cuisinière, aspirateur, etc.). — **8. Eventail** : sorte d'écran qui se replie sur lui-même et avec lequel on s'*évente ;* ici, tout l'ensemble des salaires. *Ouverture de l'éventail des salaires :* fait de créer une grande différence entre les salaires les plus bas et les plus élevés. — **9. Allégement** (masc.) : action de rendre plus *léger :* ici, diminution. — **10. Surtaxe progressive** : ancien nom de l'I. R. P. P. (voir Glossaire, *impôt*). — **11. Initiative** (fém.) : action de celui qui fait le premier quelque chose. — **12. Indéniable** : indiscutable (qu'on ne peut pas *nier*).

Etude du texte

A. Faites le plan du texte. — **B.** Résumez-le en 200 mots. — **C.** Répondez aux questions suivantes : **1.** De quoi dépend avant tout l'ensemble des cours cotés ? — **2.** Quand dit-on que le marché est « ferme » ? — **3.** Quand dit-on que le marché est « lourd » ? — **4.** Quelles sont les sortes d'événements qui peuvent avoir une influence sur la Bourse ? — **5.** Pourquoi l'épargne est-elle la cause la plus normale du mouvement des capitaux ? — **6.** Pourquoi, dans les années qui ont suivi la guerre, les transactions boursières étaient-elles peu nombreuses ? — **7.** Qu'indique la reprise de la Bourse du point de vue économique ? — **8.** Quels sont les faits qui favorisent le marché des capitaux ? — **9.** Quels sont les faits qui nuisent au marché des capitaux ? — **10.** Pourquoi la Sécurité sociale ne favorise-t-elle pas l'épargne individuelle ? — **11.** Quels sont les faits qui favorisent l'activité de la Bourse en décembre, janvier, et durant les mois d'été ?

Sujets d'essai

1. Comment peut-on *placer* l'argent que l'on veut épargner ? Quels sont les avantages et les inconvénients de chacun de ces moyens ? Quelle est la différence entre l'épargne et la spéculation ? — **2.** Pensez-vous que l'épargne soit indispensable à la vie d'un pays ? Quel rôle joue-t-elle du point de vue économique ? — **3.** Montrez l'évolution du rôle que joue l'épargne dans la vie privée des individus dans le monde moderne. Etes-vous vous-même partisan de l'épargne ? — **4.** Expliquez le fonctionnement de la loi de l'offre et de la demande en donnant des exemples précis. N'y a-t-il pas des exceptions à cette loi ?

49. Les clefs de la fortune [1]

Dans Un certain M. Blot, *dont ce texte est extrait, Pierre Daninos fait la satire du Français moyen. M. Blot est employé dans une maison de commerce parisienne. Sa vie, ses habitudes, ses soucis sont ceux de la majorité des Français de sa condition. M. Blot voudrait faire fructifier ses économies. Il se renseigne autour de lui pour savoir quels sont les meilleurs moyens de faire fortune. Mais nous verrons que ces moyens qui lui ont été conseillés par des experts ne lui réussiront pas du tout. Remarquons aussi que dans ce texte il est question de francs anciens : cinq cent mille francs, soit cinq mille francs d'aujourd'hui.*

Maintenant que j'ai profité des judicieux avis qui m'ont été donnés par de multiples conseillers bénévoles [2], je suis heureusement en mesure de voir clair, et de pouvoir faire bénéficier les autres de mon expérience. Celle-ci me paraît suffisante pour me permettre de conclure qu'il existe cinq moyens de faire fortune : 1° en mettant de l'argent de côté ; 2° en achetant des *valeurs ;* 3° en achetant de l'or ; 4° en achetant de la peinture [3] ; 5° en achetant de la terre [4].

Quand on possède ces cinq clefs de la fortune, on se sent un autre homme. Je les livre volontiers, estimant qu'il n'y a pas de raison de les garder pour moi. Du même coup, je ne me sens pas le droit de cacher ce que la même expérience m'a révélé, et qui est plus troublant encore, à savoir qu'il existe également cinq moyens de perdre tout ce que l'on a — et même davantage : 1° en mettant de l'argent de côté ; 2° en achetant des valeurs ; 3° en achetant de l'or ; 4° en achetant de la peinture ; 5° en achetant de la terre.

La première idée qui vient aux esprits simples, et même aux esprits moins simples que cela, pour garder l'argent qu'ils ont, c'est de le mettre de côté. Pourtant, le premier conseil qu'ils reçoivent des experts, c'est de ne pas le garder. Comment concilier [5] ces tendances ?

[...] Je me rappellerai longtemps le regard de commisération que me lança un expert financier lorsque, pour répondre à sa demande : « Alors... qu'est-ce que vous allez faire avec tout cet argent ? », je lui eus confié : « Je vais le mettre de côté... » Il était clair qu'à ses yeux j'étais innocent ou fou. Sur-le-champ, il me démontra que rien n'était plus dangereux. Autant conserver chez soi une tonne de nitroglycérine ou un élément radioactif. Ainsi, cet argent que la Providence avait si longtemps tardé à mettre entre mes mains, ce trésor tombé du ciel, il fallait à tout prix m'en débarrasser au plus vite sous peine de le voir fondre comme un bloc de glace. En le gardant chez moi, je le vouais à subir, sous le coup des *dévaluations*, le sort d'une peau de chagrin [6]. Je devais sans tarder l'employer, le transformer, acheter n'importe quoi, mais acheter quelque chose, des valeurs par exemple. « De bonnes valeurs, naturellement, me dit l'expert. Des choses solides. » [...] A la Bourse, il n'y a qu'une seule chose de vraie : le *portefeuille*. A la Bourse, la seule chose vraie pour les uns, c'est le portefeuille, pour d'autres la *spéculation* sur les pétroles, pour ceux-là les *placements* en mines d'or. Comme tous les experts sont des gens très intelligents, il n'est pas douteux qu'ils aient chacun raison. Voilà pourquoi, de même qu'il est recommandé d'avoir une femme d'intérieur, des enfants et la santé, il est bon de posséder des pétroles [7], des produits chimiques et des mines d'or.

« Pourquoi donc, m'a dit un de mes conseillers, ne prendriez-vous pas un peu de roquefort [8]. Vous en avez, du roquefort ? »

Non, je l'avoue, je n'avais jamais pris de roquefort à la Bourse. Le technicien jeta un coup d'œil sur la liste de mes *actions :*

« Vous me paraissez un peu chargé en pétroles [9], me dit-il, comme si j'avais eu la langue pâteuse [10]. Même en cuivre vous pourriez vous alléger. On pourrait faire un *arbitrage* et vous faire rentrer du ciment. Avec ça et le roquefort, vous ferez votre beurre [11] ! »

Comme je rétorquais que cet arbitrage se ferait à mon détriment [12], le cuivre ayant baissé, mon expert m'enseigna un autre axiome [13] :

« Il y a des moments où il faut savoir se couper un bras [14] ! C'est dur, je sais, mais il faut ce qu'il faut. »

Je me suis donc fait couper un bras de cuivre — et la Bourse a continué à tourner. Le ciment me dit bien [15]. Il a quelque chose de rassurant. Et puis n'est-ce pas merveilleux de pouvoir, sur un simple coup de téléphone, changer son pétrole et son cuivre contre du ciment et du roquefort ? J'ai pris un peu des deux. Je me sens déjà mieux armé [16]. Et, de ce fait, je respecte le sempiternel [17] axiome : « Il ne faut pas mettre tous ses œufs dans le même panier [18]. »

Mon portefeuille ainsi constitué, j'aurais dû [...] ne plus y penser. Je ne dois donc pas être un homme de portefeuille. J'aime que les choses bougent, et dans le bon sens. Au bout de quelques semaines, la manie des *ordres* m'avait repris. [...]

Ces actions me brûlaient les doigts. Finalement, je les ai vendues — *à perte*. Et je me suis rabattu sur la solution la plus raisonnable : l'or.

A dire vrai, j'avais pensé à l'or avant même d'avoir de l'argent.

« Prenez donc de l'or ! m'avait dit mon expert. Avec ça vous *êtes couvert*. Bientôt vous m'en direz des nouvelles. »

Je suis allé, il y a peu, lui en porter. Il paraissait radieux.

« Alors, dit-il, content ?

— Comment content ? Content de perdre cinq cent mille francs ?

— Vous perdez, c'est entendu... Mais... quel sentiment de sécurité.

— ?

— Mais oui, bien sûr ! Si l'or baisse, c'est que tout va bien : les finances de l'Etat sont assainies [19], il n'y a pas de risque de guerre, vous pouvez enfin respirer... Est-ce que ça ne vaut pas cinq cent mille francs ?

— Pourtant, si je les avais gagnés au lieu de les perdre...

— Ce serait la preuve que tout va mal, que nous sommes à la veille de la *banqueroute*, de la guerre ou de la révolution... Qui sait ? Vous seriez peut-être en prison ! »

Quand je rentrai chez moi, j'étais rasséréné. [...]

J'avais donc le sourire lorsque je dis à Thérèse [20] :

« Tu às vu ? ... L'or baisse... C'est épatant ! »

Et comme elle me demandait si je me sentais bien, je lui révélai ma sensation d'extraordinaire sécurité. Cela ne parut pas la convaincre.

PIERRE DANINOS, *Un certain M. Blot* (Hachette).

1. Les clefs de la fortune : les moyens de faire fortune. — **2. Bénévole :** qui donne des conseils gratuitement. — **3. La peinture** : ici, des tableaux de valeur. — **4. La terre :** des terrains qui ont de la valeur ou qui peuvent en acquérir. — **5. Concilier :** mettre d'accord. — **6. Peau de chagrin :** peau de chèvre ou de mouton, qui a tendance à rétrécir et qui est utilisée en reliure. Dans un roman bien connu de Balzac, intitulé *la Peau de chagrin*, il est question d'une peau de chagrin qui se rétrécit peu à peu à mesure que son possesseur satisfait chacun de ses désirs. Il doit mourir lorsque la peau aura disparu. — **7. Des pétroles, des mines d'or.** Il s'agit des actions émises pour constituer le capital d'une société de pétroles, de mines d'or. — **8. Roquefort** : nom d'un fromage français réputé qui se fabrique dans l'Aveyron ; ici, il s'agit des actions émises par une société fabriquant du roquefort. — **9. Chargé en pétroles :** qui possède trop d'actions de sociétés pétrolières par rapport aux autres actions. — **10. La langue pâteuse.** Lorsqu'une personne est souffrante, il lui semble que sa langue est épaisse comme une pâte mal levée (c'est ce que les médecins appellent : « avoir la langue chargée »). — **11. Faire son beurre** (pop.) : gagner beaucoup d'argent. — **12. A mon détriment :** à mon désavantage. — **13. Axiome** : vérité évidente par elle-même et qui n'a pas besoin d'être démontrée. — **14. Il faut savoir se couper un bras :** il faut savoir faire de gros sacrifices. — **15. Le ciment me dit bien :** les actions de ciment me semblent excellentes. — **16. Je me sens mieux armé :** je me sens prêt à supporter les coups durs. On appelle *béton armé* le béton qui sert à construire les immeubles modernes, avec une *armature* métallique incorporée. — **17. Sempiternel :** constamment répété. — **18. Il ne faut pas mettre tous ses œufs dans le même panier :** ici, il ne faut pas acheter une seule sorte d'actions. — **19. Assaini :** rendu sain. (Contraire : *pourri*.) — **20. Thérèse :** la femme de M. Blot.

Etude du texte

1. Faites le plan de ce texte. — **2.** Résumez-le en 300 mots. — **3.** Répondez aux questions suivantes : **1.** Quels sont les cinq moyens de faire fortune selon Daninos ? — **2.** Pourquoi est-il possible de perdre aussi de l'argent par ces mêmes moyens ? — **3.** Pourquoi est-il parfois dangereux de mettre de l'argent de côté ? — **4.** Quels sont les résultats de la dévaluation ? — **5.** Pourquoi certains experts conseillent-ils d'acheter des valeurs ? — **6.** Quelles sortes d'actions conseille-t-on d'acheter à M. Blot ? — **7.** Dans quel lieu est-il possible d'acheter et de vendre des valeurs ? — **8.** Comment un portefeuille de valeurs doit-il être constitué ? — **9.** Comment s'appellent les intermédiaires à la Bourse des valeurs ? — **10.** Pourquoi certains experts conseillent-ils d'acheter de l'or ? — **11.** Pourquoi est-ce un bon signe du point de vue économique lorsque l'or baisse ? — **12.** La femme de M. Blot est-elle satisfaite d'apprendre que l'or baisse ?

Sujets d'essai

1. Dans ce texte, Daninos considère trois moyens qui permettent de faire fortune... et de perdre cette fortune. Mais il en a proposé deux autres : acheter de la peinture ou des terres. Montrez les avantages qu'offrent ces sortes d'opérations ainsi que les risques qu'elles présentent. — **2.** Quelle est, selon vous, la meilleure façon de sauvegarder ses économies actuellement ?

Phot. H. Lacheroy

Les sociétés

50. Une société multinationale

Dans son livre l'Imprécateur, *René-Victor Pilhes fait une critique des sociétés multinationales avec tout ce qu'elles représentent d'inhumain et de démesuré. Ces sociétés géantes, qui ont des filiales dans différents pays, groupent des capitaux très importants et ont de multiples activités.*

Avec le développement de l'industrie, on a d'abord vu naître aux Etats-Unis les sociétés internationales qui avaient des filiales dans deux ou plusieurs pays étrangers. Ces sociétés se sont transformées, à la suite de fusions et d'absorptions, en sociétés multinationales qui se sont répandues dans le monde entier. Mais leur essor semble se ralentir du fait de la conjoncture actuelle.

La firme géante, multinationale et américaine Rosserys et Mitchell fabriquait, emballait et vendait des engins [1] destinés à défricher, labourer, semer, récolter, etc. Son état-major siégeait à Des Moines, dans l'Iowa, splendide Etat d'Amérique du Nord.

La compagnie avait d'abord vendu ses engins à l'intérieur des Etats-Unis; ensuite, elle les avait exportés et, pour finir, elle avait bâti des usines dans les pays étrangers.

Lorsque survinrent les événements relatés ici, Rosserys et Mitchell avait entrepris de construire des usines non point dans les pays assez riches pour acheter eux-mêmes les engins fabriqués et emballés sur leur sol, mais au contraire dans les pays pauvres et démunis de denrées pour la raison que les salaires payés aux ouvriers de ces pays étaient moins élevés qu'ailleurs.

Les gens qui, à l'époque, se pressaient sur le pavois [2] [...] portaient haut leur superbe [3] [...] et aussi la philosophie que voici :

a. Fabriquons et emballons chez nous des engins et vendons-les chez nous.

b. Maintenant, vendons nos engins à ceux de l'extérieur qui ont de l'argent pour les acheter;

c. Fabriquons et emballons sur place, toujours chez ceux qui ont de l'argent pour acheter;

d. Pourquoi ne pas fabriquer et emballer nos engins dans les pays pauvres, de façon à les obtenir moins chers?

e. A la réflexion, pourquoi ne pas fabriquer les vis [4] de nos engins là où les vis coûtent le moins cher, les boulons [4] là où ils coûtent le moins cher, assembler le tout là où ça coûte le moins cher d'assembler, l'emballer là où ça coûte le moins cher d'emballer?

f. Et, finalement, pourquoi se limiter à la fabrication d'engins? Avec tout l'argent qu'on gagne, pourquoi ne pas acheter tout ce qui est à vendre? Pourquoi ne pas transformer notre industrie en gigantesque société de placement?

La sécheresse [5] de ce processus masquait un altruisme [6] remarquable. La construction d'usines et d'immeubles sur toute la surface du globe apportait du travail et de la nourriture aux peuples maigrement pourvus, accélérait leur marche vers le progrès et le bien-être. C'est pourquoi ces gens qui, en fabriquant, en emballant et en vendant, édifiaient le bonheur de l'humanité en vinrent à se demander à quoi pouvaient servir les assemblées politiques et les gouvernements. Voici ce que ces néopatriciens [7] répondirent : « Nous qui fabriquons, emballons et vendons, nous créons les richesses et nous en remettons une part importante aux institutions politiques, librement ou non élues, qui les redistribuent. Ces richesses, nous ne voulons pas les répartir nous-mêmes, car nous serions juge et partie [8]. Ainsi, le monde, après tant de soubresauts [9] et de déchirements millénaires, a enfin trouvé sa voie : fabriquer, emballer, vendre, distribuer le produit de la vente... »

Ainsi étaient façonnés [10] les esprits dans le monde industrialisé, lorsque survint un incident dans la firme française de cette compagnie géante, américaine et multinationale.

Or, c'était le temps où les pays riches, hérissés d'industries [...] et de magasins, avaient découvert une foi nouvelle, un projet digne des efforts supportés par l'homme depuis des millénaires : faire du monde une seule et immense entreprise.

RENÉ-VICTOR PILHES, *l'Imprécateur* (Editions du Seuil).

1. **Engin** (masc.) : nom donné à toutes sortes de machines, d'outils, etc. — 2. **Pavois** (masc.) : grand bouclier sur lequel les Francs portaient leurs souverains lorsqu'ils accédaient au pouvoir. *Se presser sur le pavois:* ici, être nombreux à vouloir obtenir un poste de direction. — 3. **Superbe** (fém.) : orgueil démesuré. *Porter haut sa superbe:* se comporter avec orgueil. — 4. **Boulon** (masc.) : ensemble constitué par une *vis* (pièce de métal que l'on enfonce en la faisant tourner sur elle-même) et un *écrou* (pièce percée d'un trou dans lequel s'insère la vis). — 5. **Sécheresse** (fém.) : vient de *sec*. Ici, aridité, manque d'agrément. — 6. **Altruisme** (masc.) : souci désintéressé du bien d'autrui. (Contraire : *égoïsme*.) — 7. **Néopatricien** (masc.) : les *patriciens* étaient, à Rome, l'ensemble de la haute bourgeoisie et de la noblesse qui se partageaient les tâches gouvernementales. Ici, les *néopatriciens* désignent la classe des nouveaux dirigeants. — 8. Dans un jugement, la *partie* désigne la personne qui plaide pour ou contre l'accusé. *Être juge et partie:* juger sa propre cause. Ici, les dirigeants ne veulent pas jouer à la fois le rôle de créateurs de richesses et celui de distributeurs. — 9. **Soubresaut** (masc.) : saut brusque, bouleversement. — 10. **Façonner** : faire, former avec soin.

Etude du texte

A. Faites le plan de ce texte. — **B.** Résumez-le en 200 mots. — **C.** Répondez aux questions suivantes : **1.** Quelle différence y a-t-il entre une société internationale et une société multinationale? — **2.** Quel a été le pays à l'origine des sociétés géantes? — **3.** Pourquoi les sociétés géantes ne se développent-elles plus actuellement? — **4.** Pourquoi les sociétés multinationales rencontrent-elles souvent une certaine hostilité? — **5.** Quelles avaient d'abord été les activités de la firme Rosserys et Mitchell? — **6.** Comment se sont-elles transformées par la suite? — **7.** Pourquoi la firme construisait-elle des usines dans les pays pauvres? — **8.** Quelle était la philosophie des dirigeants? — **9.** Pensez-vous qu'ils agissaient par altruisme? — **10.** Dans quelle mesure le développement des sociétés géantes peut-il contribuer à l'élévation du niveau de vie des nations en voie de développement, selon vous?

— **11.** Quel était le programme que le monde avait enfin adopté, selon les néopatriciens? — **12.** Relevez, dans ce texte, les expressions ironiques qu'emploie l'auteur pour définir la philosophie des sociétés multinationales.

Sujets d'essai

1. L'idéal de l'an 2000 est-il, selon vous, de faire du monde « une seule et immense entreprise »? Quels sont les dangers qu'entraînerait une telle conception? — **2.** Pourquoi tant de petites entreprises sont-elles amenées à fusionner? Pensez-vous que cela se fasse toujours à leur avantage?

51. Constitution d'une société

Achille Quesnay, fabricant de lainages, a décidé de constituer une société en nom collectif avec son gendre et deux de ses petits-fils, dont Bernard est le plus jeune. Les quatre associés sont réunis par le notaire pour signer les statuts de la société. Tout en écoutant la lecture de l'acte constitutif de la société, Bernard se demande s'il a raison de se lier pour la vie à une entreprise qui ne l'intéresse pas beaucoup. Dans la suite du livre, on le verra s'attacher de plus en plus à cette entreprise. A la mort de son grand-père, il reprendra la place de directeur.

« Monsieur Achille, dit le notaire [1], je suis prêt.

— Maître Pelletot, nous vous écoutons. »

Le notaire affermit ses lunettes [2] et commença l'office du jour [3] :

« Ce quinze mars de l'an mil neuf cent dix-neuf, par-devant Me Pelletot Albert-Amédée, notaire à Pont-de-l'Eure, ont comparu :

« M. Achille Quesnay, *manufacturier*, demeurant au château de la Croix-Saint-Martin, à Pont-de-l'Eure;

« M. Camille-Marie Lecourbe, chevalier de la Légion d'honneur, manufacturier à Pont-de-l'Eure ;

« M. Antoine-Pierre Quesnay, manufacturier à Pont-de-l'Eure ;

« Et le lieutenant Bernard Quesnay, actuellement mobilisé au 15e bataillon de chasseurs à pied, aux armées ;

« Lesquels ont arrêté comme suit les clauses et conditions de la *société en nom collectif* qu'ils ont résolu de former entre eux, sous la *raison sociale* « Quesnay et Lecourbe », et qui aura pour objet la fabrication et la vente des tissus de laine. »

Bernard Quesnay regarda la scène en amateur de peinture.

En face de lui, le visage de son grand-père, d'un rose vif sous les cheveux blancs, se détachait sur la tenture sombre avec l'éclat net, le contour d'un Holbein [4]. A la droite et à la gauche du vieillard, son gendre Lecourbe et l'aîné de ses petits-fils, Antoine, personnages secondaires et voilés d'ombre, entendaient, résignés, le grimoire [5] du notaire. Le battement monotone des métiers de l'usine faisait trembler visages et mains d'une vibration mécanique, qui donnait à ces trois hommes l'apparence passive des machines.

« Le décès de l'un ou de l'autre des associés n'entraînera pas la *dissolution* de la société, qui continuera de plein droit entre tous les *associés* survivants, sans que la veuve ou les ayants droit de l'associé prédécédé puissent prétendre à autre chose qu'aux sommes inscrites au compte du défunt à l'*inventaire* précédent.

— Agréable discours, pensa Bernard ; il n'est question que de notre mort là-dedans. Mais le feu sacré doit brûler éternellement sous les chaudières familiales [6]. Pour assurer la durée du culte, ce notaire accumule les précautions... Que ferait M. Achille s'il se savait condamné à mourir demain ? Sans doute il dicterait son courrier et préparerait son *échéance*...

— La présente société sera constituée pour une durée de vingt années, le commencement de cette période étant fixé au premier juillet mil neuf cent dix-neuf. En cas de *liquidation* anticipée...

— Maître Pelletot est le chapelain [7] de mon grand-père...

Nous voici pour vingt ans en paix avec les dieux... Me voici, moi, pour vingt ans, lié à ce métier. Ai-je raison ?

— ... Fait à Pont-de-l'Eure, au siège de la Société, l'an mil neuf cent dix-neuf, le quinze mars...

— Acheter de la laine, vendre du drap, telle va donc être ma vie... Ma vie brève et unique... Dans vingt ans, la partie sera jouée, tout espoir d'aventure perdu, toute chance de bonheur évanouie. Je ferai tous les matins ma *tournée* dans les ateliers ; le soir, au bureau, je dicterai : « En réponse à « votre honorée... » Le plus terrible est que je n'en souffrirai pas... Et pourquoi ? Qui me force à signer ? »

Une épaisse tristesse l'enveloppa ; il se répéta :

« Ma vie brève et unique... Dieu ! Que ces vitraux sont laids ! Et aux murs ce drap bleu, bordé d'un galon rouge, c'est affreux... Il faut pourtant que j'écoute. J'engage ma vie par cet acte et je n'arrive pas à m'y intéresser. Mon oncle Lecourbe est vraiment ridicule. Même au repos, il a l'air important.

— ... Et, lecture faite, les comparants [8] ont signé avec le notaire. »

La voix de maître Pelletot monta en prononçant la dernière phrase, comme monte la gamme des dernières gouttes d'eau qui remplissent un vase. Il se leva.

« Monsieur Bernard, permettez à un vieil ami de votre famille de vous féliciter de votre entrée dans une maison qui n'a cessé de grandir, et de vous souhaiter le succès si mérité qui fut toujours le partage de votre grand-père et de votre pauvre père. »

A. Maurois, *Bernard Quesnay* ((c) Gallimard).

1. Notaire : officier ministériel qui reçoit et rédige les actes, les contrats, pour leur donner un caractère d'authenticité. — **2. Affermir ses lunettes :** bien les assurer sur son nez. — **3. Office du jour :** ensemble des prières et cérémonies religieuses variant suivant le calendrier, telles que vêpres, messe, etc. — **4. Un Holbein :** un tableau du célèbre peintre. — **5. Grimoire** (masc.) [altération de *grammaire*] : livre des magiciens et des sorciers ; par extension, livre ou langage très obscur. — **6. Les chau-**

dières familiales. La famille doit continuer à diriger la maison, de même que la flamme d'un culte doit être sans cesse alimentée. — **7. Chapelain** : prêtre desservant une chapelle privée. Toujours la même comparaison avec un office religieux. — **8. Comparant** : personne qui comparaît (se présente par ordre devant un magistrat ou un tribunal).

Etude du texte

A. Faites le plan de ce texte. — **B.** Résumez-le en 200 mots. — **C.** Répondez aux questions suivantes : **1.** Pourquoi M. Achille Quesnay a-t-il décidé de constituer une société ? — **2.** De quel genre de société s'agit-il ? — **3.** Quels en sont les associés ? — **4.** Quelle sera la raison sociale de la société ? — **5.** Quel en est l'objet ? — **6.** Quelle devra être la durée de la société ? — **7.** Où se passe la scène ? — **8.** Comment s'appelle l'acte que le notaire a rédigé ? — **9.** Pourquoi cet acte doit-il être fait par un notaire ? — **10.** La société sera-t-elle dissoute si l'un des associés meurt ? — **11.** Pourquoi Bernard se sentait-il triste en écoutant cet acte ? — **12.** La vie d'un fabricant vous semble-t-elle monotone ?

Sujets d'essai

1. D'après ce texte, que savez-vous des membres de la famille Quesnay ? Comment pouvez-vous les imaginer ? — **2.** Si vous deviez choisir une profession dans l'industrie, préféreriez-vous être fabricant, négociant ou intermédiaire ? Dites les raisons de votre choix.

52. L'origine des trusts

L'auteur trace un bref aperçu historique des trusts et des luttes qu'ils ont eu à soutenir depuis leur naissance. Il montre comment ils se sont développés avec l'extension du machinisme, surtout dans trois pays : les Etats-Unis, le Japon et la Grande-Bretagne. Mais l'Etat joue un rôle de plus en plus actif dans l'économie. Dans les pays de régime socialiste, l'industrie est entièrement nationalisée. Le problème des trusts est donc étroitement lié au problème social et politique.

Le XIXe siècle marque le point de départ d'une nouvelle conception du *monopole*. La libération de nouvelles sources d'énergie [1], la mise en exploitation des jeunes continents, l'intensification [2] des échanges internationaux, l'abondance des capitaux, l'extension indéfinie [3] du machinisme [4] ont bouleversé les bases séculaires [5] de l'économie et de la finance ; elles ont permis à des hommes volontaires, tenaces, doués d'une « prescience [6] de l'affaire qui doit réussir » — ce qui est une manière de génie — de bâtir, dans certains pays, des entreprises parfois gigantesques, à la mesure de leur ambition, qui ont frappé l'imagination populaire, toujours sensible au merveilleux, et qui, du moins à une certaine époque, ont tendu tout naturellement au monopole. Du coup, les *trusts* modernes étaient nés. Le terme, d'origine anglaise, évoquait au départ une forme de société reposant sur la confiance (*trust*) que les *épargnants* accordaient à un nombre restreint de techniciens, d'industriels ou de financiers, ou même à un seul, le *trustee*, pour la *gestion* de leurs intérêts communs. La définition du trust n'avait donc rien de péjoratif [7] ni d'infamant [8]. Mais les très grandes sociétés industrielles ont été victimes de leur propre succès et se sont trouvées au centre de véritables batailles qui se sont déroulées sur plusieurs plans très différents.

Il y a eu d'abord la lutte de ces « trusts » entre eux pour la conquête [9] des matières ou des *débouchés*. Luttes souvent longues et dures, soit entre trusts de même nationalité, soit entre trusts d'une même nationalité et trusts d'autres nationalités pour la suprématie [10] mondiale, avec l'alternance [11] de succès, d'échecs [12], d'ententes éphémères [13] suivies de rivalités encore plus âpres [14]. Cette période, qui fut essentiellement celle des rois américains [15], n'a duré qu'un temps.

Il y a eu ensuite et simultanément la lutte que toutes les grandes sociétés ont dû mener sur le terrain politique contre d'autres adversaires redoutables (les *syndicats* ouvriers, les partis politiques, les gouvernements) qui, effrayés par la puissance de ces grandes sociétés, ont mis tout en œuvre [16] soit pour les détruire, parce que, selon l'expression dont se servait déjà Proudhon[17], le monopole « fait *banqueroute* au *salariat* et vit de ses dépouilles[18] », soit pour en limiter la puissance parce que certaines d'entre elles n'hésitèrent pas à traiter d'égal à égal avec des Etats et même à essayer de leur dicter leur volonté.

Prise dans un sens aussi large, la bataille des trusts se confond avec l'histoire économique, sociale, financière et même politique de la plupart des nations depuis le début du XIXe siècle. C'est aux Etats-Unis, en Grande-Bretagne et au Japon que les trusts ont tenu ou tiennent encore une place importante dans l'évolution économique, sans que les conditions de leur naissance, de leur développement, de leur rôle aient présenté ou présentent la moindre similitude entre elles.

[...] Qu'on ne s'étonne pas que l'Europe continentale, et plus spécialement la France, soit pratiquement absente de cette liste. La raison en est que les *concentrations* industrielles ou financières qu'on classe dans nos pays sous la *rubrique* des trusts ont été ou sont encore, sauf quelques exceptions, beaucoup plus limitées, beaucoup moins puissantes et, pour tout dire, beaucoup moins excessives qu'elles ne l'ont été aux Etats-Unis, en Grande-Bretagne et au Japon.

HENRY PEYRET, *la Bataille des trusts* (P. U. F.).

1. Sources d'énergie : matières qui peuvent produire une force motrice (houille, pétrole, l'eau des barrages). — **2. Intensification** (fém.) : action de rendre plus *intense*, plus actif. — **3. Indéfini** : qu'on ne peut pas définir ; ici, abusivement, par contamination de *infini* : sans limite. — **4. Machinisme** (masc.) : emploi des machines (fém.). — **5. Séculaire** :

qui remonte à plusieurs *siècles*. — **6. Prescience** (fém.) : connaissance intuitive de l'avenir. — **7. Péjoratif :** qui implique une idée défavorable. — **8. Infamant**, voir p. 164. — **9. Conquête** (fém.) : action de *conquérir* (acquérir par les armes). — **10. Suprématie** (fém.) : supériorité qui élève au-dessus de tous les autres. — **11. Alternance** (fém.) : succession plus ou moins régulière. — **12. Echec**, voir p. 104. — **13. Ephémère :** au sens propre, qui ne dure qu'un jour ; au sens figuré, qui dure peu. — **14. Apre :** violent. *Etre âpre au gain :* être avide d'argent. — **15. Rois américains :** hommes d'affaires américains, qui gagnaient beaucoup d'argent et avaient une puissance considérable. — **16. Mettre tout en œuvre :** faire tout son possible, employer tous les moyens possibles. — **17. Proudhon :** publiciste français, un des principaux fondateurs du socialisme au XIXe siècle. — **18. Dépouille** (fém.) : peau que l'on retire à un animal ; au sens figuré et au pluriel, tout ce que l'on prend à l'ennemi.

Etude du texte

A. Faites le plan du texte. — **B.** Résumez-le en 200 mots. — **C.** Répondez aux questions suivantes : **1.** A quelle époque sont nés les trusts ? — **2.** Quelles sont les causes de leur apparition ? — **3.** Pourquoi le XIXe siècle marque-t-il le début d'une ère nouvelle ? — **4.** Dans quel pays les trusts se sont-ils d'abord développés ? — **5.** Qu'est-ce qui a amené les hommes à construire des entreprises gigantesques ? — **6.** Quel est le but des trusts ? — **7.** Pourquoi les trusts ont-ils dû lutter entre eux ? — **8.** Par qui ont-ils été combattus ? — **9.** Quelle est la doctrine politique qui est opposée à la domination des trusts ? — **10.** Dans quels pays les trusts jouent-ils le plus grand rôle ? — **11.** Y a-t-il actuellement des trusts en France ? — **12.** Quels sont les monopoles d'Etat en France ?

Sujets d'essai

1. Quels sont les avantages et les dangers que présentent les trusts dans la société moderne ? — **2.** Que savez-vous des sources d'énergie en France ? leur importance, leur développement, leur avenir ? Comment leur exploitation a-t-elle été organisée ? — **3.** Faites un tableau rapide du développement de l'industrie depuis le début du XIXe siècle et montrez les conséquences qui en ont résulté dans la vie économique et sociale des pays. Quel rôle l'Etat a-t-il été amené à y jouer ?

53. Les cartels

Tandis que, dans la période de 1870 à 1914, les trusts naissent aux Etats-Unis, les cartels commencent à se développer en Allemagne. En effet, alors que la France épargne beaucoup plus qu'elle n'investit, l'Allemagne fait de gros investissements pour le développement de son industrie. Elle aura recours aux banques d'affaires, qui n'accorderont de prêts importants que sur des garanties sérieuses. De ce fait, les petites entreprises se trouveront éliminées.

D'autre part, le progrès industriel étant fondé sur la recherche scientifique appliquée, qui implique de grands frais de laboratoires et d'expérimentation, les entreprises ont été amenées à se grouper. De l'Allemagne, les cartels se sont répandus en Europe.

Le *cartel* est différent du *trust.* C'est une *entente* entre plusieurs entreprises qui gardent leur identité juridique [1], alors que le trust opère une *fusion* entre les entreprises. Le cartel se propose d'exercer sur le marché un pouvoir de *monopole*, alors que le trust est l'expression d'une lutte *concurrentielle* entre quelques très grandes *entreprises pilotes ;* parfois, l'une d'entre elles arrive à dominer le marché et devient *monopoliste*, mais c'est exceptionnel. Le cartel, par contre, est constitué entre des entreprises qui s'associent, au lieu de se battre, en vue d'exercer un pouvoir de monopole ou de limiter strictement la *concurrence.*

La constitution d'un cartel, en général, suit plusieurs étapes successives. On commence par un « accord », un gentleman's agreement [2], par lequel on s'engage à limiter la concurrence dans certains domaines : on continue à se battre sur les prix, mais on déclare que l'on *normalisera* les conditions de présentation et la *publicité ;* l'accord se fait sur toutes sortes d'éléments extérieurs à la *concurrence* proprement dite.

Dans une seconde étape, on fait le véritable cartel, qui est un *cartel* de *prix :* chacun s'engage à ne pas vendre au-dessous d'un prix minimum, que l'on veut maintenir sur le marché. Des amendes [3] sont prévues, frappant ceux qui ne respecteraient pas la discipline et baisseraient leurs prix, en contradiction avec l'accord conclu.

Le contrôle du respect des engagements est d'ailleurs difficile, car, par la voie de *rabais* occultes [4], de *commissions*, de *pourcentages* donnés aux vendeurs, de changements de qualité, certains membres du cartel qui trouvent difficilement à *écouler* leur production tournent la règle [5] du prix minimum. On va alors un peu plus loin, et l'on en arrive au *cartel de production :* chaque entreprise ou groupement d'entreprises se voit alors assigner un certain *quota* de production. Ces cartels à la production sont les plus difficiles à constituer au point de départ ; dès qu'on vient à en envisager la conclusion, les cartels de prix commencent par éclater ; une lutte concurrentielle violente se produit, chacun cherchant à augmenter sa production pendant la période des négociations, pour se faire accorder dans l'accord final le quota le plus important. Mais cet accord une fois conclu, il est plus respecté que le simple accord de prix, car il est plus facile de vérifier les quantités produites par une entreprise que les différents prix qu'elle peut accorder à ses clients.

[...] Les cartels se sont généralisés rapidement en Allemagne, d'abord dans l'industrie lourde [6]. Les premiers et les plus puissants, dès la fin du XIXe siècle, seront le *syndicat* rhénan-westphalien [7] des houilles, puis le cartel de l'acier, le cartel de la potasse ; dès le début du XXe siècle, on verra de même la formule du cartel se généraliser à un certain nombre d'industries de consommation, celle des lampes électriques par exemple. [...]

Le cartel a comme premier effet d'*absorber* et d'*intégrer* les *commerçants*. Dès le début, les commerçants ont joué dans l'économie allemande un rôle plus faible que dans l'économie anglaise, américaine et surtout française. Ils sont vite devenus de simples *commissionnaires*, vendant pour le compte d'une entreprise *cartellisée*, ou même simplement, en cas de bureau de vente, les *représentants* régionaux et locaux de ce bureau.

Par ailleurs, le cartel a pour effet d'opérer une *concentration* de l'industrie. Disposant de ressources plus importantes pour les recherches scientifiques, ce qui sera un élément d'abaissement du *prix de revient*, il a la possibilité de réaliser des *intégrations* d'entreprises, de substituer la production d'un produit à un autre. Il lui est possible d'opérer non seulement une *concentration horizontale*, mais une *concentration verticale*, allant par exemple de la houille jusqu'au produit manufacturé. C'est là un élément d'économie et de progrès technique.

ANDRÉ PHILIP, *Histoire des faits économiques et sociaux de 1800 à nos jours* (Aubier-Montaigne).

1. Garder son identité juridique : garder son nom, son enseigne, tout ce qui caractérise une personne ou une société. — **2. Gentleman's agreement :** expression anglaise qui signifie « accord conclu entre gens bien élevés ». — **3. Amende** (fém.) : somme d'argent qu'il faut verser en justice pour une faute que l'on a commise. — **4. Occulte :** secret, mystérieux. — **5. Tourner la règle :** trouver un moyen de ne pas l'appliquer. — **6. L'industrie lourde :** les industries métallurgiques et chimiques. — **7. Rhénan-westphalien** (de *Rhin* et *Westphalie*) : qui appartient à une région située au nord-ouest de l'Allemagne et traversée par le Rhin. C'est une région où l'activité industrielle est intense.

Etude du texte

A. Résumez ce texte en 200 mots. — **B.** Faites-en le plan. — **C.** Répondez aux questions suivantes : **1.** Les entreprises qui font partie d'un cartel fusionnent-elles ensemble ? — **2.** Quel est le but du cartel ? — **3.** Comment s'appelle la concentration qui opère une fusion d'entreprises ? — **4.** Pourquoi est-il nécessaire de normaliser dans un cartel les conditions de présentation et de publicité ? — **5.** Qu'est-ce qu'un cartel de prix ? — **6.** Que se passe-t-il lorsqu'un membre du cartel baisse trop ses prix ? — **7.** Par quels moyens détournés un membre du cartel peut-il arriver à vendre moins cher que le prix fixé ? — **8.** Qu'est-ce qu'un cartel de production ? — **9.** Pourquoi le cartel de production est-il plus respecté que le cartel de prix ? — **10.** Dans quel domaine les cartels se sont-ils d'abord développés ? — **11.** Dans quels domaines se généralisent-ils maintenant ? — **12.** Quels sont les effets du cartel ?

Sujets d'essai

1. Quelles sont les différences qui existent entre un trust et un cartel ? Quel rôle jouent-ils dans l'économie moderne ? — **2.** Donnez des exemples précis d'entreprises pilotes. Quels avantages présentent ces entreprises ? — **3.** Quels sont les produits normalisés dont nous nous servons quotidiennement ? Pourquoi la normalisation est-elle appelée à jouer un rôle de plus en plus important dans l'industrie ?

54. L'esprit d'entreprise

Dans le passage suivant, nous assistons à la réussite commerciale de Gondrecourt dans la période entre les deux guerres de 1914 et 1939. Disposant, par héritage, de la majorité des actions dans une société de produits pharmaceutiques, Gondrecourt saura, par des manœuvres habiles, faire nommer son beau-frère directeur général de la société. Lui-même se chargera de créer à l'étranger des filiales et il développera ainsi rapidement l'affaire et sa propre fortune avec ruse, audace et prudence à la fois.

De ses parents, enlevés l'un et l'autre au début de l'été 1918 par la grippe espagnole [1], Gondrecourt avait hérité, en rentrant de la guerre, de la majorité des *actions* d'une grosse société de produits pharmaceutiques.

Le poste de *président-directeur général*, qu'avait occupé son père, lui revenait ; les *actionnaires* s'apprêtaient à accueillir avec faveur le fils du patron-fondateur de la maison, titulaire de plusieurs citations [2] flatteuses, chevalier de la Légion d'honneur [3] à vingt-deux ans, et qui avait eu le temps d'entreprendre, avant de partir pour le front [4], de brillantes études scientifiques.

Mais Gondrecourt leur avait proposé lui-même la candidature [5] d'un beau-frère, son aîné d'une dizaine d'années, qui rentrait de la guerre lui aussi et s'apprêtait à reprendre l'emploi de sous-directeur commercial d'une affaire d'*import-export* qu'il avait dû quitter en 1914.

« Faisons-lui confiance, Messieurs, avait déclaré Gondrecourt. Si M. Glatignies ne connaît rien encore à nos fabrications, il possède, comme la plupart des anciens élèves de la grande maison du boulevard Malesherbes [6], un sens aigu des réalités contemporaines, de la hardiesse dans les vues, une connaissance très sûre du droit commercial et des pratiques de la vente, l'art d'exposer et de convaincre, celui de juger les hommes ou, tout au moins, de savoir apprécier avec exactitude le parti qu'on peut tirer d'eux, et ce contentement de soi qui nourrit et soutient l'*esprit d'entreprise !*

J'ajoute que M. Glatignies a commencé la guerre dans l'intendance [7] et qu'il l'a terminée en qualité de capitaine-gérant d'une *coopérative* d'armée. C'est dire que rien, jusqu'ici, n'a réussi à entamer [8] la solidité de sa vocation commerciale. »

Il parla longtemps, et pour le plaisir de parler ; *majoritaire* dans la société, il aurait pu, en quelques mots sobres, imposer sa volonté.

Ces Messieurs l'écoutèrent en souriant aux bons endroits [9], ou en branlant du chef [10] pour l'approuver ; il les égayait par instant et, tout aussitôt, les étonnait par ses développements brillants et ses vues prophétiques [11] ; il leur décrivit le monde qui sortirait de la guerre : on y prônerait [12], disait-il, la fraternité universelle et le désarmement, mais tout en pratiquant un nationalisme sourcilleux [13] et borné ; des *barrières douanières*, sans cesse plus hautes, fractionneraient la planète ; on n'exporterait plus de médicaments. [...]

Ses auditeurs, ici, avaient dressé la tête, bronchant [14] comme des chevaux inquiets. Gondrecourt se permit de rire : il avait prévu la parade [15] ; la maison, proposait-il, établirait des laboratoires de fabrication à l'étranger, qui lui paieraient le droit d'exploiter ses *recettes*. Il s'agirait de « royalties [16] », comme disaient les Américains ; ce mot tout neuf, évocateur de grandeur plus encore que de richesse, enflamma les imaginations bourgeoises de MM. les conseillers. « Monsieur Glatignies, disait Gondrecourt, serait l'homme de cette indispensable *reconversion* commerciale. »

Il y eut un brouhaha [17]. Gondrecourt le laissa s'apaiser, reprit brièvement sa démonstration, déclara qu'il assurerait lui-même l'inspection des *filiales* étrangères... Les têtes se relevèrent ; on s'interrogea du regard ; les uns pensaient : il ne fait place à son beau-frère que pour se caser [18] lui-même plus agréablement ; les autres estimaient qu'il tenait assez ferme à sa fortune pour veiller, de ses propres yeux, à ces opérations nouvelles où il souhaitait qu'on la risquât.

Gondrecourt prit le vent [19]. Puis il déclara qu'une entreprise aussi nouvelle exigeait tous ses soins ; s'il abandonnait la *direction* générale, il n'entendait pas renoncer à ses profits, mais les accroître encore. Les hochements de tête [20] approbateurs se firent particulièrement vigoureux.

Il termina en expliquant qu'il fallait d'abord prendre pied dans des pays jeunes [21], au développement industriel rudimentaire [22], et qui comptaient un grand nombre d'illettrés [23]. « Ces pays ont besoin de laboratoires et d'usines, s'écria-t-il, ne serait-ce que pour affirmer à leurs propres yeux la bonne opinion qu'ils ont d'eux-mêmes et de leurs capacités ! Nous construirons ces laboratoires et ces usines, mais en leur donnant une *raison sociale*, un faux nez [24] en somme, empruntée aux plus glorieuses légendes locales... » [...]

Dans les années qui suivirent, la maison prit un *essor* remarquable, et sa prospérité nouvelle lui vint, pour une bonne part, des entreprises qu'elle établit en Argentine, au Mexique, au Brésil et au Pérou.

A Paris, Glatignies la conduisait d'une main ferme et adroite ; Gondrecourt travaillait auprès de lui en décembre et parfois en janvier ; il inspirait souvent ses décisions les plus importantes ; chaque année, quand revenait le mois de juin, il partait, disait-il, « en *tournée* pastorale [25] dans les Amériques ».

Il ne s'agissait pas, comme l'avaient cru dans les premiers temps Glatignies et ses collaborateurs, d'un voyage de fantaisie ou même de *représentation ;* Gondrecourt inspectait avec rigueur la marche des laboratoires et l'ensemble de la conduite administrative, financière et économique des maisons

« à faux nez » ; là-bas, on redoutait sa sagacité [26], l'équivoque [27] ou l'ironie de ses propos, la netteté de ses décisions irrévocables [28].

Chaque année, il se poussait plus avant [29] dans la connaissance des êtres, des habitudes et des réalités morales et matérielles des pays qu'il visitait ; ceux qui s'y trouvaient à longueur d'année s'informaient même auprès de lui, et ce n'était pas toujours pour lui faire leur cour [30] ! Cette connaissance lui permettait d'orienter avec justesse ce qu'il appelait, en se moquant, la « politique [31] » des entreprises.

MARC BLANCPAIN, *l'Estaminet des cœurs sensibles* (Denoël).

1. **Grippe espagnole :** sorte de peste qui fit de nombreuses victimes en 1918 (on a supposé qu'elle venait d'Espagne). — 2. **Citation** (fém.) : distinction accordée à un militaire pour le récompenser d'un acte de bravoure. — 3. **Chevalier de la Légion d'honneur :** premier grade dans l'ordre de la Légion d'honneur, décoration créée par Napoléon Bonaparte en 1802. — 4. **Front** (masc.) : partie la plus avancée de la zone de combat. — 5. **Candidature** (fém.) : action de proposer un candidat. Le *candidat* est celui qui postule un emploi, un diplôme. — 6. **La grande maison du boulevard Malesherbes :** l'Ecole des hautes études commerciales (ou H. E. C.), qui forme les cadres pour l'industrie et le commerce. — 7. **Intendance (militaire)** [fém.] : service chargé d'assurer le ravitaillement et l'administration de l'armée. — 8. **Entamer :** couper le premier morceau (*entamer un gâteau*) ; ici, diminuer. — 9. **Sourire aux bons endroits :** sourire aux moments où l'orateur cherche à mettre de l'humour dans ses paroles. — 10. **Branler du chef :** remuer la tête. Le *chef* désignait autrefois la tête, puis, par extension, il a désigné « celui qui est à la tête ». — 11. **Vues prophétiques :** intuitions annonçant l'avenir. — 12. **Prôner :** louer avec exagération. — 13. **Sourcilleux** (de *sourcil*) : qui fait preuve d'un orgueil sévère. Nous fronçons les *sourcils* pour montrer notre mécontentement. — 14. **Broncher :** faire un faux pas. Le cheval bronche quand il a peur. — 15. **Parade** (fém.) : action de parer un coup. *Prévoir la parade :* trouver le moyen d'éviter une situation dangereuse. — 16. « **Royalties** » : mot anglais qui signifie « droits d'auteurs ou droits que touche l'inventeur d'une machine ou d'un procédé quelconque ». — 17. **Brouhaha** (masc.), voir p. 176. — 18. **Se caser :** trouver un emploi intéressant et sûr. — 19. **Prendre le vent :** en terme de marine, chercher quelle est la direction des vents ; ici, chercher à saisir les réactions des auditeurs. — 20. **Hochement de tête :** action de remuer la tête (*hocher la tête*). — 21. **Pays jeunes :** pays qui ne bénéficient pas encore du progrès moderne. — 22. **Rudimentaire :** qui n'en est qu'à ses débuts. — 23. **Illettré** (ou **analphabète) :** celui qui ne sait ni lire ni écrire. — 24. **Faux nez :** personnage qui

met un faux nez pour ne pas être reconnu. Ici, on donnera un nom local aux laboratoires pour cacher qu'ils sont français. — **25. Pastoral** : relatif à un *pasteur* (celui qui est chargé de garder des moutons, puis guide des âmes dans le sens religieux). *Faire une tournée pastorale* (pour un évêque) : visiter les paroisses de son diocèse. — **26. Sagacité** (fém.) [de *sage*] : pénétration d'esprit. — **27. Equivoque** (fém.) : sens peu clair, qui prête à plusieurs interprétations. — **28. Irrévocable** : qui ne peut être *révoqué* (déclaré nul). — **29. Se pousser plus avant** : pénétrer plus profondément. — **30. Faire sa cour** : chercher à plaire. — **31. Politique (des affaires)** : manière de les conduire.

Etude du texte

A. Faites le plan de ce texte. — **B.** Résumez ce texte en 200 mots. — **C.** Répondez aux questions suivantes : **1.** De quoi se composait l'héritage de Gondrecourt ? — **2.** Pourquoi Gondrecourt n'accepta-t-il pas le poste de directeur général ? — **3.** A qui fit-il attribuer ce poste ? — **4.** Quelles étaient les qualités de Glatignies ? — **5.** Que faisait-il avant la guerre ? — **6.** Que fit-il pendant la guerre ? — **7.** Pourquoi Gondrecourt voulait-il établir des laboratoires à l'étranger ? — **8.** A quoi serviraient ces laboratoires ? — **9.** Quel serait le rôle de Gondrecourt dans l'affaire ? — **10.** Dans quels pays installa-t-il des laboratoires ? — **11.** Gondrecourt avait-il tout à fait abandonné la direction de l'affaire à son beau-frère ? — **12.** Pourquoi cherchait-il à connaître les êtres et les habitudes des pays qu'il visitait ?

Sujets d'essai

1. Comment pouvez-vous imaginer Gondrecourt d'après ce texte ? Quels sont les traits les plus frappants de son caractère ? — **2.** Les prévisions de Gondrecourt étaient-elles justes lorsqu'il déclarait que les barrières douanières entraveraient de plus en plus le commerce international ? En a-t-il été ainsi entre les deux guerres ? Et maintenant ? — **3.** En quoi consiste la fonction de président-directeur général d'une société ? Quelles qualités et compétences demande-t-elle ?

1929 : l'effondrement des valeurs déclenche la panique à Wall Street (Ph. Keystone)

Faillites et crises

55. Échec [1] d'une grève

La nouvelle les Muets *décrit l'antagonisme du patron et des ouvriers d'une tonnellerie. Elle montre aussi quelles sont les difficultés que traversent les petites entreprises, surtout lorsque leur production artisanale est concurrencée par la grande industrie. L'auteur dépeint dans ce passage l'amertume et le découragement d'Yvars, un des plus anciens ouvriers de la maison, le jour de la reprise du travail, après une grève qui n'a donné aucun résultat.*

Ce matin-là, en regagnant son travail, il roulait [2], la tête baissée, plus pesamment encore que d'habitude ; le cœur aussi était lourd. Quand il était rentré de la réunion, la veille au soir, et qu'il avait annoncé qu'on reprenait le travail : « Alors, avait dit Fernande [3], joyeuse, le patron vous augmente ? » Le patron n'augmentait rien du tout, la *grève* avait échoué. Ils n'avaient pas bien *manœuvré*, on devait le reconnaître. Une grève de colère, et le *syndicat* avait eu raison de suivre mollement. Une quinzaine d'ouvriers, d'ailleurs, ce n'était pas grand-chose ; le syndicat tenait compte des autres tonnelleries [4] qui n'avaient pas marché [5]. On ne pouvait pas trop leur en vouloir. La tonnellerie, menacée par la construction des bateaux et des camions-citernes, n'allait pas fort. On faisait de moins en moins de barils [6] et de bordelaises [6] ; on réparait surtout les grands foudres [6] qui existaient déjà. Les patrons voyaient leurs affaires compromises [7], c'était vrai, mais ils voulaient quand même préserver une *marge de bénéfices ;* le plus simple leur paraissait encore de freiner [8] les salaires malgré la montée des prix. Que peuvent faire des tonneliers [4] quand la tonnellerie disparaît ? On ne change pas de métier quand on a pris la peine d'en apprendre un ; celui-là était difficile, il demandait un long apprentissage. Le bon tonnelier, celui qui ajuste ses douelles [9] courbes, les resserre au feu et au cercle de fer, presque hermétiquement [10], sans utiliser le raphia [11] ou l'étoupe [12], était rare. Yvars le savait et il en était fier. Changer de métier n'est rien, mais renoncer à ce qu'on sait, à sa propre *maîtrise*, n'est pas facile. Un beau métier sans emploi, on était coincé [13], il fallait se résigner. Mais la résignation non plus n'est pas facile. Il était difficile d'avoir la bouche fermée [14], de ne pas pouvoir vraiment discuter et de reprendre la même route, tous les matins, avec une fatigue qui s'accumule, pour recevoir, à la fin de la semaine, seulement ce qu'on veut bien vous donner, et qui suffit de moins en moins.

Alors, ils s'étaient mis en colère. Il y en avait deux ou trois qui hésitaient, mais la colère les avait gagnés aussi après les premières discussions avec le patron. Il avait dit en effet, tout sec [15], que c'était à prendre ou à laisser. [...]

Ils avaient forcé la main [16] au syndicat, l'atelier avait fermé ses portes. « Ne vous fatiguez pas pour les *piquets de grève*, avait dit le patron. Quand l'atelier ne travaille pas, je fais des économies. » Ce n'était pas vrai, mais ça n'avait pas arrangé les choses puisqu'il leur disait en pleine figure [17] qu'il les faisait travailler par charité. [...] Vingt jours de grève, les femmes tristes à la maison, deux ou trois d'entre eux découragés, et, pour finir, le syndicat avait conseillé de céder sur la promesse d'un *arbitrage* et d'une *récupération* des journées de grève par des heures supplémentaires. Ils avaient décidé la reprise du travail. En crânant [18], bien sûr, en disant que ce n'était pas cuit [19], que c'était à revoir. Mais, ce matin, une fatigue qui ressemblait au poids de la défaite, le fromage au lieu de la viande, et l'illusion n'était plus possible. [...] Yvars appuyait sur son unique pédale [20] et, à chaque tour de roue, il lui semblait vieillir un peu plus. Il ne pouvait penser à l'atelier, aux camarades et au patron qu'il allait retrouver, sans que son cœur s'alourdît un peu plus. Fernande s'était inquiétée : « Qu'est-ce que vous allez lui dire ? — Rien. » Yvars avait enfourché [21] sa bicyclette et secouait la tête. Il serrait les dents ; son petit visage brun et ridé, aux traits fins, s'était fermé. « On travaille. Ça suffit. » Maintenant il roulait, les dents toujours serrées, avec une colère triste et sèche qui assombrissait jusqu'au ciel lui-même.

ALBERT CAMUS, *l'Exil et le royaume* ((c) Gallimard).

1. Echec (masc.) : insuccès. *Essuyer un échec :* ne pas réussir. (Contraire : *réussite.*) — **2. Rouler :** aller à bicyclette ou en voiture. Yvars se rend à son travail à bicyclette, comme beaucoup d'ouvriers. — **3. Fernande :** la femme d'Yvars. — **4. Tonnellerie** (fém.) : lieu où l'on fabrique des *tonneaux*. Le *tonnelier* est celui qui les fait. Une *tonne* est un grand tonneau ; c'est aussi une unité de poids de 1 000 kg (voir I, 114). — **5. Marcher :** ici, accepter de faire la grève. — **6. Baril** (masc.) : petit tonneau. *Barrique bordelaise* (mot qui vient de *Bordeaux,* où l'on fait un vin réputé) : fût ou tonneau de 200 à 300 litres. — *Foudre* (masc.) : très grand fût. — **7. Compromis** (de *compromettre*) : mis en péril ou dans l'embarras. — **8. Freiner :** ralentir à l'aide de *freins ;* ici, empêcher les salaires d'augmenter. — **9. Douelle** (fém.) : petite douve d'un tonneau. Une *douve* est une planche courbée qui sert à la construction des tonneaux. — **10. Hermétiquement :** d'une manière hermétique, c'est-à-dire qui assure une fermeture absolue. — **11. Raphia** (masc.) : sorte de fibre qui sert à lier des gerbes ou différents objets. — **12. Etoupe** (fém.) : partie la plus grossière de la filasse de lin ou de chanvre et qui sert aussi à lier des objets. — **13. Coincé :** au sens propre, fixé avec des *coins* (instruments métalliques ayant la forme de prismes et qui servent à fendre du bois) ; ici, mis dans l'impossibilité de changer, d'agir. — **14. Avoir la bouche fermée :** se maîtriser pour ne pas parler. — **15. Tout sec :** brutalement, sans chaleur dans les propos. — **16. Forcer la main à quelqu'un :** le faire agir malgré lui. — **17. Dire en pleine figure :** dire sans ménagements une vérité désagréable. — **18. Crâner** (vient de *crâne*) : faire semblant de triompher pour cacher sa déception (familier). — **19. Ce n'est pas cuit :** ce n'est pas encore réglé (familier). — **20. Son unique pédale.** Yvars était infirme d'une jambe et ne pédalait donc que de la jambe valide. — **21. Enfourcher** (vient de *fourche*) : monter à cheval avec une jambe de chaque côté de la monture.

Etude du texte

A. Faites le plan de ce texte. — **B.** Résumez-le en 200 mots.
C. Répondez aux questions suivantes : **1.** Pourquoi les ouvriers tonneliers avaient-ils décidé de faire la grève ? — **2.** Pourquoi cette grève avait-elle échoué ? — **3.** En quoi consiste le métier de tonnelier ? — **4.** Est-il facile pour un ouvrier spécialisé de changer d'emploi ? — **5.** A quoi servent les piquets de grève ? — **6.** Quelle était l'attitude du patron ? — **7.** Qu'avait conseillé le syndicat ? — **8.** Quels apaisements étaient donnés aux grévistes ? — **9.** Quelle était l'attitude des femmes devant cette grève ? — **10.** Quels étaient les sentiments d'Yvars en reprenant le travail ?

Sujets d'essai

1. Quel est le rôle des syndicats ouvriers ? Quels avantages apportent-ils aux travailleurs ? Présentent-ils parfois des inconvénients ? — **2.** Le droit de grève est-il, selon vous, légitime ? Avez-vous déjà souffert personnellement des conséquences d'une grève ? — **3.** Pourquoi le commerce de la tonnellerie traverse-t-il une grande crise ? Quels sont les différents récipients utilisés dans le commerce moderne pour transporter les liquides ?

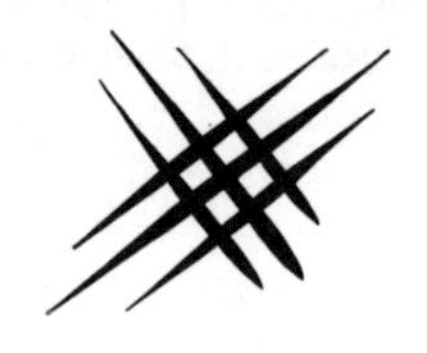

56. La faillite d'une banque

Law avait fondé (voir p. 129) la Compagnie d'Occident, société gigantesque chargée de s'occuper non seulement de l'exploitation des colonies françaises, mais de la perception des impôts, du monopole du tabac et encore de nombreuses autres affaires. Il avait promis de gros dividendes aux actionnaires, car il prévoyait les bénéfices que la France pouvait tirer des colonies. Mais il ne put réaliser ses projets assez rapidement. Les actions baissèrent. Les porteurs de billets de banque voulurent se faire rembourser. La banque ne le pouvait plus ; ce fut la faillite et la ruine de Law.

Lorsque la banque [1] fut transportée rue de Richelieu [2], la foule s'écrasa dans les jardins. Une queue interminable, contenue par des soldats, se poussait vers les *guichets*, comme une colonne compacte que ni la faim ni la soif ne pouvaient démolir. Il y eut des gens étouffés. Serrés dans la masse et portés par elle, ils continuaient d'avancer. On s'apercevait qu'ils étaient morts en arrivant au bout. Law était assailli de duchesses qui lui baisaient les mains et mendiaient [3] des *actions*.

Cependant, il n'est en Bourse qu'un axiome [4] certain : après la *hausse* vient la *baisse*. A l'assemblée générale du 30 décembre 1719, Law avait annoncé aux *actionnaires* de la Compagnie un *dividende* de 40 p. 100. Ce calcul n'était pas chimérique [5]. La Compagnie recevait 48 millions de l'Etat à titre d'*annuité* des *rentes* qu'elle détenait ; elle pouvait tirer des fermes [6] et du tabac [7] un bénéfice de 25 millions et une dizaine du commerce maritime, mais, au cours de 10 000, ces 40 p. 100 n'étaient plus que 2 p. 100 [8]. Les *spéculateurs* qui avaient gardé leur présence d'esprit commencèrent à *réaliser* et, non contents de vendre leurs *titres*, ils allèrent à la banque échanger leurs billets contre du numéraire.

Le bruit en courut très vite. Il y avait toujours eu rue Quincampoix un parti *baissier* animé par les ennemis de Law : fermiers généraux [6] dépossédés, banquiers rivaux ou incrédules. En 1719, ils avaient déjà essayé de mettre la banque en difficulté en présentant inopinément [9] au remboursement pour plusieurs millions de billets. En 1720, des Anglais qu'inquiétaient les entreprises commerciales de Law se joignirent à eux pour peser sur les *cours*. Dès que la confiance fut ébranlée, tous les défauts du système apparurent en plein : insuffisance de l'*encaisse métallique*, gonflement [10] excessif de la *circulation fiduciaire*, énormité du *capital* de la Compagnie, retard de la colonisation en Louisiane [11]. D'un jour à l'autre, les cours accusaient des différences énormes, tantôt dans un sens, tantôt dans un autre. Mais, à travers ces *fluctuations*, il devint évident que la hausse était brisée. De 18 000 livres, les actions retombèrent en quelques jours à 10 000, puis à 9 000. L'enthousiasme se changea en panique [12]. On se battit pour vendre, comme on s'était battu pour acheter. Mais la baisse des actions compromettait la solidité des billets. La même débâcle [13] les emporte. Des *porteurs* affolés se ruent aux bureaux de la banque pour obtenir quelques écus [14] en échange de leurs *vignettes*. D'autres se hâtent d'échanger leur papier contre des valeurs réelles, maisons, terres ou marchandises. N'importe quoi, plutôt que Law et le Mississippi [15].

[...] Assailli par une meute [16] d'ennemis, hué [17] et menacé par la populace [18], Law se défend avec rage. Au torrent qui va emporter son œuvre, il oppose les mesures les plus hardies, les plus sages, les plus folles, les plus vaines, les plus imprévues : interdiction d'effectuer en or des paiements de plus de cent livres, limitation du nombre des *espèces* que chaque particulier est autorisé à conserver par-devers soi, *perquisitions* au domicile des personnes soupçonnées de détenir illégalement du *numéraire*, *absorption* de la banque par la Compagnie, variations continuelles des monnaies d'or et d'argent, fermeture du *marché à terme*, obligation de recevoir les *actions* de la Compagnie comme une véritable monnaie, redoublement de la *publicité* à la gloire du Mississippi, départ solennel de colons [19] recrutés de force dans les prisons et dans les mauvais lieux, réduction de moitié de la valeur des *actions* et des *billets*, rachat d'actions par la Compagnie elle-même, *émission* de *rentes* et ouverture de *comptes courants* pour l'absorption des billets sans emploi [20].

Bien que le montant de la *circulation fiduciaire* ait été réduit de 2 800 000 millions environ à 1 200 ou 1 300, tout échoua [21]. La confiance était détruite. Chaque jour éclataient des émeutes devant les bureaux où la banque faisait de mauvaise grâce [22], lentement et rarement, les seuls paiements en espèces qu'elle fît encore, 10 livres par personne trois fois la semaine. Après la tuerie qui ensanglanta la nuit du 16 au 17 juillet, les remboursements cessèrent complètement. Le 30 septembre 1720, les *coupures* de mille et de dix mille francs cessèrent d'être admises dans les paiements, et l'on ne donnait plus que trente francs de *numéraire* pour cent francs de papier. [...] Le 10 octobre, un arrêt [23] suspendit totalement le cours des billets à dater du 1er novembre. Les actions de la Compagnie tombèrent de 7 500 F à un louis [24], et Law, révoqué [25], reçut ses passeports pour les Pays-Bas. Il était lui-même entièrement ruiné.

PIERRE GAXOTTE, *le Siècle de Louis XV* (Fayard).

1. **Banque.** Il s'agit de la banque privée de Law (fondée en 1716), qui fut transformée en banque d'Etat en 1718. — 2. **Rue de Richelieu.** La banque de Law avait d'abord été établie rue Quincampoix, mais, la rue étant devenue trop petite pour la foule qui s'y écrasait, on transféra la banque rue de Richelieu. — 3. **Mendier :** demander avec insistance. Les *mendiants* sont les pauvres qui demandent (*mendient*) de l'argent dans les rues. — 4. **Axiome** (masc.), voir p. 189. — 5. **Chimérique** (fém.) [vient de *Chimère,* monstre dont le corps était pour moitié celui d'une chèvre, pour moitié celui d'un lion ; d'où, au figuré, idée fausse]. *Calcul chimérique :* calcul sans fondement raisonnable, qui n'existe que dans l'imagination. — 6. **Ferme** (fém.) : droit qui, sous l'Ancien Régime, était accordé à un particulier (appelé *fermier général*) et qui permettait à celui-ci de prendre *à ferme* les impôts, c'est-à-dire de les percevoir moyennant le versement d'une somme forfaitaire à l'Etat. — 7. **Tabac.** L'Etat en avait déjà à cette époque le monopole. — 8. **Ces 40 p. 100 n'étaient plus que 2 p. 100 :** les actions avaient été émises à 500 F et Law avait promis alors un dividende de 200 F, mais, depuis, les actions étaient montées à 10 000 F. — 9. **Inopinément :** d'une manière *inopinée* (qui arrive sans qu'on l'ait prévu). — 10. **Gonflement** (masc.) [de *gonfler*] : augmentation très importante. — 11. **Louisiane :** province du sud des Etats-Unis, qui doit son nom à Louis XIV. Law avait reçu le monopole de l'exploitation de la Louisiane, qui avait été découverte par les Français au XVIIe siècle. En 1717, Law avait créé la Compagnie d'Occident pour l'exploitation du Sénégal, des Antilles, du Canada et de la Louisiane. — 12. **Panique,** voir p. 132. — 13. **Débâcle** (fém.) : au sens propre, rupture des glaces d'un fleuve gelé ; ici, changement brusque qui amène une catastrophe. — 14. **Ecu** (masc.) : ancienne monnaie d'argent qui valait ordinairement 3 livres. — 15. **Mississippi :** fleuve des Etats-Unis qui traverse la Louisiane. — 16. **Meute** (fém.) [de *mouvoir*] : troupe de

chiens courants dressés pour la chasse ; ici, réunion de personnes qui s'acharnent contre quelqu'un ou quelque chose. — **17. Huer** (de l'interjection *hue*) : accueillir avec des cris d'hostilité. — **18. Populace** : peuple, pris dans un sens méprisant. — **19. Colon** : personne qui habite et travaille dans une colonie. Comme les Français ne voulaient pas aller aux colonies pour les exploiter, Law était obligé d'y envoyer de force des prisonniers. — **20. Des billets sans emploi.** Puisqu'il était impossible de se faire rembourser en or plus de 100 livres, beaucoup de personnes conservaient des billets qui perdaient chaque jour de leur valeur. — **21. Echouer** : toucher le fond et cesser de flotter librement en parlant d'un navire ; ici, ne pas réussir. On dit aussi *échouer à un examen.* — **22. De mauvaise grâce** : à contre cœur, malgré soi. — **23. Arrêt** (masc.) : jugement d'une juridiction supérieure. **24. Louis** (masc.) : ancienne monnaie d'or française valant 24 livres, représentant *Louis* XIII, puis ses successeurs. — **25. Révoquer** : retirer à quelqu'un les fonctions qu'on lui avait confiées.

Etude du texte

A. Faites le plan de ce texte. — **B.** Résumez-le en 200 mots. — **C.** Répondez aux questions suivantes : **1.** Pourquoi la foule s'écrasait-elle dans les jardins de la banque ? — **2.** Pourquoi Law était-il assailli de tous côtés ? — **3.** Pourquoi Law avait-il promis un dividente important aux actionnaires de la Compagnie ? — **4.** Que firent les spéculateurs lorsqu'ils virent que le dividende était réduit à 2 % ? — **5.** Quelles furent les causes de la baisse ? — **6.** Quels étaient les ennemis de Law ? — **7.** Quels étaient les défauts du système de Law ? — **8.** Pourquoi les porteurs de billets voulaient-ils les échanger contre de l'or ? — **9.** Law était-il capable de rembourser en or la totalité des billets mis en circulation ? — **10.** Quelles mesures prit-il alors ? — **11.** Pourquoi la banque fit-elle faillite ? — **12.** Quelles furent les conséquences de cette faillite ?

Sujets d'essai

1. Quelles furent les conséquences de l'expérience de Law du point de vue financier, économique et social ? Malgré son échec, ne donna-t-elle pas de bons résultats dans certains domaines ? — **2.** Qu'est-ce que la spéculation ? Quelles conséquences peut-elle avoir du point de vue économique ?

57. Un krach en Bourse

Le texte ci-dessous, extrait de la Chute des corps, *se situe sept ans après le texte de la page 173. Schoudler a vieilli et ses facultés mentales ont beaucoup baissé. Son ambition démesurée lui a fait entreprendre des affaires de plus en plus hasardeuses, et il est entré en relation avec Strinberg, un aventurier de la haute finance.*

La nouvelle du suicide de Strinberg vient de se répandre. Simon, le protégé de Schoudler, reçoit du banquier une note par laquelle il déclare vouloir prendre la place de Strinberg. Simon ne veut pas être compromis dans cette affaire et se retire.

Ayant reçu et serré [1] soigneusement la note de Schoudler, Simon, en sa qualité d'*administrateur*, donna l'ordre de *suspendre* tous les paiements et d'établir immédiatement les comptes. Cette mesure eût été normale en cas de catastrophe déclarée de Schoudler. Prise ainsi prématurément [2], elle ne pouvait qu'accélérer, voire [3] créer la catastrophe.

L'ordre que donnait Simon coïncidait avec un jour d'*échéance*. Pour hâter le trouble, Simon fit prévenir, de façon très courtoise, les divers *fournisseurs* qu'ils ne pourraient recevoir leurs *chèques* avant quelques jours. On se contenta de régler certains *effets* jusqu'à concurrence de l'*argent liquide* qui se trouvait dans le coffre [4], après quoi le caissier ferma son *guichet* et les collaborateurs réguliers [5] ne furent pas payés.

Schoudler n'apprit que le soir la mesure que Simon avait prise. Il y eut entre eux une scène épouvantable, où Simon fut traité de lâche, de traître et d'assassin.

« Eh bien, vous ferez reprendre les paiements demain, puisque tout va si bien, répondit-il calmement. Je n'ai pris cette décision que pour pouvoir arrêter à la date d'aujourd'hui mes *comptes* de *gestion*. »

Et il remit en même temps à Schoudler sa lettre de démission [6], par laquelle il déclarait ne pas pouvoir s'associer à la direction d'une entreprise dont le sort était lié à celui d'une société bancaire *gérée* d'une manière qui lui semblait malsaine [7].

« Malsaine, malsaine, dit Schoudler en ricanant, alors que j'ai en dépôt les deux milliards des groupements [8]. »

Puis Simon, ayant les mains parfaitement nettes [9], attendit les événements. [...]

L'effet de panique que Simon avait voulu provoquer se produisit. Le bruit courut dans Paris que Schoudler était entraîné dans la catastrophe Strinberg et que la banque allait probablement sauter [10].

Le lendemain, les *déposants* prudents commençaient à effectuer des *retraits* aux guichets de la rue des Petits-Champs. Ces retraits, les jours suivants, s'amplifièrent de façon tragique. L'inspecteur des Finances, qui avait la haute main sur le contrôle des groupements de sinistrés, demanda, pour dégager sa responsabilité, le retrait immédiat de l'agrément [11] à la banque Schoudler.

Schoudler vint supplier Rousseau [12] de n'en rien faire. « Je suis victime d'une machination [13] abominable, mais c'est l'affaire de quarante-huit heures, dit Schoudler. Mais si vous me retirez la confiance de l'Etat, vous me tuez. »

Il rappela à Rousseau leur longue amitié, joua sur la corde du souvenir [14]. Rousseau avait été l'avocat de Schoudler ; Schoudler avait soutenu Rousseau dans les débuts difficiles de sa carrière politique. [...]

Rousseau se laissa convaincre ; son avantage n'était pas de ruiner Schoudler, mais de lui permettre de tenir.

Mais la séance suivante à la Bourse fut une déroute [15]. Ce qu'on appelait les valeurs Schoudler, c'est-à-dire, entre autres, les Sucreries de Sonchelles [16], les mines de Zoa [17] et, sur le *marché au comptant*, les *actions* de la banque elle-même, suivirent le chemin qu'avaient pris les valeurs Strinberg sur tous les marchés du monde. En disparaissant, la puissance de Strinberg, qui ne tenait que sur du vent [18], entraînait l'effondrement [19] de la fortune Schoudler, bâtie depuis un siècle, ainsi que le vent, précisément, en s'engouffrant [20] dans les lézardes [21], abat une trop vieille demeure.

Schoudler reçut en plein le choc de la tornade [22].

Il essaya de répéter ce qu'il avait fait sept ans plus tôt, lors de l'affaire des Sonchelles et du suicide de François [23]. Il reparut à la Bourse, l'œil toujours sombre derrière la fente étroite de ses paupières, mais le corps affaibli, l'esprit vieilli et désorganisé. La situation était loin d'être la même. L'affaire des Sonchelles n'avait été qu'une baisse artificielle, contre laquelle il avait les moyens pour tenir, et dans une période de prospérité générale. Maintenant la catastrophe était réelle.

Dans sa mégalomanie [24], le baron Schoudler avait fini par confondre sa propre fortune et les *fonds gérés* par la banque. A force de millions jetés à tort et à travers dans des *entreprises* absurdes, dans des *sociétés* de cinéma qui ne l'avaient jamais remboursé, dans des maisons de couture qui avaient *fait faillite*, dans des missions d'étude [25] pour les chemins de fer du Congo au Zanzibar, dans toutes les affaires creuses [26] que sa boulimie [27] de puissance lui avait fait avaler, il avait sur sa propre banque un *découvert* vertigineux [28].

Pour enrayer [29] la baisse et faire face aux retraits, Schoudler, dans cette journée fatale, engagea les fonds provenant de l'*emprunt* des groupements de sinistrés.

Vainement. Ce qu'il croyait rattraper d'un côté refuyait d'un autre et plus gravement. [...]

Le soir même, l'agrément était enfin retiré par les Finances et, le lendemain, la banque, rue des Petits-Champs, devait fermer ses guichets.

C'était l'effondrement, le *krach*, la *faillite*.

La grande crise économique et financière débutait par la mort, pour l'un, et par la ruine, pour l'autre, de deux hommes qui avaient représenté la vraie et la fausse prospérité du monde.

MAURICE DRUON, *la Chute des corps* (Julliard).

1. Serrer la note : la mettre de côté pour ne pas la perdre. — **2. Prématurément** (du latin *prae*, avant, et *maturus*, mûr) : à mûrissement anticipé ; ici, qui est fait avant la date convenable. — **3. Voire :** peut-être même. — **4. Coffre**, voir p. 165. — **5. Collaborateurs réguliers :** personnes avec lesquelles la banque traite des affaires régulièrement. — **6. Démission** (fém.) :

acte par lequel on *se démet* d'une fonction (on l'abandonne). *Lettre de démission :* lettre qui annonce une démission. — **7. Malsain :** qui n'est pas sain. *Gestion malsaine :* gestion irrégulière, dangereuse. — **8. Groupements (de sinistrés).** Comme, depuis la guerre de 1914-1918, l'Etat n'avait pas fini d'acquitter tous les dommages qu'avaient subis les sinistrés dans les régions dévastées de la France, ceux-ci avaient obtenu l'autorisation de constituer des groupements. Ces groupements pouvaient, par l'intermédiaire de certaines banques, émettre des emprunts sous la garantie de l'Etat et, ainsi, être dédommagés plus rapidement. *Sinistrés :* personnes qui ont eu leurs maisons détruites pendant la guerre. — **9. Avoir les mains nettes :** ne pas être mêlé à des affaires douteuses. — **10. Sauter :** ici, faire faillite. — **11. Agrément** (masc.) : approbation, accord. La banque Schoudler avait reçu l'agrément du ministère des Finances pour lancer l'emprunt du groupement des sinistrés. — **12. Rousseau :** ministre des Finances à ce moment (dans le roman de M. Druon). — **13. Machination :** ensemble de moyens secrets pour faire échouer un projet. — **14. Jouer sur la corde du souvenir :** évoquer des souvenirs pour attendrir une personne (comme un violoniste qui fait vibrer une certaine corde de son violon). — **15. Déroute** (fém.) : fuite en désordre de troupes vaincues ; ici, suite d'événements tragiques. — **16. Sucreries de Sonchelles :** voir *Un jour d'agitation à la Bourse* (note p. 176). — **17. Les mines de Zoa :** autre affaire importante lancée par Schoudler. — **18. Tenir sur du vent :** ne tenir sur rien de solide. — **19. Effondrement** (masc.), voir p. 180. — **20. S'engouffrer** (de *gouffre*) : se précipiter avec violence en un lieu. — **21. Lézarde** (fém.) : fente qui se produit dans un mur très vieux. — **22. Tornade** (fém.) : coup de vent très violent. — **23. François :** le fils de Schoudler, qui s'était suicidé à la suite de l'affaire des Sucreries de Sonchelles (voir p. 173). — **24. Mégalomanie** (fém.) : folie des grandeurs. — **25. Mission d'étude :** voyages entrepris par des techniciens et des ingénieurs pour étudier sur place les possibilités de certains travaux. — **26. Affaire creuse :** affaire sans fondement sérieux. — **27. Boulimie** (fém.) : faim insatiable ; ici, avidité. — **28. Vertigineux :** si important qu'il donne le *vertige*, qu'on ne peut le concevoir sans effroi. — **29. Enrayer** (de *rayon*) : garnir une roue de rayons, puis entraver le mouvement des roues par un frein ; ici, arrêter le mouvement.

Etude du texte

A. Faites le plan de ce texte. — **B.** Résumez-le en 200 mots. — **C.** Répondez aux questions suivantes : **1.** Quelle était la fonction de Simon dans la banque Schoudler ? — **2.** Pourquoi Schoudler était-il furieux contre Simon ? — **3.** Pourquoi Simon envoya-t-il sa lettre de démission ? — **4.** Que firent les clients de la banque quand ils connurent les bruits de faillite ? — **5.** Pourquoi l'inspecteur des Finances demanda-t-il le retrait de l'agrément à la banque Schoudler ? — **6.** A quoi servait l'emprunt lancé en faveur des groupements de sinistrés ? — **7.** Comment est divisé le montant de l'emprunt lancé par une société ? — **8.** Que doit servir aux obligataires l'organisme qui a lancé l'emprunt ? — **9.** Pourquoi Rousseau empêcha-t-il l'inspecteur des Finances de retirer immédiatement l'agrément à Schoudler ? — **10.** La fortune de Strinberg reposait-elle sur des bases solides ? — **11.** Pourquoi Schoudler avait-il sur sa banque un grand découvert ? — **12.** Que fit Schoudler, en dernière tentative, pour enrayer la baisse ?

Sujets d'essai

1. Comparez cette tragédie financière avec celle qui est décrite dans *Un jour d'agitation à la Bourse*. En quoi diffèrent-elles ? — **2.** Faites le portrait de l'homme d'affaires moderne tel que vous l'imaginez.

58. La crise américaine

Depuis un siècle, le développement du machinisme a bouleversé le monde et la conception même du travail. Dans son livre Histoire des faits économiques et sociaux de 1800 à nos jours, *A. Philip décrit les différentes étapes de la révolution industrielle et les grands événements qui l'ont marquée.*

En présence des déséquilibres qui apparaissaient dès 1926, la crise américaine pouvait être prévue, et elle aurait dû se produire dès 1927. Elle a été retardée quelque temps grâce au développement pris par les *ventes à tempérament*. Une fois les ventes à tempérament intégrées dans un système économique, elles deviennent un élément de *stabilisation ;* mais, dans la période où elles sont apparues, elles ont permis, pendant deux ans, d'acheter les produits de l'année non pas avec le *revenu* de l'année, mais avec le revenu attendu de l'année suivante. On *mobilisa* en somme le *revenu* futur par le *crédit* à la consommation.

Ce délai aurait dû permettre de chercher un nouvel équilibre, et c'est ce que tenta en 1928 le « Federal Reserve Board » en augmentant le *taux* de l'*escompte* successivement de 3,5 % à 5 %, puis à 6 %, mais l'effet souhaité fut freiné [1] par deux facteurs.

Le premier fut le *marasme* agricole ; le « Federal Reserve Board » ne put poursuivre une politique systématique de restriction de crédit, la Banque fédérale de réserve de Chicago lui ayant fait remarquer que le résultat serait l'arrêt de la mobilisation des récoltes et l'effondrement [2] des *cours* des *denrées* alimentaires, qui étaient déjà en baisse depuis quelques années.

D'autre part, le *relèvement* du *taux* de l'*escompte* attira les capitaux européens *mobiles*, qui s'évadaient de l'Europe continentale et venaient s'*investir* à *court terme* sur la place de New York, en fournissant à la *spéculation* des ressources nouvelles et en annihilant [3] l'effort de contrôle monétaire poursuivi dans la politique économique intérieure. Dès ce moment, il était prouvé que même les Etats-Unis ne pouvaient pas faire une politique de monnaie dirigée dans un cadre purement national. [...]

La catastrophe se produisit en 1929, au début d'octobre, sans que l'on puisse en déterminer la cause avec précision. Sans doute un *relèvement* du *taux* de l'*escompte* de la Banque d'Angleterre, qui amena un *retrait* de certains *fonds* européens. Une baisse se produisit ; les brokers [4], en vérifiant la situation de leurs clients, s'aperçurent que des milliers de *spéculateurs* n'offraient plus de sécurité suffisante, et réclamèrent de l'*argent frais* comme *garantie* supplémentaire ; ils ne l'obtinrent pas et reçurent en réponse des *ordres de vente*, qui, lancés en même temps sur le marché, transformèrent la baisse en un effondrement. Celle-ci, commencée le jeudi 24 octobre, le « jeudi noir », se poursuivit jusqu'à la mi-novembre, l'*indice* des actions passant de 469 à 220, ce qui correspondait pour les *épargnants* et les *spéculateurs* à une *perte* de l'ordre de 30 milliards de dollars.

La *crise* boursière n'ébranla pas tout d'abord le superbe [5] optimisme des hommes d'affaires ; les prix n'avaient pas augmenté, les *stocks* sur le marché étaient encore minimes, la situation économique apparaissait assez saine, et le président Hoover [6] réunissait les hommes d'affaires pour les encourager à faire des projets d'avenir, en disant qu'il suffisait de laisser faire, de laisser passer : « La prospérité vous attend au prochain coin de rue. »

En fait, la situation économique allait rester stationnaire pendant l'hiver 1929-1930, et c'est seulement au printemps que, la *reprise* saisonnière attendue ne se produisant pas, l'on prit conscience de la gravité de la situation.

Depuis un an, la *hausse* des profits était arrêtée ; dès l'été 1929, l'industrie automobile était en régression [7] ; la crise boursière aggravait l'insuffisance du *pouvoir d'achat* et réduisait la demande de produits industriels. Les innombrables industriels qui avaient obtenu des *crédits* de leurs banques en donnant des *titres en garantie* perdaient la base de ce *crédit* et, pour rembourser leurs *avances*, devaient vendre à tout prix et jeter leurs produits sur le marché.

A partir de mai 1930, la crise se généralise et, jusqu'au printemps de 1932, on assiste à une *baisse* régulière et continue des prix, à une *récession* de la production, en particulier dans les industries minière et métallurgique, à des diminutions successives de salaires et à une aggravation du *chômage*.

ANDRÉ PHILIP, *Histoire des faits économiques et sociaux de 1800 à nos jours* (Aubier-Montaigne).

1. Freiner (de *frein*) voir p. 213. — **2. Effondrement,** voir p. 180. — **3. Annihiler** (du latin *nihil*, rien) : détruire, réduire à rien. — **4. Broker** (masc.) : intermédiaire à la Bourse des valeurs en Angleterre et aux Etats-Unis (agent de change en France). — **5. Superbe** : ici, orgueilleux. — **6. Le président Hoover** : le président (républicain) des Etats-Unis de 1929 à 1933. — **7. Régression,** voir p. 113.

Etude du texte

A. Faites le plan de ce texte. — **B.** Résumez-le en 200 mots. — **C.** Répondez aux questions suivantes : **1.** Quelle a été la conséquence du développement rapide des ventes à tempérament ? — **2.** Quel rôle les ventes à tempérament jouent-elles maintenant dans l'économie ? — **3.** Comment le « Federal Reserve Board » a-t-il essayé de rétablir l'équilibre ? — **4.** Quels facteurs réduisirent l'effet de cette mesure ? — **5.** Quelle fut la conséquence du relèvement du taux d'escompte ? — **6.** A quelle date éclata la crise américaine ? — **7.** Quel fut l'incident qui, sans doute, fit éclater cette crise ? — **8.** Pourquoi les *brokers* réclamaient-ils de l'argent frais à leurs clients ? — **9.** Pourquoi les hommes d'affaires restaient-ils optimistes ? — **10.** Combien de temps leur fallut-il pour prendre conscience de la gravité de la crise ? — **11.** Quelle fut la première industrie touchée par la crise ? — **12.** Pourquoi les industriels vendaient-ils à bas prix leurs produits ?

Sujets d'essai

1. Quels sont les avantages et les désavantages de la vente à tempérament ? Etes-vous vous-même partisan de cette sorte de vente ? — **2.** Quelles ont été les causes profondes du déséquilibre américain après la guerre de 1914-1918 ? La Seconde Guerre mondiale a-t-elle été suivie d'une crise aussi grave ? — **3.** Quels sont les moyens les plus efficaces de combattre le chômage dans un pays ?

Phot. Agence Intercontinentale

Les assurances

59. Origine et développement des assurances

L'extrait suivant retrace toute l'histoire des assurances depuis l'assurance maritime à l'époque de la Renaissance jusqu'à la Sécurité sociale au XXe siècle.

L'*assurance* est étroitement liée au développement du *capitalisme* moderne. L'un des premiers secteurs dans lesquels celui-ci a porté l'esprit d'entreprise [1] — le commerce sur mer — est également celui où l'assurance a connu ses succès de la première heure.

L'assurance se manifeste, en effet, aux temps de la Renaissance sous l'aspect de l'*assurance maritime :* les liaisons commerciales avec le Proche-Orient et la connaissance élargie du monde sont à la base de cette précaution : les *armateurs* entendent se soustraire au risque de mer. C'est dans les ports d'où l'on partait chercher les épices [2] et les marchandises exotiques [3] que l'on retrouve les premiers *contrats d'assurance* maritime, en Italie dès le XIVe siècle, puis en Espagne et au Portugal, enfin en France et dans les pays du Nord. C'est ainsi que la *chambre de commerce* de Marseille possède un contrat daté de 1584.

Pour les assurances terrestres, il faut attendre le développement économique du XVIIIe siècle, le renouveau qui portait en soi toutes les promesses du grand capitalisme, pour qu'elles fassent leur apparition.

La population s'accroît au cours des XVIIe et XVIIIe siècles ; les villes s'étendent. Ce mouvement urbain a sa contrepartie [4] : les incendies deviennent plus graves ; ils risquent de détruire des richesses *immobilières* et *mobilières* nombreuses ; les propriétaires d'*immeubles* et les *prêteurs hypothécaires* s'en trouvent affectés. Un exemple particulièrement frappant de l'importance des incendies est celui qui ravage Londres en 1666. C'est le 2 septembre, à une heure du matin, que l'incendie éclate dans une boulangerie ; favorisé par le vent, il se propage de maison à maison, car celles-ci sont en bois et à toit de chaume [5] ; ce n'est qu'au bout de quatre jours qu'on arrive à l'arrêter en démolissant des rangées de maisons ; mais tout est détruit sur 175 hectares [6], il ne reste debout qu'une faible partie des constructions de la Cité : les flammes ont dévoré plus de 13 000 maisons dans 400 rues. Ce fut une catastrophe et, en même temps, une leçon : l'incendie de Londres donne son *essor* à l'assurance contre l'incendie.

Il paraît bien que les premières réalisations sérieuses dans ce domaine sont faites dans l'Allemagne du Nord, où les Etats montent des organismes semi-publics auxquels les propriétaires doivent généralement apporter leur adhésion [7], et en Angleterre, où l'on fait confiance à l'initiative privée. [...]

C'est au début du XVIIe siècle que se montent en Angleterre, sur le modèle de la Compagnie des Indes orientales, les premières *sociétés de capitaux ;* le mouvement allait gagner bientôt d'autres pays, et en particulier la France. A partir du XVIIIe siècle, en dehors parfois de l'assurance maritime, plus ancienne que les autres et jalouse de ses traditions, l'assurance ne sera plus faite en principe que par des sociétés ou, parfois, par des organismes publics.

Mais les progrès sont encore lents et le rôle joué par l'assurance est secondaire. La révolution industrielle, qui modifie petit à petit la face du monde et multiplie les rapports économiques entre les hommes, permet à l'assurance de se développer. C'est d'Angleterre qu'est parti au XVIIIe siècle le mouvement de réorganisation économique de l'Europe, puis du globe, sous le signe du *machinisme*, mais ce n'est guère qu'après la Révolution et l'Empire que ce mouvement s'est propagé en Europe, et d'abord en France. Particulièrement, c'est le régime de Louis-Philippe, sous lequel furent posées les assises [8] de la banque moderne et de l'industrie, qui a favorisé le départ de l'assurance.

Après l'assurance maritime et l'assurance contre l'incendie, qui étaient déjà pratiquées, l'assurance sur la vie prend alors son *essor*. Elle a longtemps été considérée comme immorale, parce qu'elle inciterait le *bénéficiaire* du contrat à souhaiter le décès de l'assuré, sinon à en hâter la venue ; de ce fait, elle a été souvent interdite. On rencontre, en dehors de petites *mutualités* qui existent à diverses époques (il y en a déjà à Rome) et qui sont destinées à supporter les frais de funérailles [9] de leurs membres, les premières *assurances sur la vie* comme accessoire [10] de l'assurance maritime ; les assureurs maritimes d'Anvers pratiquent, au XVIe siècle, l'assurance sur la vie à l'occasion des voyages sur mer.

Cependant, l'assurance sur la vie ne cesse de se faire une place chaque année plus marquée pendant que sa technique scientifique — l'*actuariat* — se constitue et se développe. Le régime de la Restauration et celui de Louis-Philippe, dont on a déjà dit qu'ils présentent le climat [11] favorable à la formation de sociétés de capitaux, voient se fonder les premières sociétés françaises d'assurance sur la vie.

La multiplication des relations commerciales donne une importance accrue, au cours du XIXe et du XXe siècle, à l'assurance maritime, tandis que l'augmentation de la population et son afflux [12] dans les villes ouvrent de nouvelles perspectives à l'assurance contre l'incendie. De son côté, l'amélioration générale du niveau de vie apporte à l'assurance sur la vie des adhésions de plus en plus nombreuses.

En dehors de ces tendances générales, qui renforcent la position des branches anciennes, deux raisons particulières de développement doivent être signalées, qui mettent rapidement en relief [13] une nouvelle branche : l'*assurance contre les accidents.*

Il faut citer d'abord les préoccupations sociales, qui conduisent un grand nombre de pays, comme la France en 1898, à édicter [14] la responsabilité patronale dans le cas d'accidents du travail ; cette responsabilité entraîne les *employeurs* à s'assurer contre les accidents pouvant survenir à leurs *salariés.* L'invention de la locomotion automobile, par ailleurs, si vite devenue d'un usage très fréquent, a pour conséquence la multiplication des accidents dans la période récente et la nécessité (dans certains pays l'obligation) pour les propriétaires d'automobiles de se prémunir contre les conséquences de leur responsabilité.

Evoquant les soucis sociaux qu'entraîne le développement de l'industrie, on vient de parler de l'assurance contre les accidents du travail. Mais l'accident du travail n'est qu'un des risques auxquels est soumis le *salarié.* Il en est d'autres ; plus exactement, dans la plupart des pays, une *législation* nouvelle fait bénéficier l'ouvrier ou l'employé d'un régime d'assurance visant à rendre sa condition plus indépendante des effets du hasard. Cette législation d'*assurance sociale* forme un ensemble autonome, de même que le principe juridique sur lequel elle est construite est particulier. On a cherché, en instituant les caisses d'*assurances sociales*, à répartir sur l'ensemble des salariés les risques sociaux qui pouvaient se réaliser à leur détriment (maladie, invalidité [15], vieillesse) et à faire participer les employeurs, parfois l'Etat, à la *couverture* de ces risques. La volonté du *législateur* d'améliorer le sort de la classe ouvrière est la caractéristique essentielle de l'assurance sociale.

MAURICE FAUQUE, *les Assurances* (P. U. F.).

1. L'esprit d'entreprise, voir Glossaire, *entreprise.* — **2. Epices,** voir p. 132. — **3. Exotique :** qui provient de pays étrangers éloignés. — **4. Contrepartie** (fém.) : ce que l'on fournit en échange d'autre chose ; ici, inconvénients en échange des avantages qui sont offerts. — **5. Chaume** (masc.) : partie de la tige de blé qui reste dans les champs après la moisson. *Toit de chaume :* toit fait en paille. — **6. Hectare** (masc.) : mesure de surface qui vaut 100 ares ou 10 000 m². — **7. Adhésion** (fém.) : action d'*adhérer* (tenir fortement à une chose) ; ici, action de souscrire. — **8. Assise** (fém.) [de *asseoir*] : base (voir l'*assiette* de l'impôt [I, p. 293]). — **9. Funérailles** (fém. pl.) : cérémonie de l'enterrement. — **10. Accessoire** (masc.) : instrument ou pièce qui ne fait pas partie intégrante d'une machine ; ici, le complément. — **11. Climat** (masc.) : milieu, ambiance, ensemble de conditions. — **12. Afflux** (masc.) : Voir page 184. — **13. Mettre en relief :** faire ressortir. — **14. Edicter** (vient de *édit* [masc.] : loi promulguée par l'autorité d'un roi) : énoncer sous la forme d'un édit. — **15. Invalidité** (fém.) [de *valide*, sain] : état d'une personne dont la capacité de travail est réduite au moins des deux tiers.

Etude du texte

A. Faites le plan de ce texte. — **B.** Résumez-le en 200 mots. — **C.** Répondez aux questions suivantes : **1.** Quelle est la branche dans laquelle l'assurance a connu ses premiers succès ? — **2.** Quelle en a été la cause ? — **3.** Quelle est l'assurance terrestre qui a fait la première son apparition ? — **4.** Pour quelle raison s'est-elle développée rapidement ? — **5.** Dans quel pays les premières sociétés de capitaux d'assurance se sont-elles développées ? — **6.** Qu'est-ce qui a favorisé l'essor des assurances au XIXe siècle ? — **7.** Pourquoi l'assurance sur la vie a-t-elle été considérée longtemps comme immorale ? — **8.** Dans quel milieu s'est d'abord développée l'assurance sur la vie ? — **9.** En quoi consiste le travail d'un actuaire ? — **10.** A quelle époque se sont constituées en France les premières sociétés de capitaux d'assurance sur la vie ? — **11.** Quelles sont les formes d'assurance contre les accidents qui sont apparues avec le développement du machinisme ? — **12.** Quel est le but des caisses d'assurances sociales ?

Sujets d'essai

1. Pensez-vous que le système des assurances sociales ait amélioré le sort des travailleurs ? Quels sont ses avantages ? Le système présente-t-il aussi des inconvénients ? — **2.** Quelles sont les différentes formes actuelles d'assurance ? Quel est l'objet de chacune d'elles ? — **3.** Quel est le rôle des assurances dans la vie économique moderne ? Pourquoi ce rôle se développe-t-il sans cesse avec l'extension du machinisme ?

60. L'assurance sur la vie

Barthélemy Lacharme est le fils d'un marchand de vins en gros de Clessy-les-Vignes, village du Mâconnais. Cette région de France, située au sud de la Bourgogne, est réputée pour ses vins. Barthélemy est placier d'assurances sur la vie et essaie de convaincre tous les habitants de Clessy de l'utilité de cette forme d'assurance. Mais il échoue dans sa tentative auprès de Gambut, le vieil instituteur sceptique. Gambut est hostile à tous les effets du progrès. Dans ce texte, il réfute avec une ironie cruelle tous les arguments que lui présente son ancien élève.

Un des fils de Lacharme, l'aîné, Barthélemy, s'est lancé dans le placement d'*assurances sur la vie*. Avec la ténacité de son père et le bagout [1] de sa mère, il vend de l'assurance au *porte-à-porte*. Maniaque de la prévoyance, il tient toute créature humaine pour possible client, à qui il offre sa marchandise : au pompiste [2] qu'il ne reverra jamais, au chauffeur de taxi qui l'emporte, au contrôleur du train, à l'ouvreuse [3] de cinéma, à la victime d'un accident pendant qu'il la secourt, à son père, à sa mère, à toute la famille jusqu'au plus incertain cousin, à tout Clessy [4], bien sûr, jusqu'en son moindre hameau [5], il expose les bienfaits de l'assurance. Dans ses rêves, la nuit, il assure les anges et Dieu le Père, sinon sur la vie, du moins contre les accidents. Ses poches éclatent de *prospectus*. Il roule voiture, fume cigares, porte serviette de ministre [6], parle haut, même à son ancien maître Gambut, qu'il a voulu assurer, comme tout le monde. S'y est-il mal pris, ou les principes de l'instituteur s'opposent-ils vraiment à ce genre d'opérations ? Barthélemy Lacharme a essuyé l'un de ses rares échecs [7], mais aussi l'un des plus cuisants [8]. Il s'est trouvé si désarçonné [9] qu'il n'a pu que ravaler [10], avec sa surprise, ses *arguments* habituels.

— Mon petit Barthélemy, avait dit Gambut à son ancien élève, écoute-moi et essaie de comprendre : de deux choses l'une, ou tu as raison, et c'est à la collectivité, donc à l'Etat, d'assurer les citoyens contre les dangers qui les menacent — y compris leur mort, encore que je voie mal quelle assurance on puisse fournir contre ce mal inéluctable [11] et nécessaire — ; ou bien tu *spécules* sur la peur des hommes, et il est immoral de gagner de l'argent par ce moyen-là, encore que tout commerce me paraisse éminemment immoral. Mais de là à transformer les cercueils en tirelires[12], halte-là ! Assurance sur la vie, dis-tu ? Que n'as-tu la franchise de lui donner son vrai nom : assurance sur la mort. C'est bien la seule assurance qu'aient les hommes, et tu es sûr, toi, de gagner à tout coup. [...] Tu ressembles plus à un croque-mort [13] ou à un prédicateur [14] cafard [15] qu'à un *courtier*. Tu n'as pas honte de passer ton temps à répéter aux braves gens : pensez à la mort, cher Monsieur ! Pensez-y en signant ce *contrat* comme un testament, pensez-y en payant chaque trimestre votre *prime* au trépas [16], pensez-y en économisant chaque jour, chaque heure, un peu d'argent pour régler ponctuellement votre tribut [17] aux enfers.

— Mais, Monsieur Gambut, nous pensons à ceux qui restent...

— Je t'attendais ici. T'es-tu jamais demandé si le mari qui, grâce à toi, garantissait à sa veuve quelques millions au lendemain de sa mort ne lui faisait pas un cruel affront [18] ? Une vraie veuve — oui, une vraie femme — serait en droit de dire à l'assureur : vous m'insultez, Monsieur ! Mon mari valait davantage et plus que tout l'or du monde. Sa mort est pour moi, comme pour mes enfants, une perte irréparable, et que je veux irréparable. Il faut que notre vie s'en trouve affectée et sans aucun autre secours que le nôtre. Je travaillerai ; mes enfants, dès qu'ils le pourront, m'aideront, et, dans cette communion laborieuse, nous célébrerons le culte de notre disparu.

ROGER GOUZE, *Clessy-les-Vignes* (Julliard).

1. **Bagout** (ou **bagou**) [masc.] : aptitude à parler avec abondance pour ne rien dire (familier). — **2. Pompiste** : personne chargée du fonctionnement d'une pompe à essence. — **3. Ouvreuse** : femme chargée de placer les spectateurs dans une salle de théâtre ou de cinéma. — **4. Clessy** : le village où est né Barthélemy. — **5. Hameau** : groupe de quelques maisons dans la campagne. — **6. Serviette de ministre** : serviette noire et très grande comme en portent les ministres. — **7. Echec**, voir p. 213. — **8. Cuisant** (de *cuire*) : qui cause de l'irritation. — **9. Désarçonner** (vient de *arçon*, armature de la selle du cheval, formée de deux arcades reliées par deux bandes de bois) : faire tomber de cheval. Ici, *désarçonné* : qui a perdu son assurance. — **10. Ravaler** : avaler de nouveau. Barthélemy est si désemparé qu'il ne peut plus exposer les arguments qu'il avait préparés. —

11. Inéluctable, voir p. 28. — **12. Tirelire** (fém.) : récipient muni d'une fente par laquelle on introduit l'argent que l'on veut économiser. — **13. Croque-mort** (masc.) : nom familier que l'on donne aux employés des pompes funèbres (qui s'occupent des enterrements). — **14. Prédicateur** (masc.) : personne qui *prêche* (qui prononce des sermons à l'église). — **15. Cafard** (masc.) : insecte noir et plat que l'on trouve parfois dans les cuisines. *Avoir le cafard :* avoir des idées noires, être triste. L'adjectif *cafard* signifie, dans la langue familière, « qui répète des choses secrètes dans l'intention de nuire ». — **16. Trépas** (masc.) : mort. *Les trépassés :* les morts. — **17. Tribut** (masc.) : ce qu'on est obligé de donner, sans pouvoir y échapper. — **18. Affront** (masc.) : outrage public.

Etude du texte

A. Faites le plan de ce texte. — **B.** Résumez-le en 200 mots. — **C.** Répondez aux questions suivantes : **1.** Comment s'appellent les personnes chargées de trouver des clients aux compagnies d'assurances ? — **2.** Quelles sont les qualités nécessaires pour faire ce métier ? — **3.** Quels sont les arguments que Barthélemy présente à ses clients éventuels ? — **4.** A-t-il beaucoup de succès dans son travail ? — **5.** Que distribue-t-il à ses clients éventuels ? — **6.** Pourquoi son ancien maître refuse-t-il de s'assurer ? — **7.** Comment s'appelle la somme annuelle que les assurés versent à leur compagnie d'assurances ? — **8.** Où les enfants mettent-ils leurs économies ? — **9.** Pourquoi beaucoup de gens s'assurent-ils sur la vie ? — **10.** Pourquoi le métier de courtier d'assurances semble-t-il honteux à Gambut ? — **11.** Quels sont les moyens de gagner sa vie qui semblent sans doute moraux à Gambut ? — **12.** Vous semble-t-il probable qu'une veuve soit offensée de recevoir une somme importante à la mort de son mari ?

Sujets d'essai

1. Quels sont les avantages de l'assurance sur la vie ? Est-ce, selon vous, un bon moyen de mettre de l'argent de côté en cas de besoin ? Quels sont les dangers qu'elle peut présenter ? — **2.** Que savez-vous du caractère de Barthélemy d'après ce texte ? Et du caractère de Gambut ? Imaginez les personnages. — **3.** Etes-vous de l'avis de Gambut dans ses attaques contre les assurances sur la vie ? Discutez ses arguments.

Phot. Keystone

61. Les assurances maritimes

Le texte suivant est consacré à l'histoire des assurances maritimes, les plus anciennes de toutes. Elles ont toujours joué un rôle de premier plan dans le commerce extérieur, et leur législation est très complexe parce que le règlement des dommages pose de nombreux problèmes. Les chiffres cités dans le texte sont exprimés en anciens francs.

L'*assurance maritime* est la plus ancienne de toutes ; cette circonstance, jointe au fait qu'elle s'applique à un secteur économique particulier, lui a donné un aspect original [1] très attachant. La tradition lui compose un visage [2] qui la distingue de toutes les autres assurances.

Elle n'est que moyennement développée en France et, au cours de l'année 1958, les *primes encaissées* ne dépassaient pas 26 milliards. D'autres pays d'Europe pratiquent largement l'assurance maritime, l'Angleterre spécialement.

L'assurance maritime se divise en deux sous-branches : l'*assurance sur corps* et l'*assurance sur facultés.*

Le vocabulaire même crée l'atmosphère dans laquelle se meut l'assurance maritime ; les corps, ce sont les navires ; les *facultés*, les marchandises qui composent le *fret*.

La valeur des navires, dite « valeur agréée », est fixée à l'avance dans le *contrat*, d'un commun accord entre l'assureur et l'assuré, en suivant des règles assez compliquées ; la *police* couvre tous les dommages que le navire peut subir : naufrage [3], abordage [4], échouement [5], incendie. Sauf le cas de perte totale, l'indemnisation consiste en un remboursement équitable [6] des réparations après que la nécessité de celles-ci a été prononcée par des experts [7]. La police *couvre* également un risque de responsabilité : le risque de *recours des tiers*.

La valeur des facultés est fixée par l'assuré (comme en assurance contre l'incendie, par exemple) et n'est soumise à examen qu'après *avarie*. Il n'est pas inutile de spécifier que l'assureur ne répond que des dommages résultant de la navigation ; il ne saurait prendre à sa charge les *dépréciations* des marchandises ayant une autre origine (le mauvais *emballage*, en particulier).

Un souci de moralité, dont on voudrait voir faire un plus large usage dans les branches terrestres de l'assurance, en même temps qu'une volonté parallèle d'éviter les discussions relatives à des dommages faibles, impose des *franchises* d'avaries tant pour les corps que pour les facultés. En facultés existe la « *freinte* de route », qui est indépendante de la franchise.

On a séparé nettement, dans les explications qui précèdent, l'assurance sur corps et l'assurance sur facultés ; il y a, en effet, un grand nombre d'avaries pour lesquelles la responsabilité de l'assureur sur corps est nette, ou bien celle de l'assureur sur facultés. Cependant, le transport par mer forme un tout, et il est des cas, assez fréquents, où des réparations, des frais incomberont aux *chargeurs* aussi bien, sinon plus, qu'à l'*armateur*. La réparation d'une pièce de la machine faite d'urgence dans un port de relâche [8] a pu être dictée au capitaine par le désir d'améliorer une navigation qui devenait longue pour un fret périssable. Le navire est remis en état et l'armateur ne peut y trouver à redire, mais la *cargaison* est en partie sauvée et les chargeurs doivent s'en féliciter. Une telle réparation est un exemple de ce que l'on appelle *avarie commune*, parce que les dépenses faites à cette occasion doivent être couvertes à la fois par les deux assureurs, corps et facultés.

Les assurances maritimes portent généralement sur des sommes très élevées ; les navires et les cargaisons valent souvent plusieurs centaines de millions et même plusieurs milliards. Une seule société ne pourrait accepter pour elle seule des risques aussi volumineux ; aussi, les affaires maritimes se traitent-elles en *coassurance* (comme les assurances contre l'incendie des usines ou des magasins). De même qu'en assurance contre l'incendie, une société *gère* le risque pour l'ensemble des assureurs. [...]

Cependant il ne sera pas inutile de dire, pour compléter les indications qui viennent d'être fournies, qu'une ordonnance [9] de 1945 a créé un groupement de *réassurance* maritime. A vrai dire, depuis plusieurs années déjà, le gouvernement avait pris les dispositions convenables pour favoriser le fonctionnement de l'assurance maritime française, et l'ordonnance de 1945 a eu surtout pour objet d'achever de consacrer légalement ce qui avait été fait dans la période antérieure. Toutes les sociétés françaises et étrangères pratiquant en France et dans les territoires et départements d'outre-mer des opérations d'assurance maritime sont tenues de céder au groupement de *réassurance* maritime une partie de leurs affaires ; ce groupement, qui est doté [10] de la personnalité civile [11], est formé en principe par l'ensemble des sociétés d'assurance françaises terrestres et maritimes, à l'exclusion de celles qui pratiquent l'*assurance sur la vie.*

MAURICE FAUQUE, *les Assurances* (P. U. F.).

1. Original (vient de *origine*) : nouveau, qui n'a pas encore été rencontré. — **2. Visage** (masc.) : ici, aspect. — **3. Naufrage** (masc.) : perte d'un bateau en mer (*le bateau fait naufrage*). — **4. Abordage** (masc.) : choc qui se produit entre deux navires. *Aborder :* au sens propre, atteindre le *bord* de la mer ; heurter un navire. — **5. Echouement** (masc.) : action d'*échouer* (c'est-à-dire, dans la langue maritime, toucher le fond de la mer). — **6. Equitable :** qui est conforme aux règles de l'*équité. Equité* (d'un mot latin qui signifie « égalité ») : respect des droits de chacun. — **7. Expert :** personne désignée pour vérifier des comptes ou donner un avis de spécialiste dans une affaire. L'adjectif *expert* signifie : qui connaît bien son travail. — **8. Relâche** (fém.) : interruption dans un travail. Le *jour de relâche* au théâtre est le jour où il n'y a pas de représentation. *Travailler sans relâche :* sans interruption. — **9. Ordonnance** (fém.) : loi faite par le gouvernement provisoire de la République française de 1944 à 1946. — **10. Etre doté :** avoir reçu en partage la *dot* (bien qu'apporte une femme en mariage) ; être pourvu. — **11. Personnalité civile :** aptitude à participer à la vie juridique.

Etude du texte

A. Faites le plan de ce texte. — **B.** Résumez-le en 200 mots. — **C.** Répondez aux questions suivantes : **1.** Pourquoi l'assurance maritime se distingue-t-elle des autres assurances ? — **2.** Dans quel pays l'assurance maritime est-elle particulièrement développée ? — **3.** Quelles sont les deux branches de l'assurance maritime ? — **4.** Qu'est-ce que le fret ? — **5.** Quels sont les dommages que la police d'assurance maritime couvre ? — **6.** En quoi consiste l'indemnisation des dégâts ?

— **7.** Par qui est fixée la valeur des navires ? — **8.** Par qui est fixée la valeur des facultés ? — **9.** L'assureur est-il responsable de tous les dégâts que peut subir la marchandise ? — **10.** Pourquoi existe-t-il des franchises d'avaries ? — **11.** Pourquoi les affaires maritimes se traitent-elles en coassurance ? — **12.** Quel est le but du groupement de réassurance maritime ?

Sujets d'essai

1. Montrez l'importance du rôle que joue l'assurance maritime dans le commerce international. — **2.** Qu'est-ce qu'une avarie ? Quelles sont les différentes sortes d'avaries et comment se règlent-elles ? — **3.** Quelle différence y a-t-il entre la coassurance et la réassurance ? Donnez des exemples précis.

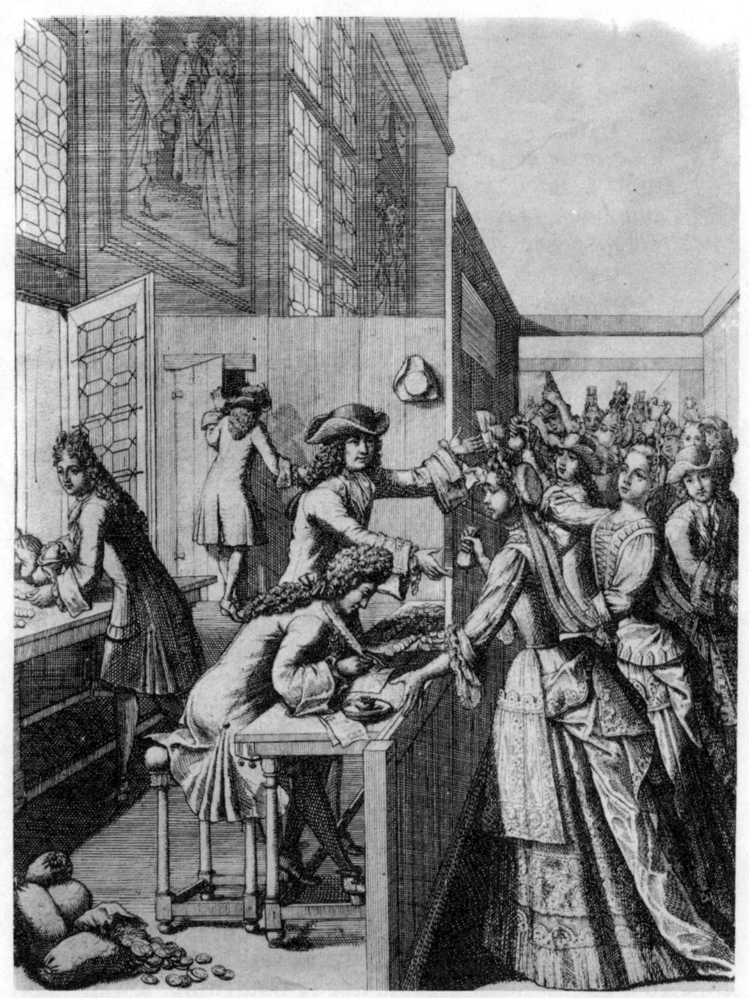

Phot. Larousse

Impôts et taxes

62. Histoire de l'impôt

*Ce texte est extrait de l'introduction à l'*Histoire de l'impôt. *L'auteur y définit d'abord l'impôt, puis il montre l'évolution de la conception de l'impôt à travers les âges et le rôle qu'il joue dans la vie économique et sociale.*

Sous l'Ancien Régime [1], le terme d'*impôt* a été attaché à l'une des *prestations* en nature les plus pénibles : la corvée [2]. Pour s'exprimer et se payer en argent, l'impôt n'est pas devenu plus populaire. Au moment où les *charges fiscales* atteignent et dépassent le tiers du *revenu* national, personne ne prend plus au sérieux la théorie classique en vertu de laquelle l'Etat rendrait des services en contrepartie des *contributions* qu'il lève. Cela est à peine vrai encore pour les *taxes* au sens technique du mot, en échange desquelles le *redevable* bénéficie de l'enseignement, de la justice, d'un passeport, de la vérification des poids et mesures. Ici, il s'agit, sans aucune contestation [3] possible, de prix payés pour des services individuellement sensibles. Mais que l'Etat nous offre-t-il lorsque nous versons des contributions de plus en plus lourdes et singulièrement variées ? La sécurité intérieure et extérieure ou, au moins, la promesse de protéger les personnes et les biens, l'avantage collectif des services publics : administration, communications, instruction et justice, dans la mesure où ces dernières ne sont pas *couvertes* par des *taxes*, la *bureaucratie* aussi, hélas !

L'impôt n'est certes pas inutile ; nous avons intérêt à affecter une partie de nos revenus à la satisfaction des besoins collectifs, qui est aussi urgente que la nourriture, le vêtement, le logement. Mais l'Etat n'est pas obligé à la contrepartie, l'impôt n'est pas conditionnel, il correspond à l'accomplissement d'un devoir, celui non pas seulement de citoyen justifiant le prélèvement [4] sur le revenu, celui aussi de simple membre, même temporaire, de la communauté, subissant la charge de *contributions* dites *indirectes* à propos des actes anonymes de commerce ou de consommation. Et nous voici en présence de la vieille distinction entre *impôts directs* et *impôts indirects*.

Du point de vue administratif et *contentieux*, une classification s'impose. Aussi a-t-on pris l'habitude de dire que sont directes les contributions levées en raison d'une richesse durable, et indirectes celles qui interviennent à l'occasion d'actes ou de transactions intermittents révélant un *pouvoir d'achat*. Sur ce plan seraient donc directs les impôts sur le revenu et la fortune, indirects les impôts sur les transactions commerciales, sur les actes et conventions juridiques, sur la dépense et, en particulier, sur la consommation.

Mais déjà sous l'angle administratif et contentieux, il a fallu arrondir les angles [5]. Il n'était pas possible, à la longue, de ranger les bénéfices industriels et commerciaux dans la catégorie des contributions directes, et le *chiffre d'affaires* dans celle des indirectes. [...] En effet, le chiffre d'affaires étant la source des bénéfices, il n'est pas possible de séparer le revenu de son origine.

Sur le terrain économique, la séparation des impôts dits « directs » et des impôts dits « indirects » a perdu également de son intransigeance [6]. Il n'est plus vrai que seules les contributions sur les transactions entrent dans les prix et se répercutent sur le consommateur, que les impôts sur les revenus, au contraire, restent à la charge des contribuables désignés. En période de crise, la baisse des prix rejette sur le commerçant ou l'industriel la taxe sur le chiffre d'affaires, alors qu'en phase [7] de prospérité les entreprises, et en particulier les sociétés, profitent de la *conjoncture* pour faire glisser l'impôt sur les bénéfices dans les prix demandés au consommateur. Sans préjuger [8] la question de savoir qui supporte finalement l'impôt, nous avons donc établi une distinction purement technique entre contributions sur le revenu et la fortune d'une part, droits sur la dépense (transactions et consommation) d'autre part.

[...] La conception romaine de l'impôt considéré comme un devoir a fini par s'imposer en France après la période féodale [9] de *contribution* volontaire (aides [10]) soit aux seigneurs, soit au roi. Le partage entre la préoccupation de justice et le souci de *productivité* a fait varier, à partir du XIXe et du début du XXe siècle, la place respective de l'impôt personnel et de l'impôt réel, des contributions sur la fortune et le revenu d'une part, sur les transactions et la consommation d'autre part.

Mais, à partir de 1920 surtout, l'impôt, considéré par les classiques comme un instrument purement financier appelé à fournir des ressources au *budget*, présente subsidiairement [11], et quelquefois principalement, un nouvel aspect. Politique, il est mis au service soit des changements de structure économique ou sociale, soit de la direction de la production, de la circulation ou de la répartition.

C'est à partir de 1945 que les deux courants, souvent *exclusifs* l'un de l'autre, du *rendement* financier et de la politique économique marquent l'évolution de l'impôt. C'est sur un point d'interrogation que se termine cette brève étude historique de la fiscalité depuis les Romains jusqu'aux Soviets : quels seront les rôles multiples et complexes de l'impôt en l'an 2000 ?

HENRY LAUFENBURGER, *Histoire de l'impôt* (P. U. F.).

1. Ancien Régime : gouvernement de la France avant la Révolution de 1789. — **2. Corvée** (fém.) : travail qui était dû autrefois par le paysan à son seigneur ; maintenant, travail pénible et ennuyeux. — **3. Contestation** (fém.) [de *contester*, discuter] : débat, opposition. — **4. Prélèvement :** action de *prélever* (retirer une certaine quantité d'un tout). L'Etat prélève une partie des revenus des citoyens par les impôts. — **5. Arrondir les angles :** rendre la classification moins stricte. — **6. Intransigeance** (fém.) [vient de *transiger*, conclure un arrangement par des concessions réciproques] : caractère de celui qui ne fait aucune concession. — **7. Phase** (fém.) : chacun des aspects successifs d'un phénomène en évolution. — **8. Préjuger :** juger d'avance. *Avoir des préjugés :* avoir d'avance une opinion favorable ou défavorable. — **9. Période féodale :** période qui s'étend, en France et dans la majeure partie de l'Europe, du IXe siècle à la fin du Moyen Age (XVe siècle). — **10. Aides**, voir p. 132. — **11. Subsidiairement :** en second plan. *Question subsidiaire :* question posée à la suite d'une question principale.

Etude du texte

A. Faites le plan de ce texte. — **B.** Résumez-le en 200 mots. — **C.** Répondez aux questions suivantes : **1.** A quelle prestation en nature très impopulaire appliquait-on, sous l'Ancien Régime, le terme d'*impôt* ? — **2.** En quoi consistait-il ?

— **3.** Les charges fiscales forment-elles une part importante du revenu national ? — **4.** Quels sont nos besoins individuels ? — **5.** Quels sont les besoins dont la satisfaction ne peut être obtenue que par l'intermédiaire de la collectivité ? — **6.** La bureaucratie joue-t-elle un grand rôle dans la vie moderne ? — **7.** Les contributions indirectes entrent-elles seules maintenant dans les prix que paient les consommateurs ? — **8.** Qui les contributions directes frappent-elles ? — **9.** Quelle était la conception romaine de l'impôt ? — **10.** Quelle était la conception féodale de l'impôt ? — **11.** Quel était le but de l'impôt jusqu'au début de ce siècle ? — **12.** Comment cette conception a-t-elle évolué ?

Sujets d'essai

1. Quelles sont les différentes sortes d'impôts ? Comment peut-on les diviser ? Quelles sont les caractéristiques de chacun ? — **2.** En vous inspirant de ce texte, racontez l'histoire de l'impôt depuis l'époque romaine jusqu'à nos jours. Comment, selon vous, la notion d'impôt évoluera-t-elle dans les temps futurs ?

63. L'impôt sur le revenu

Le système fiscal de la France a subi de grandes transformations, mais l'auteur les juge insuffisantes. Il lui semble préférable de diminuer les impôts directs, qui paralysent dans une certaine mesure l'activité du pays, et d'augmenter les impôts indirects, qui frappent les consommateurs. Dans le texte ci-dessous, l'auteur montre les avantages et les inconvénients de l'impôt sur le revenu tel qu'il est conçu, et il cherche les moyens de supprimer les injustices inhérentes à ce système.

Les progrès de l'*économie dirigée* devraient tendre à fixer les *revenus* plus qu'à les amputer [1] après coup. Plus l'Etat prend de responsabilités dans la détermination des revenus, moins son rabotage [2] est justifié. Mais pendant longtemps encore devra subsister l'impôt sur le revenu, qui présente du reste l'avantage de faire mieux supporter l'inégalité des conditions par ceux qui n'en bénéficient pas.

Malgré les complications qu'elle entraîne, la progressivité [3] de l'impôt sur le revenu a été admise en tous pays, tant elle répond à une notion de justice. Mais on peut se demander si l'adoption de *taux* très élevés n'est pas antiéconomique. Sans parler de la fraude [4], l'évasion *fiscale* peut revêtir des formes tout à fait légales. Prenons un savant, un artiste qui gagne 100 francs l'heure ou bien dispose de revenus personnels. S'il doit, dans les *tranches* les plus élevées, *acquitter* 80 p. 100 d'impôts, tout travail supplémentaire lui rapporte 20 francs l'heure. Son intérêt est alors de repeindre lui-même son appartement, de se raser, de relier ses livres, attitude qui, sans parler du risque de *chômage* pour les corporations intéressées, prive la société d'un travail précieux. Il est, certes, des cas moins frappants [5], et même des exemples où apparaît au contraire l'utilité économique de taux élevés. Néanmoins, la division du travail se ressent de l'impôt global dans la mesure où il frappe les revenus du travail.

Un autre reproche, souvent formulé, vise l'*exemption* d'impôt accordée à certains *fonds d'Etat :* l'Etat s'imagine emprunter à 3 % ou 4 %, mais tel le fils de famille chez l'*usurier*, il consent des pertes beaucoup plus élevées. La peur de voir les *souscriptions* ralentir a conduit les gouvernements les plus anticapitalistes à tolérer ou à créer ces coûteuses exemptions.

Voici, maintenant une autre objection [6], bien classique : en pratique, la progressivité suivant l'importance du *revenu* est doublée d'une progressivité, moins désirable, suivant les possibilités de contrôle. Entre les salaires de *fonctionnaires*, intégralement [7] frappés, et les revenus de certaines professions libérales, presque insaisissables, se place toute une gamme [8] d'intermédiaires. Périodiquement dénoncés [9], ces défauts n'ont guère été combattus. Le seul progrès appréciable a été le contrôle des *valeurs mobilières*, indemnes [10] jusqu'à la guerre. Les lacunes [11] importantes subsistent : bénéfices industriels et commerciaux, professions libérales...

Le moyen le plus efficace, le plus général et le plus simple a toujours été repoussé, en raison même de son efficacité : c'est la publication des revenus déclarés. On a dit et redit que ce contrôle par le voisin entraînerait une campagne de dénonciations. Le *contribuable* en règle n'aurait pas à la redouter, mais la peur de commentaires [12] malveillants suffirait à ramener les déclarations aux alentours de la réalité. Il serait d'ailleurs facile, par quelques garanties, d'éviter les excès de la délation [13]. Jadis une pudeur [14] bourgeoise entourait toutes les opérations financières, même les plus simples. De nos jours, le revenu d'un ménage de *fonctionnaires* est connu du public à un franc près, sans que les intéressés en éprouvent aucune gêne. La franchise est préférable à l'injustice.

ALFRED SAUVY, *Chances de l'économie française* (P. U. F.).

1. Amputer : ici, diminuer. — **2. Rabotage** (masc.) : action d'aplanir avec un rabot (outil de menuisier) [on *rabote* une planche pour la rendre lisse] ; ici, retrancher de petites sommes peu à peu. — **3. Progressivité** (fém.) [de *progrès*] : caractère de ce qui augmente par degrés. Le taux de l'impôt s'élève en même temps que le montant de la somme imposable. — **4. Fraude fiscale** (*fraude*, tromperie) : ensemble des actes qui ont pour but d'éviter de payer des impôts. — **5. Frappant :** qui *frappe*, qui fait une vive impression. — **6. Objection** (fém.) : argument que l'on appose à une proposition. — **7. Intégralement** : en entier. — **8. Gamme** (fém.) : longue suite. — **9. Dénoncer** : signaler comme coupable, faire connaître. — **10. Indemne** : qui n'a pas éprouvé de dommage. Les valeurs mobilières n'étaient pas frappées d'impôts autrefois. — **11. Lacune** (fém.) : ce qui manque pour compléter une chose. — **12. Commentaire** (masc.) : remarques sur un texte (commentaire littéraire) ; ici, interprétation malveillante des paroles ou des actes de quelqu'un. — **13. Délation** (fém.) : dénonciation secrète, souvent en vue d'une récompense. — **14. Pudeur** (fém.) : discrétion qui empêche de faire ou de dire ce qui peut blesser les sentiments d'autrui ; ici, une grande réserve.

Etude du texte

A. Faites le plan de ce texte. — **B.** Résumez-le en 200 mots. — **C.** Répondez aux questions suivantes : **1.** Quel est le but de l'économie dirigée ? — **2.** A quoi devraient tendre les progrès de l'économie dirigée ? — **3.** Quels sont les avantages de l'impôt sur le revenu ? — **4.** Comment l'impôt sur le revenu est-il calculé ? — **5.** Quel est l'inconvénient de ce système ? — **6.** Pourquoi l'Etat accorde-t-il des exemptions fiscales à certains fonds d'Etat ? — **7.** Toutes les professions sont-elles également frappées par l'impôt sur le revenu ? — **8.** Quel serait, selon M. Sauvy, le moyen de répartir également cet impôt ? — **9.** Pourquoi ce moyen a-t-il été repoussé jusqu'à présent ? — **10.** Comment pourrait-on éviter les excès de la délation ?

Sujets d'essai

1. Quelles sont les différentes sortes d'impôts sur le revenu ? Cet impôt est-il justifié ? Quels seraient, selon vous, les moyens de l'appliquer d'une façon plus juste ? — **2.** Selon M. Sauvy, il serait préférable de diminuer les impôts directs, qui freinent la production et l'activité d'un pays, et d'augmenter les impôts indirects, qui frappent tous les consommateurs. Etes-vous de son avis ? — **3.** Quelle différence y a-t-il entre un impôt et une taxe ? Quelles sont les taxes actuellement en vigueur ?

64. La fraude fiscale

L'impôt sur le revenu étant actuellement très lourd, certains contribuables sont tentés de ne déclarer qu'une partie de leurs revenus au fisc, lorsque cela leur est possible. Mais qui fraude? C'est toujours « l'autre » qui fraude. A entendre les intéressés, la moitié des 20 millions de « loyers fiscaux » regarderait l'autre moitié se soustraire au fisc. Et vice versa. La réalité est à la fois plus complexe et plus simple.

« Qui fraude [1]? » Voilà une question d'apparence anodine [2]. Et pourtant elle attire des réponses souvent abruptes, parfois violentes, toujours passionnées... A la question : « Qui fraude? », trois spécialistes de centrales syndicales répondent : « Les fraudeurs, vous les trouvez dans les rangs de l'industrie et des professions libérales. » Mais des responsables agricoles les voient ailleurs : « La fraude? elle est le fait des intermédiaires et des gens fortunés. » Les avocats, eux, la discernent plutôt chez les riches agriculteurs. Bref, chacun tente de se dissimuler derrière « la fraude des autres » pour ne pas être soupçonné.

Et, pourtant, la fraude existe, et sur une grande échelle. Les évaluations varient entre 15 milliards (ce qui péche par défaut [3], si l'on en croit les experts) et 60 milliards (ce qui serait excessif). Les chiffres les plus sérieux font état d'une quarantaine de milliards de francs par an (soit environ les 2/3 du rendement de l'impôt sur les personnes).

... Ces 40 milliards, c'est un peu, si l'on veut, la fraude « tous azimuts [4] » : fraude des entrepreneurs, fraude des particuliers, fraude à la taxe sur la valeur ajoutée [5], fraude sur l'alcool, sur l'enregistrement, etc. Or, la T.V.A. et les entreprises seraient responsables d'une grande partie de cette somme. Les particuliers ne seraient pas, loin de là, les plus mauvais payeurs.

Leur fraude éventuelle n'en a pas moins son importance. D'abord, parce que la part de l'impôt sur le revenu [6] est importante dans le budget (un peu plus de 20 p. 100). Ensuite, parce que cet impôt devient une contribution de masse [7] :

de 5,6 millions en 1960, le nombre des contribuables est passé à 13,5 millions en 1975. Enfin, parce que c'est un *impôt* qui pourrait être, à la limite, plus ou moins fraudé par n'importe qui.

Les voies de fraude sont, en effet, multiples et variées. Sans doute sont-elles plus nombreuses pour certaines catégories socioprofessionnelles que pour d'autres, mais elles existent peu ou prou [8] pour tout le monde. Prenons, par exemple, le cas de ce *salarié* contremaître dans une usine. Son patron lui propose de payer son salaire de deux manières différentes : une partie avec bulletin, l'autre de la main à la main. Avantage : moins d'impôt pour le salarié, moins de cotisations sociales pour le chef d'entreprise. De plus, ce dernier, qui ne déclare pas l'intégralité de ses *recettes*, en réduisant ainsi le *poste* « salaires » de son *bilan*, le rend « acceptable ».

Fraude encore et peut-être fort efficace, celle de ces spécialistes de la double vie fiscale. Ils sont honorablement connus du *fisc*, qui ne peut rien leur reprocher, dans une ville de préférence moyenne. Ils ont, en revanche, un second centre d'intérêt, généralement à Paris, où ils vont de temps à autre conduire leurs opérations plus ou moins régulières à l'abri des regards des agents des *contributions :* montages [9] financiers ou immobiliers, intermédiaires dans des marchés discrets, etc. Fraude aussi, bien que moins fructueuse, celle qui consiste à changer sans cesse de domicile pour égarer le fisc. C'est tout de même le fait de plus de 50 000 personnes. Fraude encore celle de ces amoureux de la discrétion qui détruisent tout signe extérieur de richesse. Ils vivent à l'hôtel, roulent dans des voitures de location, louent sous un nom d'emprunt la maison du bord de la mer où ils passent leurs vacances.

Mais frauder, c'est aussi, pour le commerçant et l'artisan, vendre sans facture; pour le médecin et l'avocat, faire payer leurs honoraires... en liquide, en évitant soigneusement le chèque; pour l'agent d'assurance, diminuer ses commissions; pour le V.R.P. [10], sous-estimer ses ventes ou grossir ses frais... En apparence, les contribuables appartenant aux professions libérales et à ce qu'il est convenu d'appeler les classes moyennes seraient donc de gros fraudeurs devant l'Eternel[11]. Leur situation dans l'appareil économique est telle qu'ils déclarent en général eux-mêmes leurs revenus, au contraire du salarié qui est, comme l'on dit, « déclaré par des tiers ». D'où la possibilité de soustraire une partie de leur revenu au fisc...

[Cependant], à ce point de l'évolution des économies, la fraude a moins de terrains favorables qu'autrefois. Un certain nombre de spécialistes connus pour leur sérieux (certains appartiendraient aux milieux officiels) pensent que la fraude, si elle est encore importante, n'est pas aussi répandue qu'on le dit. Ils ne croient pas qu'il s'agisse d'un phénomène universel. Ils croient qu'à l'heure actuelle, en France, quelques gros fraudeurs dans certaines professions réalisent l'essentiel de la fraude... En lançant une véritable « traque[12] » aux gros fraudeurs, le ministre des Finances vise, en priorité, ces quelques mauvais payeurs qui donnent mauvaise réputation à leurs pairs. Du même coup, il remet dans le droit chemin quelques brebis égarées[13]... ou qui pourraient l'être. Une sorte de coup double[14], n'est-ce pas?

« Quarante Milliards de fraude; les fraudeurs, connais pas »
(*la Vie française*, 24 novembre 1975).

1. Frauder : commettre un acte malhonnête dans l'intention de tromper. — **2. Anodin** : sans importance, inoffensif. — **3. Pécher par défaut** : ici, être inférieur au chiffre véritable. (Contraire : *pécher par excès*.) — **4. Azimut** (masc.) : angle du vertical d'un astre avec le vertical du lieu. « Tous azimuts » : dans toutes les directions, dans tous les secteurs. — **5. Taxe sur la valeur ajoutée** : v. tome Ier, p. 295, paragraphe 6. — **6. Impôt sur le revenu** : v. tome Ier, p. 294, paragraphe 5. — **7. Contribution** (fém.) **de masse** : contribution versée par un très grand nombre de personnes. — **8. Peu ou prou** : vieille expression qui signifie « plus ou moins ». — **9. Montage** (masc.) : assemblage des parties d'un objet quelconque (la chaîne de montage dans une usine). Ici, ensemble de procédés utilisés en vue de tromper le fisc. — **10. V.R.P.** : v. tome Ier, p. 63. — **11. L'Eternel** : Dieu (dans la Bible). — **12. Traque** (fém.) : poursuite. (Le chasseur *traque* le gibier.) — **13. Brebis égarée** (fém.) : allusion à la Bible (les chrétiens sont les « brebis » du troupeau sous la garde du pasteur; on les appelle aussi des « ouailles » (latin : *oves*). Ici, les brebis égarées sont les contribuables qui s'écartent du droit chemin. — **14. Coup double** : coup de fusil qui tue deux pièces de gibier à la fois. Ici, le ministre des Finances, en traquant les fraudeurs, vise deux sortes de contribuables à la fois.

Etude du texte

A. Faites le plan de ce texte. — **B.** Résumez-le en 200 mots. — **C.** Répondez aux questions suivantes : **1.** Pourquoi les contribuables fraudent-ils? — **2.** Comment peuvent-ils frauder? — **3.** Est-il facile pour un salarié de frauder le fisc? — **4.** Quelles sont les catégories de contribuables qui peuvent le plus facilement frauder? — **5.** Est-il possible de supprimer la fraude? Si oui, par quels moyens? — **6.** La fraude des particuliers représente-t-elle une part importante de la fraude générale? — **7.** Qu'entend-on par « la double vie fiscale »? — **8.** Quels sont les procédés qu'elle utilise? — **9.** La fraude a-t-elle tendance à se développer actuellement? — **10.** Comment les fraudeurs sont-ils punis? — **11.** Quelles autres sortes de fraudes connaissez-vous? — **12.** Pourquoi la fraude se développe-t-elle dans tous les domaines et dans tous les pays?

Sujet d'essai

Commentez cette réflexion entendue par un personnage d'André Gide : « Voler l'Etat, c'est ne voler personne » *(les Faux-Monnayeurs)*.

Les mots déjà rencontrés dans le Tome I (manuel) sont signalés, ci-dessous, par une mention spéciale. (Ex. : **I,** *220.)*

Glossaire

a

abonné (un). Personne qui a passé un marché pour recevoir régulièrement un service (téléphone, par ex.) pendant un temps déterminé.

absorber. Au sens propre, avaler, faire disparaître : *absorber des aliments.* • ***absorption d'entreprises*** (une), fusion d'entreprises au bénéfice d'une d'entre elles.

accepter (une traite). Promettre de la payer à l'échéance (**I,** 220). [Substantif : une ACCEPTATION.]

acquitter. Payer ce que l'on doit : *acquitter une dette.* Constater le paiement : *acquitter une facture* (**I,** 198). [Substantifs : un ACQUITTEMENT, une QUITTANCE.]

action (une). Valeur mobilière (**I,** 254). • ***actionnaire,*** possesseur d'actions.

actif (un). Total des créances et des biens d'une société (**I,** 267). [Contraire : un PASSIF.]

actuariat (un). Science qui traite de l'application des mathématiques aux assurances sur la vie et, en général, aux questions financières. • ***actuaire*** (un), spécialiste de cette science.

adjudication publique (une) [vient de *adjuger*]. Vente de biens au plus haut prix possible. (Voir VENTE AUX ENCHÈRES, **I,** 63.)

administrateur d'une société anonyme (un). Personne chargée par les actionnaires de gouverner la société. • ***conseil d'administration,*** ensemble des administrateurs.

affaire (une) [vient du verbe *faire*]. Tout ce qui fait l'objet d'une occupation, d'un intérêt. Désigne aussi une transaction commerciale : *traiter une affaire avec quelqu'un ;* ou un établissement commercial ; *une affaire de textiles.* Au pluriel, le commerce : *être dans les affaires, un homme d'affaires.*

affiche (une). Avis officiel ou publicitaire placardé dans un lieu public (**I,** 122).

affranchir (vient de *franc,* libre). Libérer des droits de timbre. • ***affranchissement*** (un), paiement préalable des frais de port (**I,** 134). • ***franchise*** (une), dispense de payer certains droits : *franchise postale* (**I,** 231).

affrètement (un). Voir FRET.

agence (une). Succursale d'établissement financier ou de certaines entreprises. • ***agence d'affaires,* I,** 85. • ***agence immobilière,*** agence s'occupant spécialement de l'achat et de la vente de maisons et de terrains (biens immobiliers). • ***agent*** (un), nom général donné à un intermédiaire. • ***agent de change*** (un), intermédiaire à la Bourse des valeurs (**I,** 254).

agio (un). Retenue faite par une banque lorsqu'elle escompte un effet (**I,** 243). Accroissement de la valeur d'un bien entre deux appréciations successives. (Syn. : une PLUS-VALUE.) • ***agiotage*** (un), spéculation excessive pour réaliser de gros bénéfices. • ***agioteur*** (un), personne pratiquant l'agiotage.

allocations familiales (les). Argent versé par l'Etat aux familles pour les aider à élever leurs enfants (**I**, 286).

amortissement (un) [vient de *mort*]. Remboursement graduel d'une dette (I, 253). [Verbe : AMORTIR.] • ***amortissement du matériel*** (comptabilité), reconstitution progressive du capital employé à l'acquisition de ce matériel en prélevant chaque année une certaine somme sur les bénéfices.

annonceur (un), personne qui publie les *annonces* dans un journal (**I**, 66).

annuité (une) [vient de *année*]. Paiement *annuel* par lequel un débiteur se libère progressivement d'une dette, y compris les intérêts.

approvisionnement (un). Voir PROVISION.

après-vente. Voir SERVICE.

arbitrage (un). Règlement d'un litige par un *arbitre*. • ***arbitre*** (un), celui qui est choisi par le tribunal ou les parties intéressées pour trancher un différend : *arbitrer un litige*. En sport, celui qui est chargé de veiller à la régularité des épreuves : *arbitrer un match*.

argent. Monnaie. • ***argent frais,*** argent liquide ou disponible. • ***argent-lingot,*** valeur représentée par un lingot d'or. (Voir LINGOT.) • ***argent-monnaie,*** valeur représentée par des pièces de monnaie ayant cours légal.

argument de vente (un). Raisonnement que l'on propose au vendeur pour l'aider à vendre un produit. • ***argumentaire*** (un). Imprimé distribué aux vendeurs pour répondre aux objections des clients.

armateur (un). Commerçant qui *arme* (équipe) un bateau (**I**, 61).

article rédactionnel (un). Article rédigé en vue de faire valoir une firme ou un produit. (Voir PUBLICITÉ RÉDACTIONNELLE, **I**, 122.)

artisan (un). Travailleur manuel qui exerce son métier pour son propre compte. [Adj. : ARTISANAL.]

associé (un). Personne liée par des intérêts communs avec une ou plusieurs autres (**I**, 266). • ***association,*** union de personnes liées par un intérêt commun (**I**, 265).

assortiment (un). Collection de marchandises d'un même genre. • ***réassortir le stock,*** en compléter l'assortiment en rachetant les articles qui ont été vendus.

assurance (une). Convention par laquelle les assureurs s'engagent à indemniser des assurés d'un dommage éventuel (**I**, 283 et voir POLICE D'ASSURANCE). • ***assurance maritime*** (une), I, 285. • ***assurance contre les accidents*** (I, 286). • ***assurance sur corps et facultés*** (voir FACULTÉS). • ***assurances sociales*** (les) [ancien nom de la *Sécurité sociale*], assurance obligatoire instituée par l'Etat en 1932 (I, 286). • ***assurances sur la vie*** (les), I, 284.

autofinancement (un). Financement d'une entreprise par une fraction des bénéfices qu'elle place dans des investissements.

avance d'argent (une). Paiement anticipé.

avarie (une). Accident survenu à des marchandises au cours d'un transport (I, 285). • ***avarie commune*** (une), I, 286. • ***avarie particulière*** (une), I, 286.

avoir (*un*). Ensemble des biens possédés.

b

baisse (une). Diminution de prix. (Contraire : une HAUSSE.) ● ***baissier*** (un), personne qui spécule sur la baisse des titres. (Contraire : un HAUSSIER.)

banque (une). Etablissement commercial qui garde de l'argent et en prête (**I**, 242). ● ***banque d'affaires,*** banque spécialisée dans les investissements à long terme (**I**, 244). ● ***banque de dépôts,*** banque gardant de l'argent en dépôt et faisant des prêts à court terme (**I**, 243). ● ***banque d'émission,*** banque ayant le privilège d'émettre des billets de banque (Banque de France, **I**, 242). ● ***banque centrale de réserve,*** banque d'émission dans un pays étranger. ● ***banquier*** (un) personne qui dirige une banque. ● ***banqueroute*** (une), faillite d'un commerçant, aggravée par sa propre faute (**I**, 276).

bazar (un) [mot persan signifiant « marché public et couvert en Orient »]. En Europe, magasin où l'on vend toutes sortes d'articles de consommation courante. ● ***camion-bazar*** (un), camion vendant toutes sortes d'articles de consommation courante, et qui se déplace sans cesse.

bénéfice (un). Avantage, profit réalisé dans une vente (**I**, 53). ● ***bénéficiaire*** (un), personne qui bénéficie d'un avantage ; personne touchant la somme inscrite sur un effet de commerce (**I**, 219). [Verbe : BÉNÉFICIER.]

Benelux (le). Groupement économique de trois pays de l'Europe occidentale : *Be*lgique-*Ne*derland (ou Pays-Bas)-*Lux*embourg.

biens de production ou **d'équipement** (des). Biens destinés à produire d'autres biens ou à rendre des services (machines, autos, etc.). ● ***biens de consommation*** (des), biens destinés à disparaître par l'usage qu'on en fait (aliments, vêtements). ● ***biens mobiliers et immobiliers*** (voir MOBILIER et IMMOBILIER).

bilan (un) [même origine que *balance*]. Tableau représentant l'*actif* et le *passif* d'une société (**I**, 267). — Le bilan est positif ou négatif suivant que l'actif l'emporte ou non sur le passif. ● ***dresser un bilan,*** rédiger un bilan. ● ***déposer son bilan*** (**I**, 274).

billet de banque (un). Billet au porteur, émis par une banque d'émission et remplaçant les monnaies d'or et d'argent. ● ***billet à ordre*** (un), effet de commerce utilisé dans le règlement à terme (**I**, 220).

bon (un). Billet qui autorise son possesseur à se faire délivrer de l'argent ou des objets. ● ***bon du Trésor,*** titre représentatif de l'emprunt de l'Etat à court terme. ● ***bon de garantie*** (voir GARANTIE).

boom (un) [mot anglo-américain]. Hausse subite en Bourse. (Contraire : un KRACH.)

Bourse (la). Lieu où se font les opérations financières sur les valeurs ou les marchandises (**I**, 252).

boutiquier (un). Commerçant qui tient une boutique (**I**, 104).

budget (un) [vient du vieux français *bougette*, petite bourse, devenu *budget* en anglais]. Ensemble des recettes et des dépenses. ● ***budget de l'Etat, d'une société,*** ensemble des prévisions pour les recettes et dépenses pendant un certain temps, en général pour un an.

bureaucratie (la). Règne sans partage de l'Administration. [Adj. : BUREAUCRATIQUE.]

C

cadre (un). Personne qui assume une responsabilité dans une entreprise et dirige d'autres employés. ● ***cadre supérieur,*** membre du personnel chargé de la direction supérieure d'une maison.

caisse (une). Coffre d'argent, puis contenu du coffre (**I**, 74). ● ***caisse d'épargne*** (une). Organisme qui reçoit en dépôt des sommes portant intérêt (**I**, 137). ● ***caissier*** (un), employé qui tient la *caisse*.

campagne (une). Toute entreprise politique ou économique de durée déterminée, ayant un but de propagande : *campagne publicitaire*. ● ***campagne de presse,*** campagne faite dans les journaux.

capital (un). Ensemble des biens possédés, par opposition aux *revenus* qu'ils peuvent produire (**I**, 266). ● ***capitalisme*** (le), régime économique dans lequel la plupart des moyens de production n'appartiennent qu'à ceux qui les mettent en action. ● ***capitaliste*** (un), personne qui possède des capitaux, qui en fournit à une entreprise.

cargaison (une) [vient de l'anglais *cargo* ; en français, un *cargo* est un bateau qui transporte des marchandises]. Chargement d'un navire. [Syn. : le FRET (**I**, 67).]

cartel (un). Entente entre producteurs d'une même branche d'industrie en vue de la défense des prix par la limitation de la production et de la concurrence. (Le cartel est une forme de CONCENTRATION HORIZONTALE.) ● ***cartel des prix,*** entente dans laquelle chaque membre s'engage à ne pas vendre au-dessous d'un prix minimal. ● ***cartel de production,*** entente dans laquelle chaque membre s'engage à ne produire qu'un certain pourcentage de la production. ● ***entreprise cartellisée*** (une), entreprise membre d'un cartel.

catalogue (un). Brochure comprenant la liste et le prix des articles (**I**, 107).

caution (une). Engagement de payer une somme donnée pour garantir l'exécution de l'obligation d'un tiers. Désigne aussi la personne qui prend cet engagement, ou la somme versée en garantie de l'exécution d'un contrat. (Voir CAUTIONNEMENT, **I**, 254.)

centrale d'achat (une). Groupement de plusieurs détaillants qui réunissent leurs achats pour s'adresser aux mêmes fournisseurs (**I**, 44).

chaîne de fabrication ou **chaîne de montage** (une). Ensemble de postes de travail concourant à la fabrication ou au montage d'un produit industriel complexe (par ex., une auto) afin d'éviter toute perte de temps. ● ***travail à la chaîne*** (un), travail où une pièce passe successivement devant plusieurs ouvriers chargés chacun d'une opération. ● ***chaîne de magasins*** ou ***chaîne volontaire,*** ensemble de magasins vendant les mêmes sortes d'articles, et qui s'associent volontairement pour mettre en commun un ou plusieurs services (achat, publicité, etc.).

chambre (une). Lieu où se réunissent certains corps professionnels. ● ***chambre de commerce,*** groupement de commerçants dont le but est de développer et de faciliter le commerce d'une région. ● ***chambre de compensation*** (voir COMPENSATION).

change (un). Commerce qui consiste à *changer* une monnaie en une autre monnaie étrangère. • ***changeur*** (un), celui qui fait des opérations de change (**I**, 61 [1]).

chantier (un). Atelier à l'air libre (**I**, 167). *Mettre un travail en chantier :* l'entreprendre.

charge d'agent de change ou **d'officier ministériel** (une). Emploi dont le titulaire est nommé par le gouvernement (**I**, 254). • ***charges*** (les), ensemble de dépenses incombant à un particulier, à une société : *charges fiscales*, *charges sociales*. • ***chargement*** (un) ou ***charge*** (une), ensemble des marchandises transportées. • ***chargeur*** (un), personne qui charge la marchandise ; personne à qui appartient la cargaison ou une partie de la cargaison d'un bateau (**I**, 168).

charte (une). Ancien titre accordant des privilèges. Ensemble des lois constitutionnelles d'un pays.

chenal de production (un) [pluriel : *chenaux* ; au sens propre, un *chenal* est un passage ouvert entre des rochers ou des bancs de sable et accessible aux navires]. Voie étroite de production limitée par certaines obligations.

chèque (un). Effet de commerce utilisé pour les paiements au comptant (**I**, 211).

chiffre d'affaires (un). Total des ventes effectuées pendant la durée d'un exercice commercial (voir TAXE SUR LE CHIFFRE D'AFFAIRES, **I**, 295).

chômage (un). Période d'inactivité pour une industrie. • ***jour chômé*** (un), jour où l'on ne travaille pas. • ***chômeur*** (un), personne sans travail. — En France, le chômeur touche une *indemnité de chômage*.

circuit de distribution (un). Ensemble des intermédiaires par lesquels le produit passe depuis le producteur jusqu'au consommateur. — Ne pas confondre avec le RÉSEAU DE DISTRIBUTION, ensemble du personnel participant à la vente d'un bien ou d'un service.

coassurance (la). Régime dans lequel des compagnies d'assurance se groupent pour s'assurer mutuellement.

Code (le). Recueil de lois renfermant un système complet de législation sur certaines matières : *Code civil*, *Code de commerce* (rédigés par Napoléon en 1804 et 1807). • ***Code de la route,*** ensemble des lois réglementant la circulation routière.

colportage (un). Action de *colporter* (transporter de place en place, en les suspendant au *cou*, des marchandises pour les vendre). • ***colporteur*** (un), marchand ambulant.

comité de direction (un). Réunion de membres choisis pour effectuer certaines fonctions de direction. • ***comité d'entreprise*** (un), réunion de délégués des ouvriers, employés et cadres, sous la présidence du chef d'entreprise, pour assumer certaines fonctions de gestion et de contrôle.

commerce (le). Ensemble des activités qui assurent l'acheminement des marchandises du lieu de production au lieu de consommation (**I**, 51). • ***commerçant*** (un), celui qui fait sa profession habituelle d'accomplir des actes de commerce (**I**, 60).

commettant (un) [vient de *commettre*, confier]. Personne qui charge une autre d'exécuter certains actes pour son compte (**I**, 61). • ***commis*** (un), employé d'un commerçant. • ***commission*** (une), pourcentage sur les ventes (**I**, 62). • ***commissionnaire*** (un), intermédiaire commerçant (**I**, 62).

Communauté européenne du charbon et de l'acier, ou **C. E. C. A.** (la). Organisme international fondé en 1951 et comprenant les six pays suivants: France, Allemagne fédérale, Italie et les trois pays du Benelux, pour réaliser un marché commun limité au charbon, au fer, à la fonte, à l'acier et aux ferrailles.

Communauté économique européenne, ou **C. E. E.** (la). Organisme international fondé en 1957 et comprenant les six pays du Marché commun (voir ce mot), qui a pour but de réduire progressivement les droits de douane et les contingents entre les pays.

compenser. Balancer la perte par le gain. [Substantif : la *compensation*.] • ***chambre de compensation,*** organisme chargé de régler les comptes entre les banques par des virements d'une banque à l'autre.

compétence du tribunal (une). Droit de juger une affaire. • ***personne compétente*** (une), personne qui a le droit ou la qualification pour connaître une affaire. • ***incompétence*** (une), manque de qualification pour connaître une affaire.

comptant (adj.). Qui est *compté* immédiatement et en espèces. • ***payer au comptant,*** payer immédiatement, à la réception de la marchandise (**I,** 188, 210). • ***vente au comptant,*** voir VENTE.

compte (un). Action d'évaluer une quantité. • ***compte courant,*** compte ouvert à la banque ou à la poste à une personne qui a déposé une provision. — Ce compte lui permet de retirer son argent quand elle le désire, par chèque ou par virement (**I,** 137, 243). • ***compte de dépôt,*** compte ouvert à la banque à une personne qui a déposé une provision. — Ce compte lui rapporte un intérêt, mais elle n'a le droit de retirer qu'une certaine somme à la fois, et avec préavis. • ***compte d'exploitation,*** compte dans lequel sont résumées toutes les opérations concourant à la formation du bénéfice brut (**I,** 53).

comptabilité (la). Science des *comptes* (**I,** 85). [Adj. COMPTABLE : *des livres comptables.*]

comptoir (un). Table sur laquelle les marchands étalent leurs marchandises (**I,** 105). Désigne aussi une agence de commerce à l'étranger. • ***comptoir de ventes*** ou ***cartel*** (un), organisation de vente en commun pour divers fabricants.

concentration (une). Groupement de plusieurs entreprises en vue de limiter la concurrence. • ***concentration verticale,*** qui a pour but de contrôler toutes les opérations intermédiaires entre l'extraction d'une matière première et la vente des produits fabriqués à partir de cette matière (voir TRUST). • ***concentration horizontale,*** qui a pour but de s'assurer le monopole de la production ou de la vente de produits similaires (voir CARTEL).

concessionnaire (un). Intermédiaire de commerce (**I,** 52). • ***concession exclusive de vente,*** voir EXCLUSIF.

concurrence (une). Rivalité entre plusieurs personnes qui poursuivent un même objet (**I,** 153). [Adj. : CONCURRENT : *deux maisons concurrentes.*] • ***concurrentiel,*** où joue la concurrence : *un secteur économique concurrentiel.*

confiscation (une) [vient de *fisc* (**I,** 293)]. Action de *confisquer* (de saisir au profit du *fisc* ou de soi-même).

conjoncture (une). Ensemble des événements déterminant la situation économique d'un pays.

connaissement (un). Document de transport maritime (**I,** 177).

conseil d'administration (un). Groupe de personnes (ou administrateurs) responsables de la gestion d'une société.

consommateur (un). Celui qui utilise personnellement les denrées qu'il achète. ● ***consommation*** (la), usage que l'on fait des biens et services produits.

contentieux (un). Service chargé du règlement des litiges (**I,** 86).

contingent (un). Quantité maximale de marchandises pouvant être transportées, importées ou exportées. (Adj. : CONTINGENTAIRE.) ● ***contingentement*** (un), limites quantitatives imposées par le gouvernement à l'entrée des marchandises étrangères. ● ***contingenter,*** limiter. ● ***contingences,*** hasards, tout événement imprévisible.

contrat (un). Pacte conclu entre différentes personnes lorsqu'on entreprend une affaire : *contrat de transport* (**I,** 146) ; *contrat d'assurance* (**I,** 283). ● ***contrat à long terme,*** contrat par lequel le paiement est prévu à une date éloignée.

contribution (une). Impôt (**I,** 293). ● ***contribuable*** (un), personne payant des impôts.

convertible. Qui peut être échangé contre une autre valeur : *billet convertible en or,* billet pouvant être échangé contre de l'or. (Substantif : CONVERTIBILITÉ. — Contraire : INCONVERTIBLE.) — Lorsque la monnaie d'un pays est convertible en or, on dit qu'elle a un *cours légal.* Lorsqu'elle est inconvertible, on dit qu'elle a un *cours forcé.*

coopérative (une). Société dont les membres sont associés en vue de la recherche d'un avantage commun (**I,** 42).

corbeille (la). Espace situé au milieu de la Bourse des valeurs, où se tiennent les agents de change (**I,** 254).

correspondant (un) [vient de *correspondre*]. Personne avec qui on est en relation de *correspondance.* ● ***correspondant d'une banque,*** personne avec qui une banque est en relation d'affaires dans le même pays ou à l'étranger. ● ***correspondancier*** (un), employé chargé de la *correspondance* (**I,** 75).

coteur (un). Personne chargée d'établir la *cote,* ou liste des prix des valeurs négociées à la Bourse. ● ***coter,*** marquer les prix (**I,** 252). ● ***cotation,*** action de *coter.*

coulisse (la). Ancienne dénomination, à la Bourse des valeurs, du marché des courtiers en valeurs (**I,** 254).

coupure (une) [vient du verbe *couper*]. Billet de banque, généralement de peu de valeur.

courrier (un) [vient du verbe *courir*]. Autrefois, homme qui portait les dépêches à pied. Aujourd'hui, transport des lettres, des journaux. ● ***courriers aériens,*** avions chargés de transporter des lettres, des paquets.

cours (un). Prix variable des marchandises ou des valeurs donnant lieu à des transactions suivies (**I,** 252). ● ***cours forcé,*** circulation d'une monnaie que la banque ne peut être obligée de changer contre de l'or. ● ***cours légal,*** circulation d'une monnaie que la banque peut changer contre de l'or. (Voir CONVERTIBLE.) ● ***avoir cours,*** circuler régulièrement (en parlant de monnaie ou d'effets de commerce).

courtier (un). Intermédiaire de commerce (**I,** 62).

coût (un) [vient du verbe *coûter*]. Prix d'une chose, dépense : *le coût de la vie.* ● ***coût de distribution,*** tous les frais que supportent les marchandises quand elles passent entre les mains de plusieurs distributeurs (transport, emballage, commission).

couvrir (se). S'assurer une garantie pour le remboursement d'une somme.

• ***être couvert,*** être à l'abri, ne pas courir de risques. • ***couverture*** (une), en terme de Bourse, valeurs déposées pour servir de garantie à une opération financière. • ***découvert*** (un), prêt de courte durée et sans garantie accordé par une banque (**I**, 48).

créance (une). Droit d'exiger quelque chose de quelqu'un. (Contraire : une DETTE.) • ***titre de créance*** (un), papier qui établit ce droit, tel que reconnaissance de dette, facture non payée, traite non acceptée. • ***créancier*** (un). personne à qui on doit de l'argent, (Contraire : un DÉBITEUR.)

crédit (un) [de même origine que *croire*]. 1° Délai pour le paiement : *vendre à crédit*. 2° Prêt consenti par une banque : *banque de crédit* ou *maison de crédit* (**I**, 244). 3° Partie du compte où l'on inscrit les sommes reçues ou qui vous sont dues : *facture de crédit* (**I**, 199). [Contraire : un DÉBIT.] • ***crédit documentaire,*** crédit garanti par des documents (**I**, 231).

crise commerciale (une). Rupture d'équilibre entre la production et la consommation.

d

débit (un) [vient de *débiter*]. Vente de marchandises au détail. Désigne aussi la boutique : *un débit de tabac*. En comptabilité, compte des sommes dues par une personne à une autre : *facture de débit* (**I**, 199). [Contraire : un CRÉDIT.] • ***débiter un compte d'une somme,*** retirer cette somme de ce compte. • ***débiteur*** (un). Celui qui doit de l'argent. (Contraire : un CRÉANCIER.)

débouché (un). Point de vente pour les marchandises.

déconfiture (une). Ruine financière (**I**, 276).

découvert (un). Voir. SE COUVRIR.

déficit (un) [verbe latin signifiant « il manque »]. Tout ce qui manque pour équilibrer un budget. (Adj. : DÉFICITAIRE.)

demande (la). Voir OFFRE (*loi de l'offre et de la demande*).

denrée (une). Marchandise destinée à la consommation (**I**, 167). • ***denrées périssables,*** denrées ne pouvant pas se conserver.

dépôt (un). Argent ou objets qui ont été *déposés* (confiés). • ***dépôt à vue,*** dépôt, en banque ou à la poste, dont les sommes peuvent être retirées immédiatement sur la demande du déposant (comme c'est le cas pour le compte courant). Des documents payables à vue sont payables à la présentation. • ***banque de dépôt*** (**I**, 243). • ***déposant*** (un). Celui qui dépose. • ***dépositaire*** (un), celui à qui on confie des objets ou de l'argent en dépôt.

dépréciation (une) [vient de *prix*]. Etat des marchandises qui ont perdu leur valeur. • ***déprécier,*** abaisser la valeur ou le mérite.

dérogation (une). Action de s'écarter de ce qui est établi par une loi. • ***déroger à une loi,*** ne pas obéir à cette loi.

détail (le). Articles vendus à l'unité ou par petites quantités : *vendre, acheter au détail* (**I**, 52). • ***Commerce de détail,*** commerce en petites quantités. • ***détaillant*** (un), commerçant pratiquant le commerce de détail (**I**, 60).

dette (une). Somme que l'on doit. (Contraire : une CRÉANCE.) ● ***débiteur*** (un), celui qui a des dettes. (Contraire : un CRÉANCIER.)

dévaluation (une) [vient de *valeur*]. Réduction de la valeur légale d'une monnaie.

directeur (un). Personne chargée de *diriger* une affaire. (Voir PRÉSIDENT-DIRECTEUR GÉNÉRAL et **I**, 266.) ● ***directeur commercial,*** personne chargée de *diriger* les opérations de vente et d'achat d'une firme. ● ***directeur technique,*** personne chargée de *diriger* les affaires sur un plan technique. ● ***direction*** (une), fonction de directeur, administration.

dirigisme (le). Système tendant à éviter les crises économiques en substituant une réglementation à la liberté des échanges. (Contraire : le LIBÉRALISME.) ● ***dirigiste*** (un), partisan du dirigisme.

disponible. Dont on peut *disposer* immédiatement. ● ***disponibilités*** (fém. pl.) ***monétaires*** (des), tout l'argent dont on peut disposer immédiatement.

dissolution (une). Action de *dissoudre* (supprimer) une société.

distributeur (un). Intermédiaire chargé de la *distribution* d'un produit dans les différentes régions de vente. — Ce mot a souvent le sens de « grossiste » ou de « détaillant ».

dividende (un) [vient du verbe *diviser*]. Fraction du bénéfice qui revient à chaque actionnaire (**I**, 253).

domicile de change (un). Lieu où se règlent les traites à l'échéance. ● ***domicilier une traite,*** indiquer le lieu où la traite sera payée. ● ***domiciliation*** (une), action de *domicilier* (**I**, 220). ● ***domiciliataire*** (un), personne au domicile de laquelle la traite est payable.

dossier (un) [vient de *dos*]. Au sens propre, partie du siège à laquelle on appuie son dos. Dans un bureau, liasse de papiers concernant une personne ou une question déterminées, et réunis dans une chemise ou un carton.

douane (la). Administration chargée de percevoir les droits aux frontières. (Adj. : DOUANIER, DOUANIÈRE.) (**I**, 230.) ● ***barrières*** (fém. pl.) ***douanières,*** obstacles que constituent les douanes pour la circulation des marchandises.

e

échantillon (un). Petite quantité d'un produit distribuée pour le faire connaître (**I**, 124).

échelle (une). Sorte d'escalier portatif. Au sens figuré, moyen de comparaison et d'évaluation : *à l'échelle nationale.* ● ***échelon*** (un), barreau transversal d'une échelle ; au sens figuré, chacun des degrés successifs d'une série. ● ***échelonner,*** répartir sur une certaine période à intervalles réguliers. ● ***échelonnement*** (un), action d'*échelonner.*

échoir. Arriver par hasard. Pour un effet de commerce, arriver à la date de paiement : *la traite est échue le 1er janvier* (c'est-à-dire qu'elle doit être payée le 1er janvier). ● ***échéance*** (une), date fixée pour le paiement (**I**, 220).

économie politique (une). Science de la production, de la répartition et de la distribution des richesses. ● ***économie dirigée*** (une), économie d'un pays dirigée par l'Etat et orientée dans une même *direction*. (Syn. : le DIRIGISME.) ● ***économie libre,*** économie qui n'est pas contrôlée par l'Etat. (Syn. : le LIBÉRALISME.) ● ***économie planifiée,*** économie organisée d'après un *plan*. ● ***économiste*** (un), spécialiste de l'étude des phénomènes économiques.

écoulement (un). Action d'*écouler* (vendre des marchandises pour s'en débarrasser).

effet de commerce (un). Titre négociable donnant droit au paiement d'une certaine somme (**I**, 219).

emballage (un) [vient du verbe *emballer*]. Action d'envelopper des marchandises, de les mettre en *balle*, en sac, en caisse, etc. (**I**, 204).

émission (une). Action d'*émettre* (mettre en circulation). [Voir BANQUE *d'émission* et **I**, 242.]

empaquetage (un). Action de mettre en *paquet* des marchandises.

employeur (un). Personne qui *emploie* et rétribue le travail d'autres personnes (les *employés*).

emprunt (un). Action d'*emprunter* (obtenir à titre de prêt) [**I**, 244].

encaisser (des sommes). Recevoir, mettre en caisse (voir ce mot). ● ***encaisse*** (une), argent ou valeurs en *caisse*. ● ***encaisse métallique,*** valeurs en or ou en argent. ● ***encaisseur d'effets*** (un), personne qui se charge de toucher la somme inscrite sur l'effet de commerce à la date d'échéance. ● ***encaissement*** (un), action d'encaisser.

endosser. Inscrire au *dos* (**I**, 211). ● ***endosseur*** (un), celui qui endosse. ● ***endossement*** (un), action d'endosser. ● ***endossable*** (adj.), qui peut être endossé.

enquête (une). Réunion de renseignements sur une affaire à éclaircir. ● ***enquête-minute,*** enquête faite très rapidement.

enseigne (une). Marque distinctive accrochée à la façade d'une maison de commerce (**I**, 54). ● ***enseigne lumineuse,*** enseigne éclairée la nuit au néon.

entente (une). Accord entre producteurs, marchands ou consommateurs d'une même classe de produits en vue d'enrayer la surproduction, d'exercer une influence sur les prix et le contrôle des marchandises.

entrave (une). Au sens propre, lien que l'on attache aux jambes d'un cheval ou d'un animal pour gêner sa marche. Au sens figuré, obstacle. ● ***entraver,*** gêner, empêcher.

entrepôt (un). Lieu où l'on dépose des marchandises (**I**, 103). ● ***entreposer,*** déposer en *entrepôt*.

entreprise commerciale (une). Maison de commerce (**I**, 85). ● ***esprit d'entreprise*** (un), tendance d'esprit de ceux qui sont toujours prêts à entreprendre quelque chose. ● ***entrepreneur de construction, de transports*** (un), chef d'une entreprise de construction, de transports. ● ***entreprise pilote*** (une), entreprise chargée de guider d'autres entreprises et qui est à la tête du mouvement.

épargne (une). Fraction du capital non dépensée et mise en réserve. (Voir CAISSE NATIONALE D'ÉPARGNE, **I**, 137.) [Syn. : des RÉSERVES (fém.), des ÉCONOMIES (fém.).] ● ***épargner,*** économiser. ● ***épargnants*** (des), personnes qui font des économies.

équiper. Fournir tout ce qui est nécessaire à une action déterminée : *équiper un navire, une usine.* • ***équipement*** (un), action d'équiper ; ensemble de toutes les choses nécessaires au fonctionnement, à la bonne marche. (Voir BIENS D'ÉQUIPEMENT.)

escompte (un). • ***escompte bancaire,*** retenue que fait une banque quand elle achète un effet de commerce avant l'échéance (**I**, 243). • ***escompte de caisse,*** réduction accordée à un client lorsqu'il paie au comptant (**I**, 79). • ***maison d'escompte*** (une) [traduction de l'anglais *discount house*], établissement spécialisé dans les ventes au rabais soit d'articles démodés, défraîchis ou de qualité médiocre, soit d'articles neufs achetés en grande quantité. • ***escompter,*** acheter un effet avant la date d'échéance ; dans un sens général, compter sur, espérer.

espèces (des). Monnaie (**I**, 209) : *payer en espèces* (payer en argent).

essor (un). Au sens propre : envol d'un oiseau. Au sens figuré : croissance rapide.

établissement (un). Lieu où l'on *s'établit*, où l'on s'installe. Action de *s'établir.* • ***établissement commercial,*** entreprise commerciale.

étalage (un). Exposition de marchandises dans une vitrine (**I**, 105).

étalon (un). Instrument ou mesure servant d'unité de comparaison : *dans le régime étalon-or, la valeur du papier-monnaie est reliée à l'or.*

étude de marché (une). Etude de tous les renseignements relatifs à la distribution, à la vente et à la consommation d'un produit. (Voir MARKETING.)

éventuel (adj.). Qui peut arriver, se produire. • ***client éventuel*** (un), client qui se décidera peut-être à acheter plus tard. (Ne pas confondre avec l'anglais *eventual*, final.) • ***éventualité*** (une), fait qui peut se produire.

excédent (un). Tout ce qui est en plus. (Contraire : un MANQUE.) Adj. : EXCÉDENTAIRE.

exclusif (adj.). Qui repousse tout ce qui est étranger. • ***concessionnaire exclusif*** (un), concessionnaire ayant seul le droit de vendre certains produits dans une région déterminée. • ***exclusivité*** (une), monopole de fabrication, de distribution ou de présentation réservé à une seule entreprise.

exécution (une). Action d'*exécuter* (de faire, de conclure) : *l'exécution d'une vente, d'un marché, d'une promesse.* • ***exécution capitale,*** peine de mort appliquée à un condamné.

exemption (une). Privilège qui dispense de faire quelque chose. • ***être exempté d'impôts,*** ne pas avoir d'impôts à payer à la suite d'une permission spéciale.

exploiter. Diriger et faire fructifier une affaire. Au sens figuré, profiter abusivement d'une personne : *un ouvrier exploité* (ouvrier qui travaille trop pour le salaire qu'il touche). • ***exploitant*** (un), personne chargée d'exploiter une affaire. • ***exploitation*** (une), action de mettre en valeur des champs, des mines.

exportation (une). Action de vendre des marchandises à l'étranger (**I**, 229 et voir IMPORT-EXPORT). • ***exportateur,*** commerçant qui vend des marchandises à l'étranger.

exposition (une). Lieu où l'on *expose* des marchandises.

f

facteur (un). Autrefois, intermédiaire pour l'achat et la vente de marchandises. (Syn. : COMMISSIONNAIRE.) Plus récemment, employé des P. T. T. chargé de distribuer le courrier.

facture (une). Document de vente (**I**, 198). • ***facturer,*** porter sur la facture. • ***facturation*** (une), action de faire les factures.

facultés (des). Ensemble des marchandises transportées sur un bateau. • ***police sur facultés*** (une), assurance qui couvre la cargaison du bateau, par opposition à *police des corps*, assurance qui couvre le bateau seul.

ferme (adj.). Qui a un caractère définitif et ne peut être modifié par la suite. — Dans le marché à terme de la Bourse, on distingue le *marché ferme* et le *marché à primes*, où l'acheteur et le vendeur ont la faculté de ne pas exécuter leurs engagements moyennant le versement d'une certaine somme (prime). • ***acheter ferme,*** effectuer un achat définitif.

fichier (un). Boîte où l'on classe des *fiches*. • ***fiche*** (une), petit carton sur lequel on inscrit un renseignement pour le classer.

fiduciaire (adj.) [vient de *confiance*]. Fondé sur la confiance : *monnaie fiduciaire*. • ***circulation fiduciaire,*** ensemble des billets émis qui n'ont pas cours légal (**I**, 210).

filiale (une) [vient de *fille*]. Etablissement dirigé et contrôlé par une société mère. (Voir SUCCURSALE : généralement la succursale est rattachée plus étroitement à la société mère que la filiale.)

financer. Trouver les fonds nécessaires à la réalisation d'une opération industrielle ou commerciale. • ***financement*** (un), action de financer. (Voir AUTOFINANCEMENT.)

fisc (le). Administration chargée de l'assiette et de la perception des impôts (**I**, 293). [Adj. : FISCAL.] • ***fiscalité*** (la), système de perception des impôts.

fluctuation (une) [vient de *flotter*]. Déplacement alternatif dans une masse liquide. • ***fluctuation des cours,*** variation continue.

foire (une). Marché particulièrement important tenu à dates fixes (**I**, 123).

fonctionnaire (un). Personne remplissant une fonction publique.

fonds (les), argent disponible (toujours au pluriel dans ce sens). • ***fonds de commerce*** (un), ensemble des éléments servant à un commerçant pour l'exercice de sa profession (**I**, 96). • ***fonds privés*** (des), titres émis par des sociétés privées. • ***fonds publics*** ou ***fonds d'Etat*** (des), titres émis par l'Etat (**I**, 253) ou par des collectivités nationalisées. • ***fonds de roulement*** (un), somme en caisse ou valeurs immédiatement réalisables et destinées à faire face aux dépenses d'exploitation. • ***foncier*** (adj.) [vient de *fonds*]. • ***propriété foncière,*** propriété se composant de fonds de terre ou d'immeubles.

forfait (un). Contrat dans lequel le prix d'une chose ou d'un service est fixé par avance à un montant invariable (**I**, 188) [Adj. : FORFAITAIRE]. • ***rémunération forfaitaire,*** somme d'argent fixée d'avance pour un travail ou un service rendu.

fournisseur (un). Personne ou établissement auquel on achète. • ***four-***

nir, produire, procurer (des marchandises, des renseignements). • ***fourniture*** (une), provision fournie ou à fournir ; au pluriel, marchandises accessoires fournies par certains artisans (tailleurs, tapissiers) et nécessaires à la confection d'un objet.

frais généraux (des). Dépenses faites pour le fonctionnement de l'entreprise (**I**, 53).

franchise (une). Voir AFFRANCHIR.

frapper (de la monnaie). Donner une empreinte aux pièces, aux billets de banque. • ***frappe*** (une), action de frapper : *la Banque de France a le privilège de la frappe de la monnaie.*

freinte (la). Déchet (diminution en quantité ou en qualité) subi par des marchandises pendant la fabrication ou le transport. • ***freinte de route,*** déchet subi par les grains en vrac pendant le transport par mer.

fret (un). Chargement d'un bateau (**I**, 168). • ***fréter un bateau,*** donner un bateau en location. [Substantif : le FRÈTEMENT.] • ***affréter un bateau,*** prendre en location un bateau. [Substantif : l'AFFRÈTEMENT.]

fusion (une). Regroupement définitif de plusieurs sociétés soit par absorption de l'une par l'autre, soit par substitution d'une nouvelle société à plusieurs anciennes.

g

gage (un). Contrat par lequel un créancier reçoit en garantie de sa créance un objet mobilier (**I**, 244). • ***crédit gagé,*** crédit garanti par des gages. • *gages*, salaire des gens de maison (**I**, 75).

gain (un). Argent que l'on a gagné. (Contraire : une PERTE.)

garantie (une). Obligation d'assurer à une personne la jouissance d'une chose ou d'un droit, et de l'indemniser en cas de dommage. • ***bon de garantie*** (un), bon garantissant le fonctionnement d'un appareil pendant un certain temps. • ***service hors garantie*** (un), service qui se charge de réparer les appareils qui ne sont plus sous garantie, soit parce que le temps de garantie est expiré, soit parce que l'utilisateur a commis une faute.

gardiennage (un). Garde, surveillance des stocks : *les frais de gardiennage.*

gestion (une). Action de *gérer* (administrer) une affaire. • ***gestionnaire*** (un), celui qui assure la gestion d'une entreprise (**I**, 73). • ***gérant*** (un), mandataire placé à la tête d'une entreprise pour assurer certaines fonctions de gestion (**I**, 75, 266). • ***gérance*** (une), exploitation pour le compte d'une autre personne : *gérance d'un fonds de commerce.*

gratification (une). Somme versée en plus du salaire régulier. • ***gratifier,*** accorder une faveur, une récompense.

grève (une). Terrain plat, couvert généralement de sable, le long de la mer ou d'un fleuve. Aujourd'hui, interruption de travail décidée par les ouvriers pour obtenir une augmentation de salaire ou un autre avantage. — En effet, on appelait autrefois place de Grève la place de l'Hôtel de Ville à Paris, où se réunissaient les ouvriers qui n'avaient pas de travail. • ***gréviste*** (un), ouvrier (ouvrière) qui fait la *grève*. • ***piquet de grève*** (un). [Au sens propre, un piquet est un petit bâton pointu *piqué* (enfoncé) dans le sol.] Grévistes qui restent à la porte de l'usine, pendant la durée d'une grève, pour veiller au respect de l'arrêt du travail.

gros (le), articles achetés en très grosses quantités pour être revendus par quantités plus faibles : *vendre ou acheter en gros* (I, 52). • ***commerce de gros,*** commerce en grandes quantités. • ***grossiste*** (un), commerçant de gros (I, 60). [Contraire : le DÉTAIL.]

guichet (un). Petite ouverture faite dans un mur ou une cloison. Caisse avec ou sans guichet : *les guichets du bureau de poste* (I, 137).

h

hausse (une). Augmentation des prix. (Contraire : une BAISSE.) • ***haussier*** (un), personne spéculant sur la *hausse* des titres. Contraire : un BAISSIER.

hiérarchie (une). Classification (des salaires, du personnel) du plus bas au plus élevé. • ***écraser la hiérarchie des salaires,*** diminuer la différence existant entre les salaires les plus bas et les plus élevés.

hypothèque (une). Droit réel d'un créancier sur des biens immobiliers affectés à la garantie et au paiement de sa créance (I, 95). • ***Prêteur hypothécaire,*** celui qui prête de l'argent en ayant comme garantie des biens immobiliers. • ***hypothéquer une maison,*** emprunter de l'argent dont le remboursement est garanti par la maison.

i k

illicite (adj.) [vient du latin *licet*, il est permis]. Qui est interdit par la loi : *un commerce illicite*. (Contraire : LICITE.)

immeuble (adj.). Tout ce qui ne peut être déplacé (terres, maisons). • ***immeuble*** (un), grande maison. • ***immobiliser,*** investir de l'argent disponible. (Contraire : MOBILISER.) • ***immobilisation*** (une), somme d'argent investie pour du matériel, du stock, etc., et qui ne peut être déplacée. • ***biens immobiliers,*** biens qui ne peuvent être déplacés : terres, maisons (I, 95).

importation (une). Entrée dans un pays de marchandises provenant de l'étranger. • ***import-export*** (un) expression anglaise signifiant « importation-exportation » : *affaire d'import-export*. • ***importateur*** (un), commerçant qui achète des marchandises à l'étranger.

impôt (un). Somme payée à l'Etat (I, 293). • ***impôts directs,*** impôts frappant directement le contribuable (I, 294). • ***impôts indirects,*** ou ***taxes,*** impôts incorporés dans le prix des marchandises. • ***I. R. P. P.*** (impôt sur le revenu des personnes physiques), impôt sur le revenu global et qui s'ajoute à la taxe complémentaire. Cet impôt était appelé autrefois *surtaxe progressive*. • ***déclaration d'impôts*** (une), feuille que le contribuable doit remplir à l'intention du percepteur (I, 294).

inconvertible (adj.). Qui ne peut être échangé, remplacé. (Voir CONVERTIBLE.)

indice (un). Rapport entre des quantités ou des prix, et qui en montre l'évolution : *l'indice du coût de la vie.* (I, 259).

industrie clef (une). Industrie indispensable à la vie de la nation. • ***indus-***

triel (un), personne dirigeant une grande usine ou un service d'une usine (**I**, 60). (Le *fabricant*, lui, est généralement propriétaire de sa fabrique.) ● ***industrialisation*** (une), action de développer l'industrie d'une région.

inflation (une) [de *enfler*]. Déséquilibre économique causé par une émission exagérée de billets de banque, et caractérisée par une hausse générale des prix. (Contraire : une DÉFLATION, réduction de la monnaie en circulation.) — La conséquence de l'inflation est la *dévaluation* (réduction de la valeur légale d'une monnaie).

insolvabilité (une). Etat d'une personne qui est *insolvable*, qui n'a pas de quoi payer ses dettes. (Voir SOLVABLE.)

intégrer. Faire entrer dans un ensemble. ● ***intégration*** (une), fusion d'entreprises à des stades différents de la fabrication. (Syn. : une CONCENTRATION VERTICALE.)

intérêt (un). Bénéfice que l'on retire de l'argent prêté (**I**, 253). ● ***avoir des intérêts dans une société,*** avoir droit à une fraction des bénéfices.

intermédiaire (un). Celui qui agit entre deux personnes (**I**, 60-61).

interviewer [mot anglais emprunté lui-même au français *entrevue*]. Soumettre à une *interview* (action d'interroger une personne sur ses idées, sur ses projets, pour les faire connaître au public par la radio, la presse, etc.). ● ***interviewer*** (un), celui qui dirige l'interview. ● ***interviewé*** (un), celui qui subit l'interview.

inventaire (un). Evaluation des marchandises en magasin (**I**, 85). ● ***inventaire comptable,*** évaluation des biens qu'une entreprise possède et des sommes qu'elle doit, à un moment donné.

investigation (une). Recherches attentives et approfondies : *les méthodes d'investigation.*

investir. Placer des capitaux pour les préserver et pour qu'ils rapportent un intérêt. (Substantif : un INVESTISSEMENT.) ● ***investment trust*** [mots anglais], grand trust d'affaires aux Etats-Unis. ● ***réinvestir.*** Investir de nouveau. [Substantif : un RÉINVESTISSEMENT.]

isolationnisme (un). Politique d'un pays qui s'*isole* (se met à l'écart) des pays voisins.

krach (un). Désastre financier, débâcle. (Contraire : un BOOM.)

l

lancer un produit. Faire connaître un produit au public. ● ***lancer un bateau,*** mettre un bateau à l'eau pour la première fois. ● ***lancement*** (un). Action de lancer. (Voir PUBLICITÉ DE LANCEMENT, **I**, 123.)

légal (adj.). Conforme à la loi. ● ***législateur*** (un), celui qui fait les lois. ● ***législatif*** (adj.), relatif aux lois. ● ***législation*** (une), ensemble des lois. ● ***légitime*** (adj.), qui a les qualités requises par la loi.

lettre de change, ou **traite** (une). Effet de commerce utilisé pour les règlements à terme (**I**, 219).

levée (une). Action de ramasser, de percevoir : *la levée des lettres, des impôts.* (Verbe : LEVER [des taxes, des lettres]). [**I**, 138.]

libération des échanges (une). Action de *libérer* (délivrer) de toute entrave les échanges entre les différents pays.

lingot (un). Morceau de métal solidifié après fusion. • ***lingot d'or,*** barre d'or fin que l'on peut acheter, et constituant un investissement.

liquidités (des). Argent *liquide* (disponible). • ***liquidité d'une entreprise*** (une), ensemble des disponibilités d'argent liquide ou de fonds rapidement réalisables, dont cette entreprise dispose pour faire face à ses dettes à court et à moyen terme. • ***liquidation*** (une), dissolution. • ***liquidation judiciaire,*** ancienne expression, remplacée par celle de RÈGLEMENT JUDICIAIRE (**I,** 275).

loi de l'offre et de la demande (la). Voir OFFRE.

loyer (un). Prix de la location d'une maison, d'une propriété (**I,** 94).

m

machinisme (le). Emploi des machines dans l'industrie.

magasin (un). Lieu où l'on conserve des marchandises (**I,** 74). • ***grands magasins,*** grands établissements commerciaux comprenant de multiples rayons ayant un assortiment complet. • ***magasins à prix unique,*** magasins populaires qui, à l'origine, ne vendaient que des articles à prix très bas. Ces magasins forment maintenant des sociétés importantes (Prisunic, Monoprix) et vendent toutes sortes d'articles, mais ils ont conservé leur caractère populaire. • ***magasins généraux,*** vastes entrepôts destinés à recevoir des marchandises en dépôt (**I,** 85). • ***magasinier*** (un), employé veillant sur les marchandises dans un magasin (**I,** 74).

main-d'œuvre (une). Ensemble des ouvriers nécessaires à l'exécution d'un travail (**I,** 75).

maîtrise (une) [vient de *maître*]. Domination. — Autrefois, dans le système des corporations, le mot désignait la *qualité de maître* dans un certain métier : le maître était celui qui avait terminé son apprentissage et dont le chef-d'œuvre avait été approuvé.

majoritaire (adj.). Qui a atteint la *majorité.* • ***actionnaire majoritaire,*** actionnaire possédant le plus d'actions dans une société de capitaux. • ***majoration de prix*** (une), augmentation des prix.

manager (un) [mot anglais signifiant « directeur »]. Directeur d'une affaire très importante, comparable aux grosses firmes américaines.

mandataire (un). Personne qui a reçu le *mandat* (pouvoir) d'agir au nom d'un autre. • ***mandataire aux Halles,*** intermédiaire aux Halles (**I,** 62).

manipulation (une) [vient de *main*]. Action d'exécuter des opérations à la main. (Syn. : MANUTENTION [**I,** 74].) • ***manipuler,*** manœuvrer avec la main.

manœuvrer. Travailler avec la main, faire exécuter des mouvements. Au sens figuré, prendre des mesures pour atteindre un certain but. • ***manœuvre*** (un), ouvrier non spécialisé (**I,** 75). • ***manœuvre*** (une), action de faire fonctionner un appareil ; moyens employés pour arriver à un certain but.

manquant (un). Marchandises qui ont été égarées en cours de route. • ***manque à gagner*** (un), perte portant sur un bénéfice manqué.

manufacturier (un) [vient de *manufacture*]. Ancien mot désignant le fabricant. Propriétaire d'une manufacture (**I**, 84).

manutention (une). Action de *manier*, de transporter des marchandises (**I**, 74). [Syn. : MANIPULATION.]

marasme (un). Arrêt d'activité dans le commerce ou l'industrie. (Contraire : PROSPÉRITÉ.)

marchandage (un) [vient de *marchand*]. Action de *marchander* (essayer d'obtenir un objet meilleur marché que le prix indiqué).

marché (un). Lieu public où l'on vend et achète des marchandises. • ***marché d'un produit,*** étude de la production, de l'offre et de la demande de ce produit. • ***étude de marché*** (une), voir ce mot. • ***marché au comptant, marché à terme,*** à la Bourse, voir **I**, 254. • ***marché commun,*** groupement de plusieurs pays qui mettent en commun leurs sources d'approvisionnement et leurs débouchés. • ***Marché commun européen,*** groupement des six pays suivants : France, Allemagne fédérale, Italie et les trois Etats du Benelux (voir ce mot), en vue de supprimer entre eux les barrières douanières et d'établir une politique économique commune.

marge (une). Différence entre deux valeurs, deux périodes, etc. • ***marge d'appréciation,*** différence entre différents prix. • ***marge de marque brute,*** différence entre le prix de vente et le prix de revient d'achat.

marketing (un) [vient du mot anglais *market*, marché]. Ensemble de toutes les activités qui concourent à diriger les produits et les services vers leur marché pour en assurer la vente. (Voir ÉTUDE DE MARCHÉ.)

matériel (un). Tout ce qui est nécessaire au fonctionnement de la maison, de l'usine (**I**, 96). • ***matériel volant,*** ensemble des avions, par opposition aux installations fixes de l'aéroport. • ***matériel de démonstration,*** tout ce qui sert à montrer aux clients le fonctionnement et les avantages d'un article mis en vente. • ***matériel roulant,*** ensemble des trains et des locomotives, par opposition aux voies de chemin de fer et aux gares (**I**, 155).

message (un). Action de dire ou de porter quelque chose qui vous a été confié. Désigne aussi la chose même qui a été confiée. • ***message téléphonique,*** texte transmis par téléphone à une personne qui n'a pas le téléphone elle-même. — L'employé du téléphone note le message sur une feuille de papier qui est remise sans délai au destinataire. • ***messager*** (un), celui qui porte le message. • ***messageries,*** **I**, 145.

mobile ou **meuble** (adj.). Tout ce qui peut être déplacé. (Contraire : IMMOBILE, IMMEUBLE.) • ***mobiliser,*** transformer une créance à terme en un titre immédiatement négociable. • ***mobilisation*** (une), action de mobiliser. (Contraire : une IMMOBILISATION.) • ***biens mobiliers,*** biens qui peuvent être déplacés : meubles, titres, monnaies (**I**, 95).

monnaie (une). Pièces de métal, puis billets de banque utilisés pour les règlements (**I**, 209). [Adj. : MONÉTAIRE.] • ***monnaie de poids,*** monnaie métallique. • ***monnaie de papier,*** monnaie représentée par des billets de banque. • ***monnayage*** (un), fabrication de la monnaie. • ***faux-monnayeur*** (un), celui qui fabrique de la fausse monnaie.

monopole (un). Privilège de vendre seul certaines marchandises : *monopole d'Etat* (**I**, 295). • ***entreprise monopoliste,*** entreprise qui jouit d'un monopole.

motivation (une). Ensemble des *motifs* souvent cachés, qui décident le client à acheter. L'*étude de motivation* est une branche de la publicité.

mutation (une) [vient du latin *mutare*, changer]. Remplacement d'une chose ou d'une personne. Passage de la propriété d'une personne à une autre.

mutualité (une) [vient de *mutuel*]. Association de personnes à but non lucratif, qui entreprennent une action sociale grâce aux cotisations que versent les membres. (Voir ASSURANCES MUTUELLES, **I**, 283.)

n

nantissement (un). Contrat par lequel un débiteur remet à son créancier un bien meuble ou immeuble en garantie de sa dette (**I**, 244). ● ***nantir un fonds de commerce,*** emprunter une somme en donnant comme gage les éléments corporels et incorporels du fonds de commerce (**I**, 96).

nationalisation (une). Transfert à la *nation* de certains moyens de production appartenant à des particuliers (**I**, 85).

négociant (un). Commerçant en gros (**I**, 60). ● ***négoce*** (un), achat et vente des marchandises (**I**, 52).

normalisation (une). Ensemble de règles techniques conventionnelles résultant de l'accord des producteurs et des usagers, et tendant à unifier et à simplifier dans tous les domaines. ● ***normaliser,*** soumettre à la normalisation : *produits normalisés* (pas de vis, douilles d'ampoules électriques, papiers commerciaux, etc.).

numéraire (un). Monnaie de métal ayant cours légal.

o

obligation (une). Valeur mobilière représentant une fraction de l'emprunt émis par une société (**I**, 254). ● ***obligataire*** (un). Personne possédant des *obligations.*

occasion (une). Circonstance qui vient à propos. En commerce, désigne souvent une affaire avantageuse. ● ***autos d'occasion*** (vente d'), vente d'autos qui ont déjà servi. (Syn. : des AUTOS DE SECONDE MAIN.)

O. C. D. E. (Organisation de coopération et de développement économique). A remplacé l'O. E. C. E. en 1961. Elle comprend les dix-huit pays d'Europe qui étaient déjà membres de l'O. E. C. E., plus les Etats-Unis, le Canada et le Japon. Elle a pour but d'augmenter rapidement la production dans ces pays.

octroi (un). Concession d'une faveur. Autrefois, administration chargée de percevoir les droits sur certaines marchandises à leur entrée en ville (**I**, 230). ● ***octroyer,*** accorder.

offre (une). ● ***loi de l'offre et de la demande,*** loi fondamentale des échanges commerciaux. Lorsque l'offre augmente pour une certaine marchandise, le prix diminue ; lorsque la demande de cette marchandise augmente, le prix augmente.

onéreux (adj.). Qui occasionne de grosses dépenses. (Syn. : CHER.)

option (une). Faculté de choisir entre deux ou plusieurs choses. ● ***avoir une option*** (sur un terrain), avoir la faculté d'acheter (un terrain) pendant un certain temps, à l'exclusion des autres acheteurs éventuels.

ordre (un). Commande (que l'on passe à un commerçant, à la Bourse, etc.).

organigramme (un). Tableau représentant, sous forme de schéma, l'organisation d'une maison de commerce, avec les différents services et leurs subdivisions.

p q

pair (le) [du latin *par*, égal]. Egalité de change des monnaies entre deux pays. Egalité entre les cours de négociation d'une valeur mobilière et de sa valeur nominale : *acheter* ou *vendre au pair*. ● ***parité*** (une), équivalence des cours des changes sur deux places.

panneau (un). Plaque de bois ou de métal portant des indications : *un panneau publicitaire*.

pari (un). Contrat entre deux personnes soutenant des choses contraires. Celle qui a raison recevra une somme fixée. ● ***parier***, faire un pari.

passation (une). Action de passer, de conclure (un contrat, par exemple).

passif (un). En comptabilité, ensemble des dettes et des charges (**I**, 267). [Contraire : un ACTIF.]

péage (un) [vient de *pied*]. Droit que l'on paie pour emprunter un pont, une route (**I**, 181).

pénurie (une). Manque (d'argent, de matières premières, de main-d'œuvre).

perception (une). Action de *percevoir* (recouvrer) (**I**, 293). ● ***perception des contributions directes***, bureau où l'on reçoit les contributions. ● ***percepteur*** (un), fonctionnaire chargé de percevoir les impôts.

péricliter [du latin *periculum*, danger]. Etre en péril, aller à la ruine.

perquisition (une) [vient d'un verbe latin signifiant « rechercher »]. Recherche qui peut être opérée de jour seulement, au cours d'une instruction judiciaire, en vue de saisir en un lieu donné des documents utiles à la découverte de la vérité. (Verbe : PERQUISITIONNER.)

personnel (un). Ensemble des employés d'une maison (**I**, 74).

perte (une). Action de *perdre*. Argent perdu : *vendre à perte*. (Contraire : un PROFIT.) [**I**, 53]. ● ***pertes et profits***, titre du compte où sont groupés les résultats dans l'exploitation : bénéfices bruts et produits divers au crédit ; frais généraux, charges du débit.

placement de capitaux (un). Action de *placer* des capitaux, d'en disposer de façon qu'ils rapportent des intérêts.

plafond (un). Maximum. ● ***plafond de la Sécurité sociale***, limite de la fraction du salaire soumise aux cotisations de sécurité sociale.

planification (une) [vient de *plan*]. Science qui a pour objet l'établissement de programmes économiques. ● ***planifier***, organiser d'après un *plan* : *l'économie planifiée*.

point de vente (un). Tout lieu où l'on vend des marchandises (boutique, magasin, marché, etc.).

police d'assurance (une). Contrat d'assurance (**I**, 284).

pondéreux (un ou plutôt des) [vient du latin *pondus*, poids]. Marchandises très denses et très lourdes (charbon, pierres).

porte-à-porte (le). Action de vendre des marchandises en allant d'une porte à l'autre pour les proposer.

portefeuille (un). Enveloppe de cuir qui se ferme comme un livre, et où l'on met des papiers, des billets. Ensemble des effets de commerce et des valeurs mobilières d'une personne ou d'une entreprise (**I**, 258).

porteur (un). Celui qui *porte* (possède) des billets, des titres, etc.

position (une), situation. Pour un compte, situation créditrice et débitrice de ce compte.

Poste (la). Administration publique chargée de transporter les lettres, les paquets, etc. (**I**, 133). [Adj. : POSTAL.] • ***poste*** (un), situation, emploi. En comptabilité, chapitre d'un compte.

pourcentage (un). Proportion d'une quantité par rapport à une autre, évaluée sur la centaine.

pouvoir d'achat (un). Valeur réelle en marchandises et en services que représente un salaire. • ***pouvoirs publics*** (les), ensemble des autorités détenant le pouvoir dans l'Etat.

prélèvement (un). Action de *prélever* (retirer une certaine quantité d'un tout). — L'Etat prélève une fraction du revenu des citoyens par les impôts.

président-directeur général (un). Personne à la tête d'une société anonyme (**I**, 266).

prêter. Céder pour un temps, à charge de restitution. [Contraire : EMPRUNTER.] (Substantifs : le PRÊT, la PRESTATION.) • ***prestations,*** charges ou redevances qui peuvent être acquittées en argent ou en nature. • ***prêteur hypothécaire*** (un), voir HYPOTHÈQUE.

prime (une), objet que l'on offre en cadeau à l'acheteur pour l'engager à acheter : vente avec primes (**I**, 123). • ***prime d'assurance,*** somme que l'assuré doit à l'assureur (**I**, 283). • ***prime d'émission,*** supplément que doit verser l'acheteur d'une action, en plus de la valeur nominale de celle-ci, pour avoir les mêmes droits que les anciens actionnaires. • ***prime de remboursement,*** différence entre la valeur de souscription d'une obligation et sa valeur nominale, et qui incite le public à acheter. • ***faire prime sur le marché,*** être particulièrement recherché. • ***marché à primes*** (un), à la Bourse, marché à terme dans lequel l'acheteur ou le vendeur se réserve la faculté de ne pas exécuter ses engagements à la date prévue, moyennant le versement d'une prime (en opposition à *marché ferme*).

privilège (un). Avantage exclusif possédé par un individu ou une collectivité de vendre certains produits. • ***privilégié*** (adj.), qui jouit de certains privilèges.

prix de vente (un). Prix auquel se vendent les marchandises. (Voir REVIENT [prix de].) • ***prix unique,*** voir MAGASIN.

production (une). Action de *produire*. Ensemble de tout ce qui est produit. • ***productivité*** (la). Accroissement simultané de la production et du rendement grâce à la modernisation du matériel et à l'amélioration des méthodes de travail (**I**, 43).

profit (un). Bénéfice (**I**, 53). [Voir PERTES ET PROFITS.]

promotion (une). Action de *promouvoir* (faire avancer). • ***promotion des ventes,*** service de la publicité moderne, qui a pour but de développer les ventes par des moyens différents de ceux qui sont employés ordinairement. • ***promoteur*** (un), celui qui crée un mouvement, une entreprise.

prospecter [vient de l'anglais *to prospect*]. Rechercher les gisements minéraux d'un terrain. • ***prospecter la clientèle,*** étudier les possibilités d'extension de la clientèle. • ***prospect*** (un) [mot anglais], client éventuel (en anglais *prospective customer*). • ***prospecteur*** (un), personne chargée de rechercher de nouveaux clients sur le marché. • ***prospection*** (une), service de publicité chargé de développer la clientèle. • ***prospectus*** (un), imprimé utilisé en publicité (**I**, 123).

protectionnisme (un). Système consistant à *protéger* l'agriculture, l'industrie ou le commerce d'un pays contre la concurrence étrangère par un ensemble de mesures. (Contraire : un LIBRE-ÉCHANGE. — Adj. : PROTECTIONNISTE.)

prototype (un) [vient du grec *protos*, premier, et *type*]. Modèle original d'un objet à reproduire.

provision (une). Somme d'argent versée à l'avance, en prévision des premiers frais (**I**, 97). En banque, couverture (voir ce mot) : *un chèque sans provision*. En comptabilité, prélèvement fait sur les résultats en vue de parer à une éventualité (dettes éventuelles ou pertes probables sur certains éléments d'actif). [Voir RÉSERVES.] • ***approvisionner un compte***, lui fournir des réserves. [Substantif : un APPROVISIONNEMENT (**I**, 86).]

publicité (une). Ensemble des moyens pour inciter les clients à acheter (**I**, 122). [Adj. : PUBLICITAIRE, *une émission publicitaire*.] • ***publicitaire*** (un), celui qui s'occupe de publicité. • ***publiciste*** (un), celui qui publie, en général un journaliste. • ***public relations*** (un), voir RELATIONS PUBLIQUES.

quota (un) [mot latin]. Pourcentage, partie.

r

rabais (un). Réduction de prix accordée pour des articles défraîchis ou démodés (**I**, 79).

radiodiffusion (la). Organisme chargé des émissions radiophoniques. • ***radio-électrique*** (adj.), qui utilise les ondes hertziennes. • ***radiogramme*** (un), télégramme acheminé par radio entre une station fixe et une station mobile (avion, train, etc.). • ***radiotélégramme*** (un), télégramme acheminé par radio entre deux stations fixes. • ***radiotélégraphie*** (une), télégraphie sans fil par radio. • ***radiotéléphonie*** (une), téléphonie sans fil par radio.

raison sociale (une). Nom sous lequel une firme exerce son commerce (**I**, 53).

rapport (un). Compte rendu d'une assemblée, d'un travail : *rédiger, présenter un rapport*. • ***rapporteur*** (un), celui qui est chargé de faire l'exposé d'un procès, d'une affaire, ou qui fait le *rapport* des conclusions que propose une commission parlementaire.

rayon (un). Ensemble de certains comptoirs d'un magasin affectés à un même genre de marchandises (**I**, 85).

réaliser un fonds [vient de *réel*]. Vendre un fonds pour en retirer de l'argent. • ***réalisation*** (une), action de réaliser.

réassurance (une). Régime dans lequel une compagnie d'assurances assure elle-même d'autres compagnies d'assurances (**I**, 286).

récession (la). Action de revenir en arrière. Diminution de l'activité économique. (Contraire : l'EXPANSION.)

recette (une). Tout l'argent qui est reçu, perçu. (Contraire : une DÉPENSE.) Au sens figuré, procédé employé dans l'économie domestique : *recette de cuisine*.

reconvertir. Adapter une production ancienne à une nouvelle production. (Voir CONVERTIBLE.) [Substantif : une RECONVERSION.]

recourir à. S'adresser à quelqu'un pour obtenir quelque chose de lui. ● ***recours au tiers*** (un), droit qu'ont les tiers de s'adresser à la société d'assurances pour obtenir une indemnité en cas d'accident.

recouvrer. Rentrer en possession. (Syn. : RÉCUPÉRER.) [Substantif : le RECOUVREMENT.]

récupérer. Rentrer en possession. (Syn. : RECOUVRER.) [Substantif : une RÉCUPÉRATION.]

redevable (adj.) [de *devoir*]. Qui doit encore quelque chose après un premier paiement. ● ***redevance*** (une), dette, charge ou rente que l'on doit acquitter à termes fixes.

réescompte (un). Acte par lequel un banquier fait *escompter* par un autre banquier un effet qu'il a lui-même acquis par voie d'escompte. (Verbe : RÉESCOMPTER.)

régie (une). Administration chargée de la perception des impôts indirects (**I**, 295) : *la Régie des tabacs*. Désigne aussi des entreprises nationalisées : *la Régie Renault*.

réinvestir. Voir INVESTIR.

relance (une). Action de *relancer*, de donner un nouvel élan. ● ***lettre de relance,*** ou ***follow up*** [mots anglais], lettre que l'on envoie à un client lorsque la lettre précédente est restée sans réponse.

relations publiques (des), organisme chargé de mieux faire connaître au public une firme ou certains de ses produits (**I**, 123). ● ***public relations*** (un) [de l'anglais], agent publicitaire chargé d'expliquer au futur client les méthodes de la maison et les résultats qu'elle obtient.

relevé (un). Résumé écrit. (Voir RELEVÉ DE COMPTE, **I**, 199.)

relèvement des prix (un). Action de *relever* (augmenter) les prix. (Syn. : une HAUSSE.)

remise (une). Réduction de prix (**I**, 79). Ensemble de titres ou effets de commerce émis en paiement ou en couverture.

rémunération (une) [du latin *munus*, récompense]. Prix du salaire, d'un service rendu. [Verbe : RÉMUNÉRER.]

rendement (un) [vient du verbe *rendre*]. Production : *le rendement agricole, industriel*. Dans l'industrie, rapport obtenu entre le travail effectué et la quantité d'énergie dépensée.

rendus (des) [vient du verbe *rendre*]. Articles que des clients ont rendus parce qu'ils ne leur convenaient pas.

rente (une). Revenu annuel de l'argent prêté à l'Etat (**I**, 253). ● ***rente perpétuelle,*** rente dont le capital ne sera jamais remboursé (**I**, 253). [Contraire : RENTE AMORTISSABLE.] ● ***rentable*** (adj.), qui donne un revenu suffisant. ● ***rentier*** (un), personne qui vit de ses revenus sans travailler.

répertoire (un) [du latin *reperire*, trouver]. Registre où les matières sont classées dans un ordre qui les rend faciles à trouver : *un répertoire alphabétique*.

représentation (une). Action de *représenter* (agir au nom d') une maison. Ensemble des représentants qu'elle emploie. ● ***représentant*** (un), intermédiaire qui représente la maison pour laquelle il travaille (**I**, 63).

reprise (une). Continuation d'une chose interrompue. ● ***reprise des***

affaires (la), regain de prospérité dans les affaires.

réseau (un) [vient d'un mot latin signifiant « filet »]. Ensemble des lignes, routes, voies de chemin de fer, fils téléphoniques, etc. (**I**, 156). ● ***réseau des échanges,*** ensemble des routes par lesquelles s'effectue le commerce. ● ***réseau de vente*** ou ***de distribution,*** ensemble des employés chargés de la vente d'un produit.

réserve (une). Fonds que toute société de capitaux doit constituer par prélèvement sur ses bénéfices, et qu'elle pourra utiliser en cas de difficultés imprévues. Cette somme représente : l'amortissement du matériel, une provision pour compenser les mauvaises créances et les fluctuations de prix des matières premières. (Voir PROVISION.) ● ***réserves,*** économies, épargne. ● ***banque centrale de réserve*** (une), nouveau nom pour désigner les banques d'émission dans les pays étrangers.

retrait (un). Action de *retirer* de l'argent (de la banque, d'une caisse). Somme d'argent retirée.

revendeur-installateur (un). Détaillant qui se charge aussi de l'installation d'un appareil (poste de télévision, réfrigérateur). ● ***revente*** (une), action de vendre des articles qui vous ont déjà été vendus.

revient (un prix de). Prix total auquel *revient* une marchandise lorsque tous les frais ont été payés. ● ***prix de revient d'achat,*** prix d'achat additionné des frais de transport et parfois des frais de douane. ● ***prix de revient de vente,*** prix de revient d'achat additionné des frais de vente (expédition, emballage, commission). ● ***revenu*** (un), ce que rapporte un fonds, un capital.

ristourne (une). Réduction de prix sur une somme déjà payée ou portée en compte.

rotation (une) [vient du latin *rota*, roue]. Mouvement d'un corps autour d'un axe fixe, matériel ou non : *la rotation de la Terre.* ● ***rotation des stocks,*** temps nécessaire pour renouveler complètement le stock.

rouage (un). Ensemble des *roues* qui font partie d'un mécanisme. ● ***rouages de l'Administration,*** différents services qui lui permettent de fonctionner.

routier (un) [vient de *route*]. Conducteur de camion sur une grande distance. Désigne aussi une personne qui est constamment en déplacement sur les routes.

rubrique (une) [vient du latin *rubrica*, titre en rouge]. Titre qui, dans les livres de droit, étaient autrefois marqués en rouge. Indication de matière dans un journal, une revue, etc.

S

salariat (un). Ensemble des personnes qui touchent un *salaire* (**I**, 75). ● ***salarié*** (un), celui qui touche un salaire.

secrétariat général (un). Service principal de l'Administration (**I**, 86).

sélection (une). Choix raisonné, fait avec soin. ● ***sélectionner,*** choisir avec soin.

séminaire (un). A l'origine, établissement où l'on forme des jeunes gens qui se destinent à l'état ecclésiastique. Désigne à présent un groupe d'études dans l'enseignement supérieur. Il existe également des séminaires de directeurs, de vendeurs, de représentants, réunions où l'on discute et où l'on étudie les problèmes d'une profession.

série (une). Ensemble de choses analogues. • ***fabrication en série*** (une), fabrication d'un même article en grandes quantités.

service (un). Section d'une maison de commerce (**I**, 85). • ***service après vente,*** service chargé de surveiller des appareils après qu'ils ont été vendus, et de les réparer le cas échéant (par ex., dans la vente des réfrigérateurs, des aspirateurs, des postes de télévision, etc.). • ***service hors garantie,*** voir GARANTIE. • ***service public,*** entreprise gérée par l'Etat (**I**, 85). • ***libre-service,*** service dans lequel les clients se servent eux-mêmes, sans l'intermédiaire de vendeurs, et où ils paient à la sortie la totalité de leurs achats. • ***self-service*** (mot anglais), restaurant dans lequel il n'y a pas de serveuses, mais où les clients choisissent eux-mêmes leurs plats, qu'ils transportent sur un plateau.

société (une). Groupement de personnes qui mettent en commun des biens, pour les faire fructifier (**I**, 265). • ***société de personnes,*** société dont le capital est divisé en part d'intérêts. • ***société en nom collectif,*** forme de société de personnes (**I**, 266). • ***société de capitaux,*** société dont le capital est divisé en actions. • ***société anonyme,*** forme de société de capitaux (**I**, 267).

solde (un). Le reste, ce qui manque (**I**, 299). — Ne pas confondre avec SOLDE (une), somme payée au soldat. • ***vente en solde*** (une), vente au rabais, pour liquider des articles démodés ou défraîchis.

solidaire (adj.). Se dit de personnes qui répondent les unes des autres (**I**, 267).

solvable (adj.). Qui a les moyens de régler ses dettes. (Contraire : INSOLVABLE.) • ***solvabilité*** (la), état de la personne solvable.

sondage (un) [vient du verbe *sonder*]. Action de chercher à connaître les pensées d'une personne ou d'un groupe. (Syn. : une INVESTIGATION.) • ***sondage-express,*** sondage très rapide.

souscription (une) [vient du verbe *souscrire*]. Somme qui doit être versée par celui qui s'est engagé à acheter des titres. • ***souscrire,*** signer en bas d'un acte. • ***souscripteur*** (un), celui qui souscrit.

spéculation (une). Action de *spéculer* (faire des opérations de finance pour gagner le plus d'argent possible) [**I**, 244].

stable (adj.). Qui est dans un état ferme, durable. (Contraire : INSTABLE.) • ***stabilisation*** (une), action de *stabiliser* (mettre dans un état durable).

stage (un). Période pendant laquelle des personnes, ou *stagiaires*, sont admises dans un emploi (bureau, magasin) pour apprendre une profession (**I**, 71). — L'*apprentissage* désigne exclusivement la période passée à apprendre un métier manuel.

standard (un) [mot anglais]. Modèle auquel on rapporte un échantillon. • ***fabrication standard*** (une), fabrication qui sert de modèle pour tous les articles.

statistique (une). Tableau numérique de fait (**I**, 86). Branche des mathématiques appliquées, qui a pour objet le groupement méthodique ainsi que l'étude de séries de fait ou de données numériques.

statut (un). Texte fixant les garanties fondamentales accordées à une collectivité. (Voir STATUTS, **I**, 266.) • ***assemblée statutaire*** (une), assemblée réunie pour rédiger ou modifier les statuts.

stock (un) [mot anglais]. Ensemble de marchandises déposées en magasin. • ***stocker des marchandises***, les garder en dépôt. [Substantif : le STOCKAGE].

succursale (une). Etablissement secondaire qui dépend d'une maison mère (**I**, 53). [voir FILIALE].

supermarché (un) [vient de l'anglais *supermarket*]. Centre de distribution qui rassemble en un seul magasin le plus possible d'objets de consommation directe. La vente s'y fait généralement en libre-service. • ***supérette*** (une), supermarché de surface réduite pour des produits à renouvellement fréquent (en général, articles d'alimentation).

suspendre (ses paiements). Différer ses paiements pendant un certain temps. [Substantif : la SUSPENSION.]

syndic (un). Personne chargée de prendre soin des affaires d'un groupe de personnes. (Voir SYNDIC DE FAILLITE, **I**, 275.) • ***syndicat*** (un), groupement formé pour la défense d'intérêts communs (**I**, 275). [Adj. : SYNDICAL.]

système métrique (le). Système décimal dont l'unité de longueur est le *mètre* (**I**, 112).

t

tarif (un). Tableau qui permet de connaître le prix de marchandises, de transports. (Adj. : TARIFAIRE, *un tableau tarifaire.*)

taux (un). Montant de l'intérêt annuel par 100 F (**I**, 137). Peut aussi désigner la valeur : *le taux de l'argent.* • ***taux d'assurance***, pourcentage du prix des marchandises, prélevé pour les assurer. • ***taux de marque*** ou ***de marge brute***, pourcentage du bénéfice brut sur le prix de vente (en général 33 p. 100).

taxe (une). Prix fixé par les pouvoirs publics. Impôt indirect (**I**, 295).

télégraphe (le). Administration publique chargée de transmettre des messages rapidement et à distance (**I**, 134). • ***radiotélégraphie*** (la), télégraphie sans fil.

téléphone (le). Administration publique chargée de transmettre des sons par l'intermédiaire de fils électriques (**I**, 134).

tempérament. Voir VENTE À TEMPÉRAMENT.

terme (un). Epoque, fixée par les usages locaux ou par la loi, à laquelle sont payés les loyers, les fermages, les pensions. • ***vente à terme,*** vente dont le paiement n'est acquitté qu'au bout d'un certain temps (**I**, 219). • ***à court terme,*** dans une période ne dépassant pas trois mois. • ***à moyen terme,*** dans une période de trois mois à trois ou cinq ans. • ***à long terme,*** dans une période de cinq à quinze ans.

test (un) [mot anglais signifiant « examen »]. Epreuve pour vérifier certaines propriétés ou certaines qualités.

thésauriser [vient du latin *thesaurus*, trésor]. Amasser de l'argent.

tirer (une traite). Voir TRAITE.

titre (un). Rapport de la masse de métal fin à la masse totale. — Dans les pièces d'or et d'argent, le métal précieux est toujours allié à un métal ordinaire qui le rend plus résistant. En langage commercial, *titre* désigne des valeurs mobilières (**I**, 253).

tolérance (une). Faveur accordée à quelqu'un en certaines circonstances (s'oppose, en ce sens, à *droit*). ● ***tolérer***, supporter avec indulgence.

tonnage (un). Capacité de transport d'un bateau de commerce, exprimée en *tonneaux* (1 tonneau = 2,83 m³). [Syn. : la JAUGE NETTE, par opposition à la JAUGE BRUTE (capacité totale intérieure du navire).]

tournée (une) [vient de *tour*]. Voyage circulaire effectué à une certaine fin (**I**, 78) : *tournée de prospection.*

trafic (un). Commerce de marchandises et, par extension, commerce illégal et clandestin. Circulation des voitures, des trains, etc. ● ***trafic routier***, ensemble des véhicules sur les routes. ● ***trafic ferroviaire***, ensemble des trains en circulation. ● ***trafiquer sur l'or***, faire le commerce illégal de l'or. ● ***trafiquant*** (un), à l'origine, homme qui fait profession de *trafiquer* (à l'époque, commercer) ; aujourd'hui, commerçant malhonnête.

traite (une) [vient du verbe *tirer*]. Voir LETTRE DE CHANGE. ● ***tireur*** (un), celui qui tire un effet de commerce (**I**, 219). ● ***tiré*** (un), celui qui doit payer l'effet de commerce. [Substantif : le TIRAGE.]

tranche (une). Morceau coupé mince. ● ***tranche de revenus***, zone de revenus dont les prix inférieurs et supérieurs sont fixés. — Les revenus sont divisés en différentes tranches, et chaque tranche est imposable à un taux différent.

transbordement (un). Action de *transborder* des marchandises, de les transporter à *bord* d'un autre bateau.

transfert (un). Acte par lequel un droit ou une chose sont transférés (transmis) d'une personne à une autre. — Ne pas confondre *transfert* et *virement* (**I**, 137) [en anglais *transfer* signifie « virement »].

transit (un). Action de faire traverser à des marchandises ou à des personnes un pays où elles ne s'arrêtent pas (**I**, 52). ● ***transitaire*** (un), intermédiaire chargé du transit (**I**, 148).

trésor (un). Objet ou collection d'objets précieux cachés et découverts par hasard. Service du ministère des Finances qui a pour rôle d'assurer à l'Etat l'argent dont il a besoin. (Dans ce sens prend une majuscule.) ● ***trésorerie*** (une), ensemble des valeurs dont une entreprise peut disposer pour effectuer ses paiements.

troc (un). Echange d'un objet contre un autre (**I**, 209). ● ***troquer***, échanger.

trust (un) [d'un mot anglais signifiant « confiance »]. Entreprise qui résulte de la fusion de plusieurs entreprises anciennes en une seule, en vue de s'assurer le monopole d'une certaine industrie. Le trust est une forme de concentration verticale. ● ***trustee*** (un), mot anglais signifiant « personne à qui l'on fait confiance », le syndic ou le gérant d'une affaire.

U V W Z

union douanière (une). Association entre plusieurs pays voisins qui suppriment progressivement entre eux les barrières douanières, mais qui adoptent aussi à l'égard des autres pays un tarif extérieur commun. (Voir MARCHÉ COMMUN EUROPÉEN.)

usure (une) [vient du verbe *user*]. Détérioration que produit l'*usage* sur un outil, un vêtement, etc. — Délit commis par celui qui prête de l'argent à un taux d'intérêt trop élevé. (Adj. : USURAIRE.) ● ***usurier*** (un), personne qui vit d'usure.

valeur (une). Ce que *vaut* une personne, une chose. ● ***valeur mobilière,*** titre en Bourse (**I**, 253). ● ***valeur nominale,*** valeur inscrite sur un effet (**I**, 243). ● ***valeur réelle,*** valeur de l'effet le jour de sa négociation.

vente au comptant (une). Vente dont le paiement se fait lors de l'achat (**I**, 188). ● ***vente à terme ou à crédit,*** vente dont le paiement est différé. ● ***vente à tempérament,*** vente dans laquelle les marchandises se paient en plusieurs versements, dont les dates sont fixées d'avance (**I**, 288). ● ***vente avec prime*** (voir PRIME). ● ***vendeur*** (un), personne chargée de la vente (**I**, 73).

vignette (une) [vient de *vigne*, à l'origine gravure représentant une grappe de raisin et qui se plaçait en tête ou à la fin d'un chapitre de livre]. Petite gravure en forme d'étiquette portant l'estampille de l'Etat. Peut aussi désigner les billets de banque.

virer. Transférer de l'argent d'un compte à un autre (**I**, 137). ● ***virement*** (un), action de virer de l'argent.

vrac (surtout dans l'expression *en vrac*). Etat des marchandises transportées sans emballage (**I**, 188).

vue. Sur présentation *payable à vue*. (Voir DÉPÔT À VUE).

warrant (un). Effet de commerce utilisé dans les magasins généraux (**I**, 222).

zone de libre-échange (une). Région composée par les territoires de plusieurs pays voisins qui suppriment progressivement entre eux les barrières douanières. (Voir MARCHÉ COMMUN EUROPÉEN.)

Table des matières

GÉNÉRALITÉS SUR LE COMMERCE

PROFESSIONS COMMERCIALES

ENTREPRISES COMMERCIALES

MARCHÉ ET MARKETING

LA PUBLICITÉ

LA POSTE

LES TRANSPORTS

VENTE DES MARCHANDISES

RÈGLEMENT DES MARCHANDISES

IMPORTATION, EXPORTATION

LES BANQUES

LA BOURSE

LES SOCIÉTÉS

FAILLITES ET CRISES

LES ASSURANCES

IMPÔTS ET TAXES

— édition 1984 —

IMPRIMERIE HÉRISSEY. — 27000 - Évreux.
Dépôt légal Octobre 1967.
N° 34345. — N° de série Éditeur 12090.
IMPRIMÉ EN FRANCE *(Printed in France)*.
800047-O-Mai 1984.

GRAND DICTIONNAIRE ENCYCLOPÉDIQUE

10 volumes

Dictionnaire alphabétique d'environ 150 000 articles, qui répertorient l'ensemble des mots de la langue française et des noms propres, c'est un ouvrage d'une richesse unique, et fondamentalement nouveau : il permet à chacun d'approcher et de comprendre toutes les connaissances et les formes d'expression du monde actuel qui, en moins d'une génération, se sont complètement transformées.

• Il rend compte de l'évolution rapide de la langue française, usuelle et spécialisée (dans toutes les disciplines, les progrès de la recherche et des techniques ont entraîné des modifications profondes des vocabulaires scientifiques et pas seulement leur accroissement quantitatif).
Il donne les multiples sens de chaque mot, avec des exemples de leur emploi dans la langue courante, et les informations encyclopédiques expliquant le domaine propre à chacun des sens techniques.

• Faisant une large place aux noms propres (lieux, personnes, institutions, œuvres), il offre une documentation considérable sur la géographie, l'histoire, les sociétés, l'ensemble des faits de culture et de civilisation du monde entier, à travers tous les temps, en fonction des sources de connaissance les plus récentes et les plus sûres.

• L'importante illustration apporte des précisions complémentaires à tous les genres de sujets : pour les rubriques scientifiques, elle fait surtout appel au dessin et aux schémas techniques, qui mettent en valeur les éléments descriptifs les plus caractéristiques, tandis que la photographie permet la reproduction fidèle des beaux-arts, des paysages, des portraits et des documents historiques. La cartographie, très développée, associe cartes géographiques, économiques et historiques pour traduire les données physiques et humaines de chaque pays.

Les dix volumes de ce dictionnaire constitueront donc bien l'ouvrage de référence essentiel pour tous ceux qui cherchent des points de repère capables de répondre aux curiosités de plus en plus vastes que suscitent les contradictions du monde contemporain.

10 volumes reliés (19 x 28 cm), environ 12 000 pages très illustrées, essentiellement en couleurs ; bibliographie dans chaque volume pour les articles les plus importants.

(En souscription.)

ncyclopédies et dictionnaires

COLLECTION
L'UNIVERS EN COULEURS

Une encyclopédie thématique originale, où l'illustration joue un rôle aussi important que le texte, 8 volumes reliés (23 x 29 cm), tout en couleurs.
L'UNIVERS
LE MONDE DE LA NATURE
LES SCIENCES
LA TERRE
L'HOMME
L'HISTOIRE (2 vol.)
LA TECHNOLOGIE

LAROUSSE DES JEUNES
encyclopédie

Une vraie encyclopédie, comme pour les adultes, pour les 9-14 ans qui découvrent le vaste éventail de la "matière" culturelle. 8 volumes cartonnés (23 x 25,5 cm), 192 pages chacun, illustration tout en couleurs.

ENCYCLOPÉDIE GÉNÉRALE
LAROUSSE

3 volumes reliés (23 x 30 cm), 3 000 pages très illustrées en noir et en couleurs, classement thématique, index dans chaque volume.

ENCYCLOPÉDIE ALPHABÉTIQUE
LAROUSSE - Omnis

Environ 32 000 articles (noms communs et noms propres), traités en un ensemble cohérent des connaissances. Un volume relié (15,5 x 23 cm), 2 000 pages, illustration en couleurs.

PETITE ENCYCLOPÉDIE LAROUSSE

Ouvrage méthodique, qui rassemble les bases de connaissance indispensables à l'homme d'aujourd'hui.
Un volume relié (15,5 x 23 cm), 1 496 pages illustrées en couleurs et en noir.

Dictionnaires encyclopédiques

LAROUSSE 3 VOLUMES
EN COULEURS
Nouvelle édition mise à jour.

Remarquablement illustré en couleurs d'un bout à l'autre de l'ouvrage. Regroupement des mots par "famille", tableaux récapitulatifs pour tous les sujets importants, grands ensembles de documentation visuelle.
3 volumes reliés (23 x 30 cm), 118 146 articles, 12 554 illustrations et 542 cartes.

LAROUSSE UNIVERSEL - 2 volumes
Nouvelle édition mise à jour.

Il présente des synthèses "texte-illustration" pour tous les grands sujets d'intérêt.
2 volumes reliés (23 x 30 cm), env. 75 000 articles, 5 500 illustrations et cartes, 194 pages hors texte en couleurs.

DICTIONNAIRE ENCYCLOPÉDIQUE
LAROUSSE - un volume en couleurs

A la fois grand dictionnaire par son format et par la qualité de son illustration, et ouvrage de consultation aisée parce qu'il est en un seul volume.
Un volume relié (23 x 30 cm), 1 536 pages, près de 4 300 illustrations.

PLURIDICTIONNAIRE
(toutes disciplines à partir de la 6e).

Un volume relié (15,5 x 23 cm), 1 560 pages illustrées en noir, 64 hors-texte en couleurs.

dictionnaires de la langue française

GRAND LAROUSSE DE LA LANGUE FRANÇAISE
A la fois un très vaste dictionnaire de la langue et une encyclopédie générale de grammaire et de linguistique.
7 volumes reliés (21 x 27 cm).

LAROUSSE DE LA LANGUE FRANÇAISE - Lexis
Plus de 76000 mots.
Le plus riche de tous les dictionnaires de la langue française en un seul volume.
Un volume relié (15,5 x 23 cm), 2126 pages. (Nouvelle édition illustrée.)

NOUVEAU DICTIONNAIRE DU FRANÇAIS CONTEMPORAIN ILLUSTRÉ
Le dictionnaire de la classe de français : 33000 mots, 1062 illustrations. Relié (14,5 x 19,5 cm).

NOUVEAU LAROUSSE DES DÉBUTANTS
Un vocabulaire riche et actuel (environ 16000 mots), illustration en planches groupées par thèmes.
Cartonné (14 x 19 cm), 704 pages et 96 hors-texte en couleurs.

COLLECTION "DICTIONNAIRES DU LANGAGE"

Une description de la langue française sous ses différents aspects. Reliés (13,5 x 20 cm).

ANCIEN FRANÇAIS*
A. J. Greimas.

NOUVEAU DICTIONNAIRE ANALOGIQUE*
G. Niobey.

DIFFICULTÉS DE LA LANGUE FRANÇAISE*
(couronné par l'Académie franç
Adolphe V. Thomas.

NOUVEAU DICTIONNAIRE ÉTYMOLOGIQUE*
A. Dauzat, J. Dubois et H. Mitterar

FRANÇAIS CLASSIQUE
J. Dubois, R. Lagane et A. Lerond.

LINGUISTIQUE
J. Dubois, M. Giacomo, L. Gue
Ch. et J.-B. Marcellesi et J.-P. M

LOCUTIONS FRANÇAISES
Maurice Rat.

MOTS CROISÉS*

NOMS DE FAMILLE ET PRÉNOMS DE FRANCE*
Albert Dauzat.

PRONONCIATION
Alain Lerond.

PROVERBES, SENTENCES ET MAXIMES*
(couronné par l'Académie françai
Maurice Maloux.

RIMES orales et écrites
Léon Warnant.

SCRABBLE®* dictionnaire des jeux de lettres
Michel Pialat.

NOUVEAU DICTIONNAIRE DES SYNONYMES*
E. Genouvrier, Cl. Désirat et Tr. Hor

VERBES FRANÇAIS
Jean-Pol et Josette Caput.

(*) Existe également en format de poche dans la collection "Dictionnaires de poche de la langu française". Ainsi que le LAROUSSE DES CITATIONS FRANÇAISES.